凡例
ウォルト・ディズニーと彼が率いたディズニー・スタジオを総体として示す場合には「ディズニー」と記し、個人としてのディズニーを指す場合は「ウォルト」ないし「ウォルト・ディズニー」と記す。

ディズニーと動物——王国の魔法をとく　目次

序章

ディズニーと映像の政治学

　ウォルト・ディズニーが生きた時代は「アメリカの世紀」でもあり、映像の世紀でもあり、戦争の時代でもあり、そして大衆文化が飛躍的に発展した時代でもある。ミッキーマウスが誕生したのは、一九二八年のこと。アナーキーで前衛的で、どこまでも自由なこのネズミは、技術と自然の賜だった。その後まもなくして第二次世界大戦が始まり、そしてウォルト・ディズニーは冷戦のただなかにこの世を去った。米ソの緊張が高まるなか、彼が築いた世界は、西側諸国の資本主義的な豊かさを象徴する大衆文化として、また「アメリカ」を象徴する記号として受け容れられてきた。

　ウォルト・ディズニーの時代というものがあるとすれば、一九二〇年代末から没年の一九六六年まで、およそ四〇年間をそう呼ぶことができるだろう。作品で言えば、ミッキーマウスが誕生した一九二八年から最後に手がけた遺作『ジャングル・ブック』（一九六七）までだろうか。だが、ミッキー前史としていくつもの作品があり、また彼の世界は六六年の死とともに唐突に途切れたわけではない。ディズニーの「ミーム」はその後も途絶えることなく、ジャンルを越境し、メディアミックスを前提とした環境のなかで大胆な変容を遂げている。いや、その世界はむしろ、無限にその境界を押し広げ、増殖の一途を辿っているといってもよいだろう。

だが、こうした展開を迎えるなかで、意外にもウォルト自身が創出した世界については、あまり知られていないのではないか。大学でディズニーについて語ると、『ダンボ』や『バンビ』などよく知られていると思われる作品でさえ、じっさいに映像を見たことのある学生は思いのほか少なくて驚いたことがある。こうしたなかにあって、あえて原点に戻ってウォルト・ディズニーとその世界に目を向け、ディズニーの美学と政治学について自分なりに掘り下げてみよう。そう思って手がけたのが本書である。

グローバルなメディア帝国と化したディズニー文化を語る前に、その原点にあたるウォルト・ディズニーがそもそも何に関心を抱き、なぜアニメーションというメディアに惹かれたのか、そして二〇世紀を通じてその世界はどのように変容してきたのか。まずはここから問いを始めてみたい。ひるがえってそれは、メディアテクノロジーが進展するなかで、現実と虚構、文化と自然、人間と動物といった二元論に対して、ウォルトがどのように向き合ってきたのか、そして拡張するそのメディア空間を通して、わたしたちの身体がどのような知覚、認識の変容を遂げてきたのかといった問いを探究することになるだろう。

魔法の舞台裏

一九〇一年に誕生したウォルト・ディズニー（本名ウォルター・イライアス・ディズニー）は、アメリカ中西部ミズーリ州のマーセリン農場で幼年時代を過ごした。その後、父が肺炎にかかり農場を手放すまでここで暮らすことになる。ウォルトはこよなくこの土地の自然と動物を愛していた。そのことは彼の作品にも色濃く反映されている。とりわけ初期の作品には、農場や田園を舞台にしたものが多く、平和で牧歌的な風景が描かれている。また『ダンボ』（一九四一）や『バンビ』（一九四二）は戦時下の時代状況を反映しつつ、動物をめぐるある種の「神話」として機能してきた。ウォルト自身、動物たちは人間の心を虜にし、自然界は大いなる知恵をわたしたちに授けてくれると述べていたように、ウォルト時代のディズニー映画にとって、動物たちは必要不可欠な存在である。

しかし、その一方でウォルトの世界を特徴づけているのは、自然を徹底して抹消し、浄化した衛生思想でもある。じっさいウォルトが暮らしたアメリカ中西部の大平原は、砂嵐や泥と格闘し、自然の猛威を目の当たりにする場所だった。そのため人々は自然の脅威を忌避し「安全で清潔で快適な世界」に強烈に憧れていたという。それゆえ、ディズニーの世界は、自然の美しさを演出すると同時に、けっしてありのままに自然が成長することは許されず、巨大な資本を投入して、きわめて「反自然的な世界」「徹底的に飼い馴らされ、無菌化、無臭化」された世界に仕上がっているというわけだ（能登路 1990 : 77）。

ドイツの哲学者ペーター・スローターダイクは、かつて外部にあったものを内部へと引き込んだ温室のような空間――グローバルな資本主義が生のあらゆる条件を決定する「資本の内部空間」——の最初の兆候を一八五一年の万国博覧会におけるロンドン水晶宮に見てとった（Sloterdijk 2013）。わたしたちは、ウォルトが晩年に構想した実験未来都市（ＥＰＣＯＴ）——そこは雨や気温、湿度が完全にコントロールされた「気候管制区域」が構想されたジオエンジニアリングからなる空間だった——にその行方を読みとることができる。そこに浮かび上がるのは、メディアテクノロジーと資本を通して、人間を中心に、動物、自然界との共存を企図していこうとする、人新世的な視座からなる未来像である。

だが、ディズニーをたんに資本主義の象徴としてのみ捉えてしまうと多くのことを見逃してしまうだろう。むしろここで目を向けたいのは、それにもかかわらず、ディズニーが、これほど多くの人々を魅了し、その作品が同意と抵抗の闘技場《アリーナ》として、これほど長きにわたって語り継がれてきたのはなぜか、という問いである。

スクリーンには複数の欲望が刻印されている。とはいえ、ディズニーの世界において、夢は必ずしも魔法によって叶えられているわけではない。魔法には必ず条件があるからだ。シンデレラの魔法は夜中一二時の鐘の音とともに解け、アリエルは人間の二本の足を手に入れるためにその美しい声を手放さなければならなかった。エルサが手にする魔法は世界を氷結させ、『美女と野獣』（一九九一）や『プリンセスと魔法のキス』（二〇〇九）では、動物の世界から人間の世界へ、あるいは人間の世界から動物の世界へ移行するさいに魔法が働く。だが、魔法は必ずしも夢を叶えるだけではない。場合によっては、「悪」に彩られた邪悪な魔法こそが、物語の原動力となることもある。白雪姫の継母が鏡をのぞきこむのは、そこに自分が望む姿を見たいからだ。白雪姫が願いの叶う井戸をのぞきこみ、その水面に王子と自分の姿を見たように。だが、現実はなかなかうまくはいかない。だからこそロマンスとサスペンスが、そして思いがけないコメディが始まるのである。

とすれば、ディズニーがスクリーンに映し出してきた物語は、たんなる夢と魔法の世界ではない。では、そこにはいかなるドラマが繰り広げられてきたのだろうか。

テクノロジー、動物、モダニズム

ウォルトがもたらした世界は、たんに架空のネズミのキャラクターが語り、歌い、楽器を演奏し、音楽のビートにあわせて動くだけではない。二〇世紀初頭、ディズニーアニメーションに魅了されたソ連の映画監督セルゲイ・エイゼンシュテインは、その魅力を「恒久的に割り当てられた形態の拒絶、固定化からの自由、ダイナミックにあらゆる形態をとれる能力」にあると述べている（Eisenstein 1986 : 21）。ドローイングの形状が生き物のように変化していく能力を、彼は「原形質性 plasmaticness」と呼んだ。

この魅力は、フランスの哲学者ジル・ドゥルーズとフェリックス・ガタリが創出した「逃走線」という概念とも響き合うものだ。逃走することとは「現実を生産し、生を想像すること」である。「線《ライン》」とはわたしたちの生であり、欲望そのものを意味していると彼らは言っていた。この「逃走線」という概念から大きな影響を受けた人類学者ティム・インゴルドもまた、「線《ライン》」をめぐる議論のなかで「生きていること」を力動的、創造的な流れとして捉え、物質と生命の不可分性を「アニミック・オントロジー」と呼んでいる（Ingold 2011）。

初期のミッキーマウス映画に充溢していたこのダイナミックな生の世界は、しかし、アメリカのディズニー研究者スティーヴン・ワッツがハイブリッドな「センチメンタル・モダニスト」と呼ぶ世界観と共振しながら物語を紡いでいく。ワッツは、つぎのように述べている。

ディズニーという笑いと革新、そして収益を求めてたぐい稀な才能を発揮したエンターテイナーは、モダニスト芸術の領域に転がり込み、その形式と技法《テクニック》の実験者となった。だが、彼の真の美意識は、一九世紀のセンチメンタル・リアリズムの内なるリズムにあわせて脈打っていた。彼のヴィクトリア朝的感性は、果敢なるモダニズムへの引力と格闘していたが、どちらも完全に勝利したわけではなかった。この内的葛藤から、彼はハイブリッドな「センチメンタル・モダニスト」となり、二〇世紀のアメリカの鍵となるに重要な文化的変容を手助けしたのである。（Watts 1995 : 87）

ワッツがここでいうモダニズムを、わたしたちはミリアム・ハンセンにならって「ヴァナキュラー・モダニズム」と呼ぶことができるだろう。つまり、映画、建築、ファッション、写真、ラジオ、レコードといった、人々の生活に根ざした大衆的で土着的なモダニズムだ。これらのメディアは、それぞれの時代と場所に固有の文脈に深く依拠し、にもかかわらず、グローバルな越境性のうちに生産／消費され、新たな集団的知覚と経験をもたらした。その力学は、わたしたち自身の時代を規定する政治的な力学とも分かちがたく結びついている。

では、そこで語られる物語はどのような歴史を引き受け、何を語り、何を伝えようとしてきたのだろうか。そのさい、テクノロジーの進展は、ディズニーが一貫して探求してきたリアリティ、あるいはリアリティの擬装をどのように刷新し、それによってわたしたちの知覚はどのように変容してきたのだろうか。

ドイツの思想家ヴァルター・ベンヤミンは映画をひとつの遊戯形式として捉えようとした。ベンヤミンにとって、映画は資本主義的、帝国主義的に使用され、自然を支配し、人間性を〔自己〕破壊する道具と化してしまった技術を、「自然と人類の共同遊戯」として覆す最後のチャンスだった（ハンセン 2017 : 286）。子どもが月とボールを取り違え、月に手を伸ばしてそれをつかむことを学ぶように、ベンヤミンは技術による諸感覚の疎外とそれを無効化し、自然と技術のオルタナティヴな関係を始動させるユートピア的可能性を映画のなかに探っていた（ハンセン 2017 : 174）。だからこそ、ミッキーマウスを（複製技術論文の第二校で初めて打ち出された一九三六年から少なくとも一九三九年に第三校で削除されるまでは）、その「サイボーグ的性質」によって「集団的な夢の形象」として捉えたのである（ベンヤミン 1995 : 620）。

テクノロジー、動物、そしてセンチメンタル・モダニズム。これはウォルトの世界の根幹をなすキーワードである。そしてディズニーがスクリーンに映し出してきた数々の物語は、二〇世紀を牛耳ってきたアメリカが文化とテクノロジーを通して映し出した大衆の欲望の鏡となっている。

じっさい、ウォルトほど「大衆」をつくり、「大衆」にとりつかれたアーティストは他にいないだろう。「わたし」の欲望がつねに「他者」の欲望であるならば、「大衆」の欲望こそ、ウォルトの欲望だった。それは一八世紀の農民たちが民話を通して語り継いできたように、二〇世紀の映像民話として多くの人々に伝えられ、また時代とともに大きく変容していく。

もちろん、イギリスの批評家レイモンド・ウィリアムズが指摘したように、「大衆」というものが存在するわけではない。ただ人びとがそうみなす様々な方法があるだけだ。では、その方法とはどのようなものだったのだろうか。そこに「女」は、「動物」は、「子ども」は存在するのだろうか。その「大衆」が「消費者」となり、「国民」となったとき、何が起きたのだろうか。かつてアドルノが警鐘を鳴らしたように、それがファシズム的心性をうむイデオロギーや戦争プロパガンダに加担したとすれば、その背後にはどのような構造があったのだろうか。ディズニーの世界になくてはならない動物たち、あるいは人間ならざるものたちは、人間とどのような関係を結んできたのだろうか。そしてまた、そこには、どのような視線のメカニズムが存在し、それは何を可視化し、何を不可視化してきたのだろうか。

疎外のファンタジー

ウォルト・ディズニーの世界はつねにどこか不気味な死の轟きに憑依されている。そう言ったのは、美術批評家のジョン・バージャーである。それはたんにウォルトの生きた時代が戦争の時代であったからではない。バージャーによれば、二〇世紀を代表するアーティスト、フランシス・ベーコンの狂信的で不条理な視点を共有し、社会の疎外状態について提示したのは、ベケットのような作家ではなくウォルト・ディズニーであるという。

もちろん、ベーコンとディズニーの手法はまったく異なっている。だが、疎外された状態をすでに起こってしまった最悪の事態として捉えたのがベーコンなら、それを滑稽で感傷的に描くことで世間に受け容れられたのがディズニーなのだ。

ディズニーの世界は無益な暴力に満ちている。究極的な破滅が次から次へと起こる。彼が創り出した登場人物は個性があり神経質な反応は示すが、心が欠けている(ように見える)。もしディズニーのアニメを見る前に「そこには何もない」といったキャプションを読み、それを信じれば、その映画はベーコンの絵と同じくらい、私たちを恐怖に貶めるだろう(バージャー 1993: 148-149)。

これまで夢と魔法をキーワードに語られてきたディズニーの世界は、じつは疎外をめぐる壮大なファンタジーでもあった、というわけである。

バージャーのこの指摘に出会ったとき、わたしは、ディズニーがなぜこれほど数多く動物たちが織りなす世界、人間ならざるものたちの世界あるいは社会から追放されたものたちの世界を描いてきたのか、その謎が一気に解けるような気がした。ディズニーの世界は、わたしたちの社会における疎外をめぐる問いと深く関わっているのだ。

とりわけ、初期のウォルト・ディズニーのアニメーションでは、少女、子ども、動物、非生物、機械という、「人間」を規定してきた西欧の進化をめぐる歴史の物語において周縁的／撹乱的な位置を占めてきたものたち、いわば、理性的で合理的な文明社会の陰画として死の世界に追いやられたものたちの存在が重要な鍵を握っている。そこでは、魚も虫も獣も鳥も、みな同じ言葉を話し、人工物と自然の境界を越え、あるいは逆に生物がモノ化する、自然と技術との可塑的で遊戯的なヴィジョンが呈示されていた。

文明社会から駆逐された彼らは、スクリーンのなかで今とは異なる別の未来に向けて物語を紡ぎ出す。彼らに通底するある種の孤児性は、その後のディズニーの世界では、規範的な家族の物語へと回収されていくことになるが、にもかかわらず、初期のミッキーとその仲間たち、白雪姫、ダンボ、バンビ、ピノキオをはじめとするその主役たちが、テクノロジーによってそれぞれの生命を獲得し、異種生物間との親密性のなかで自分たちの物語を紡いでいったことは、もっと重視されてもよいのではないか。

映像とエコロジー

ディズニーの世界には自然や動物に対する人間の認識の仕方とその変化が、そしてまた人間と動物の想像的／創造的交渉の過程をめぐる独自のドラマが色濃く描き込まれている。

ただしそこでは、「人間である」ことから疎外された状況において、「人間」という存在の特権性を切り崩すことなく、いかにしてその権利や生を回復していくのかというテーマが物語の「幸せな結末」へと結びついていく。もちろん、その「幸せ」のバロメーターは時代とともに質的に変化を遂げ、そこでは「人間性」そのものが問い直され、更新されていくことになる。だが、それにもかかわらず、その先が「多自然主義」の境地に至ることはない。よくも悪くも二〇世紀の欧米諸国で唱えられたエコロジーをめぐる認識が残響しているのだ。

「エコロジー」という言葉は、habitat（「特性に沿う生息地」）を意味するラテン語の語義から進展し、一八世紀以降は動植物の相互関係や生息地との関係を意味していた。レイモンド・ウィリアムズの『キーワード辞典』によれば、エコロジーはエコノミーと同じく、ギリシア語で「家」を表すoikosを語源にもっている。一八六六年にドイツの動物学者エルンスト・ヘッケルが提唱したこの概念は、一八七〇年に翻訳を通じて英語に入り、二〇世紀半ばまでそれほど一般的に使われていたわけではなかった。当初、この言葉は、人間と自然生息地に関する事柄一般を含む環境environmentを表現する立場を継承し、その後、一九六〇年代以降に人間と自然との関係のみならず、自然界を経済政治政策に必須のものとみなす立場へと展開していく（ウィリズムズ 2002：106-107）。そして今日、人間の経済活動を中心とした価値観によって人類が地球を破壊しつくす「人新世」の時代にあって、わたしたちは人間と地球に生息する様々な人間ならざるものとの関係をめぐって、改めてこの言葉に出合いなおしつつある。

かつてマルクスは商品に対して、そしてフロイトは夢に対して、その中身よりも、なぜそのような形式——商品であり夢であり——なのかと問うた。いま、わたしたちはこう問うことができるだろう。なぜディズニーはアニメーションという形式にこだわったのだろうか。アニメーションというメディアは現実に対して、また環境に対して、わたしたちの知覚や認識とどのような関係を結び、またその感性的変化はテクノロジーの進展とともに、ポストメディウム論的な世界のなかでどこに向かうことになったのだろうか。そして、ディズニーがスクリーンに描き出した物語は、人間と動物、人間と自然の関係性、つまりはその「あいだ」のエコロジーをめぐる認識の変容について、どのようなダイアローグの場として機能してきたのだろうか。

ウォルト・ディズニーの世界を探ることは、すぐそこにあるのに見えていない、エドガー・アラン・ポーの「盗まれた手紙」を探し出すような作業に近いものかもしれない。いざ取りかかると、その世界があまりにも広く、そして奥が深いことに気づいた。だが、さまざまな資料をもとにウォルトの世界を読み直していくと、その豊饒な作品世界は、文学、芸術、歴史、科学、テクノロジー、政治、経済、文化が複雑に交錯する地平から、思いがけない秘密をつぎつぎと語り始めてくれる。

では、さっそくウォルト・ディズニーの世界と出会い直す旅へ向かうことにしよう。

第一章
ようこそ、ウォルトの不思議の国へ

ミッキー以前——アニメの国のアリス

懐中時計を持って急ぐ白ウサギを追い、一人の少女が不思議の国に迷い込む。

一八六二年七月四日金曜日、テムズ河を溯りながら、ルイス・キャロル（本名チャールズ・ラトウィジ・ドッドソン）が当時一〇歳のアリスに語った物語は、のちに『不思議の国のアリス』として世界的なベストセラーになった。

少女のモデルはオックスフォード大学学寮長の娘アリス・リデルである。一九世紀、帝国主義のさなかにあったイギリスでは、少女向けの子ども服が誕生し、子ども向けの文学が登場した。だが、子ども向けの物語の主流はあくまで道徳的な教訓だった。『不思議の国のアリス』は、こうした潮流に対して、ユニークな技法でその良識を茶化して見せた最初の稀有な少女の冒険譚である。

地下の世界へと落下したアリスは、奇妙奇天烈で非人間的な住人たちに次々と出会う。時計を片手に走る白ウサギ、姿を見せずに笑みを浮かべるチェシャ猫、長キセルをくゆらせる芋虫、蝶のように舞うバタつきパン、そして食べると体が伸び縮みするマッシュルーム。今日、わたしたちはルイス・キャロルの世界に魅了された多くのアーティストらによる作品を通して、この不思議の国に出会い直すことができる［図版1-1、1-2、1-3、1-4］（注1-1）。

ウォルト・ディズニーもまたルイス・キャロルの「アリス・ファンタジー」に惹かれたひとりだ。じっさいウォルトは、アリスのことを自らの分身のような存在だったと述べている。ディズ

図版1-1　ルイス・キャロルによる挿絵

図版1-2　ジョン・テニエルによる挿絵。ここには原作には登場しない猿が描かれており、ダーウィン『種の起源』の影響が見られると言われている。

ニーのアリスと言えば、一九五一年にアニメーション化された『ふしぎの国のアリス』を思い起こすひとも多いだろう。そう、青いドレスに白いエプロン、緩いウェーブがかかった長い金髪、そしてワンストラップの黒靴を履いた、あのアリスである。

だが、ウォルトが最初に『ふしぎの国のアリス』の制作に取り組んだのは、一九二三年から二七年にかけて製作された五七本の短編シリーズ「アリス・コメディ」である（注1-2）。ミッキーマウスが誕生する以前のことだ。「アリス・コメディ」シリーズのアリスは、ウォルトにとって最初のスターであり、そしてウォルトはこの少女とともにハリウッドに進出することになる。「アリス・コメディ」シリーズは、実写の少女アリスが猫のジュリアスとともにアニメーションの世界を冒険する短編シリーズである。第一作『アリスの不思議の国』（*Alice's Wonderland*）の舞台は、一九二一年にウォルトが初めて独立して立ち上げたラフォグラム社である（Salisbury

図版1-3　サルバドール・ダリによる挿絵

図版1-4　ウォルト・ディズニー『ふしぎの国のアリス』（1951）のためのメアリー・ブレアによるコンセプト・ドローイング

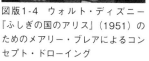

2016)。ある日、このアニメーション・スタジオに当時四歳のヴァージニア・デイヴィスが演じる女の子アリスが遊びに来る。ドアをノックしてスタジオの様子をのぞき込む。キャンバスにスケッチするウォルトに「おもしろいものを書くのを見せて」とお願いする。すると、あれよあれよという間にキャンバスに描かれた動物たちは楽器を演奏し、ボクシングに興じる［図版1-5、1-6、1-7］。

スタジオでの経験にすっかり魅了されたアリスは、その夜ベッドのなかで不思議な夢を見る。漫画《カートゥーン》の列車に乗って動物たちが暮らす漫画の国に向かい、楽しい時間を過ごす。だが、動物園から四頭のライオンが脱走し、アリスは必死でライオンから逃亡する。崖っぷちに追い詰められ

図版1-5　ウォルト・ディズニー『アリスの不思議議の国』（1923）

図版1-6

図版1-7

た彼女は、ウサギの穴に落ちるように崖から飛び降り、目が覚める。

小さなスタジオにわずか数人の描き手。漫画《カートゥーン》の国。列車。好奇心旺盛な女の子。愉快な動物たち。音楽。ダンス。眠り。そして目覚め。ここには、その後のディズニーの世界を彩るあらゆる要素が散りばめられている。ウォルトとともに登場するのは、アブ・アイワークス、ヒュー・ハーマン、ルドルフ・アイジングという、のちに仲間となりライバルとなって二〇世紀の巨大なエンターテインメント・ビジネスを形成していくアニメーターたちである。この一片の光景のなかに、わたしたちはすでにディズニーの原風景を読み取ることができるだろう。

ルイス・キャロルの『不思議の国のアリス』と『鏡の国のアリス』は、当時流行していたイメージをめぐる新しいテクノロジーとともに誕生した。産声をあげたばかりの写真術、進歩を遂げた望遠鏡、顕微鏡といった光学装置。これらは、人間の視覚能力を超える、まさしく「驚異」をもたらすスペクタクルな技術だった。キャロル自身、『鏡の国のアリス』が刊行される少し前に自前の写真スタジオを完成させている。じっさい、深い地底へ落下したアリスが狭く細長い廊下の向こうに見る風景は、望遠鏡でのぞいた世界の像《イメージ》を想起させる。また白いバラを赤色にせっせと塗装するトランプの兵士たちは、モノクローム写真の世界を人工的に着色して別の世界を出現させた当時の写真のテクニックを思わせる（桑原 1996）。

写真術のなかのアリスがルイス・キャロルの世界なら、アニメーションのなかのアリスこそ、ウォルト・ディズニーの世界だろう。そこで、本章ではまず、ミッキーマウス以前の初期アニメーションの状況を少し振り返っておこう。

アニメーションの揺籃期——ライトニング・スケッチとアニメーション

一九世紀末、ミュージック・ホールやヴォードヴィル劇場ではライトニング・スケッチ、あるいはチョーク・トークと呼ばれるライブ・パフォーマンスが大流行していた。このあたりについては細馬宏通の『ミッキーはなぜ口笛を吹くのか』に詳しいのでぜひ参照してほしいが、ここでも少しおさらいしておきたい。ライトニング・スケッチとは漫談を交えながら即妙に絵を描き、機転を利かせて絵を変化させる名人芸である。チョーク・トークの魅力は、即興のスケッチと予期せぬメタモルフォーゼだった。

現存する世界最初期のアニメーション『愉快な百面相』(*Humorous Phases of Funny Faces*, 1906) を作ったジェームズ・スチュアート・ブラックトン(一八七五−一九四一)も、もとは「コミカル・カトゥーニスト」として知られるヴォードヴィルのパフォーマーである。

ブラックトンが監督・主演した『魔法の絵』(*The Enchanted Drawing*, 1900) はアニメーション前史の魅力をたっぷりと映し出している〔図版1-8、1-9〕。スクリーンに白い紙が現れる。スーツに身を包んだブラックトンが登場し、風刺画風のヒトの男の顔とワインボトル、そしてグラスを木炭で描く。ブラックトンが触れると絵のなかのボトルとグラスが実物となって「現実世界」に現れ、ブラックトンはグラスでワインを口にする。絵のなかに描かれた男にもワインをご馳走し、彼も嬉しそうな表情を浮かべる。だが、ブラックトンが絵のなかの男の帽子と煙草を取り上げると、男は不機嫌な表情に一変する。描かれた顔はこうして一瞬にして笑ったり驚いたり、つぎつぎと表情を変え、「絵の世界」と「現実世界」が交差していく。

『魔法の絵』はストップアクションの技術を使った置換トリックによる撮影で、アニメーションと呼ぶには及ばないかもしれない。だが、ただの絵にすぎなかったものがひとりでに動き始めるこのパフォーマンスは、トリック撮影を通して「機械の配置《アセンブレージ》＝配列」のなかに観客の視覚を組み込むことに成功し、文字通り「魔法の絵」として多くの観客を驚かせた。

ブラックトンが『愉快な百面相』（一九〇六）を発表したのは、それから数年後のことである。

図版1-8　ジェームズ・スチュアート・ブラックトン『魔法の絵』（1900）

図版1-9

図版1-10　エドワード・マイブリッジ疾走中の馬の連続写真

これもまた、黒板にチョークで絵を描き、それを少しずつ変化させながらコマ撮りしていくライトニング・スケッチ映画である。そこに誕生する映画的虚構空間は、映画が与えるものはコマではなく「［コマとコマのあいだの］中間のイマージュである」というドゥルーズの指摘を想起させる（ドゥルーズ 2006）。イメージ（物質）そのものが運動であるというわけだ。

一八七八年、イギリスの写真家エドワード・マイブリッジが疾走する馬の記録を撮影した［図版1-10］。これは、人間の視覚能力を越えて、運動の連続性を分解し、そのメカニズムを解析すると同時に、そこで分解された一連の静止画がどのように人々の視覚のうちで、映画的ナラティブの萌芽としてシークエンス性を賦与していくのかを明らかにした（増田 2017）。

アニメーションの魅力は、たんに絵が動く、あるいは絵が動いているようなイリュージョンの創出による事象にあるだけではない。カナダの実験アニメーションの先駆者ノーマン・マクラレンは「アニメーションは絵を動かす芸術ではなく、動きを描き出す芸術である」と述べた。マクラレンによれば、アニメーションとは「連続するコマ、もしくはそれぞれのコマの上のイメージのあいだの差異を操作する芸術」であり、アニメーションをアニメーションたらしめているのは、コマとコマの「あいだ」、より正確にはコマとコマのあいだの差異の操作であるという（マクラレン2013 : 68-72）。

「絵を動かす」のではなく「動きを描き出す」こと。動いていたはずのものがとたんにただの絵となって静止すること（動きを留めるという動き）、あるいは消去されてしまうこと。時空を越えて動くモノとそれによるナラトロジー。これこそ、過去を呼び起こし、生命のないものに生命を与える魔法として、アニメーションが多くの観客を惹きつけてきた魅力だと考えられてきた。

初期アニメーションのルーツをライトニング・スケッチに見出したドナルド・クラフトンは、ライトニングスケッチ芸人がそろって当時のマジシャンの正装だったフォーマルなイブニングドレスを着ていたことに注目している（Crafton 1993）。彼らは、舞台にあがったマジシャンが最初に帽子や袖のなかに種も仕掛けもないことを示すように、黒板や真っ白な紙の前に登場するとまず身の潔白を証明した。観客にこれから何か変化が起きるぞという注意を喚起させるためだ。ライトニング・スケッチ芸人がマジシャンとして幻想を生み出すときの段取りを採択することで、観客は絵が動き始めるという感覚に身を委ね、その遊戯的な世界に組み込まれることを楽しんだのである。

ここで、ライトニング・スケッチとアニメーションを考えるにあたり、もうひとり重要な人物に触れておきたい。ウィンザー・マッケイ（一八六七－一九三四）である。新聞漫画『夢の国のリトル・ニモ』の作者であり、ライトニング・スケッチの達人でもあった彼は、一九一〇年にアニメーション『リトル・ニモ』（一九一一年公開）を、一九一二年に『蚊はいかにして行動するか』を完成させる。そのマッケイの革新的な代表作が、セルロイドのない時代に、キャラクターと背景を分離することなく膨大な量の動画を描きあげて制作した『恐竜ガーティ』（一九一四）である。

『恐竜ガーティ』は、マッケイがジュラ紀の恐竜をサーカスの見世物のように扱う、ライトニング・スケッチとアニメーションを抱き合わせた見世物だ。冒頭、マッケイは友人とアメリカ自然史博物館に立ち寄る。そこでブロントサウルスの骨格標本を目にし、恐竜を動かせるか否かという賭けが始まる。その一ヶ月後、マッケイはひとりで一万枚の絵を描きあげ、ディナーの席で上映会を開催することになる。アニメーションが始まると、そこにはジュラ紀とおぼしき岩場の陰から恐竜ガーティが登場し、「挨拶しなさい」「右足をあげなさい」というマッケイの指示に従っておじぎをしたり、片足をあげたりする。マッケイはサーカスの猛獣使いのように恐竜とのやりとりを披露するというわけだ［図版1-11、1-12、1-13、1-14］。

なぜ「恐竜」なのか。これにはいくつもの理由がある。細馬によれば、そのひとつは、現実に存在するものを描くと、それがアニメーションだと信じてもらえないおそれがあったからだ。そこでこの世に存在しないものを描いて、それがアニメーションだということを明白に示そうとしたのだという。そしてもうひとつは、もともと一〇セント博物館で美術に携わっていたマッケイがアメリカ自然史博物館で展示されていた骨格標本の恐竜を一〇セント博物館風の歩く見世物として出現させるというおもしろさである。これに加えてもうひとつ重要なのは、マッケイがアニ

図版1-11　ウィンザー・マッケイ『恐竜ガーティ』(1914)

図版1-12

図版1-13

図1-14

メーションを二次元の見世物としてではなく、画面と舞台がひとつながりになった三次元の見世物として構想していたということだ。つまり、マッケイは自分が存在する三次元の世界とガーティがいる二次元の世界を接続し、それを「一つの一貫した奥行き世界」として表現しようとしていたというわけだ（細馬 2013）。

だが、その革新性にもかかわらず、『恐竜ガーティ』はヴォードヴィルショーとして積極的な賛辞を受けることはなかった。というのも、マッケイの雇い主である新聞王ハーストがヴォードヴィルへの出演は新聞連載をないがしろにする職務怠慢だと見なしたからだ。そこでマッケイはアニメーションの前後に実写を付け足した。さらにもともとヴォードヴィル芸の一環として口上で行っていたパフォーマンスに代わって字幕を付け足した。猛獣使いの芸を披露するアニメーション・パートを実写映画による導入と結尾のなかに組み込むこの仕掛けは、今日いわゆる「マッケイ方式」と呼ばれている。

幸か不幸か、こうして実写付きのバージョンができたことで、『恐竜ガーティ』は、各地の映画館で配給され、ひろく全米で知られることになった（細馬 2013）。このように、アニメーションははじめから映画館で上映されていたわけではなく、ライトニングスケッチ、ヴォードヴィルショー、そしてマッケイ方式の誕生という歴史的背景を経て、はじめて映画館で受け容れられるようになったのである（細馬 2013、今井 2006 : 73）。

ここで注目したいのは、当時は、芸を披露するライトニング・スケッチ芸人、いわばパフォーマーである絵を描く人間こそが主役だったということである。彼らは絵そのものよりも、描くという行為がひとつのスペクタクルなパフォーマンスとして機能することを認識していた。しかし、やがてこのパフォーマーたる〈描く身体〉はスクリーンから姿を消し、代わって描く人間の「手」が登場するようになる。じっさい、さきのブラックトンの『愉快な百面相』には、もはや〈描く身体〉は存在せず、その一部である「右手」に縮減されている。

アニメーション研究者の今井隆介によれば、その理由は、セルロイド法の発明とその普及にあるという。一九一四年、漫画家アール・ハードによってセルロイド法（ジョン・ブレイとともにブレイ＝ハード・プロセス・カンパニーを設立、特許取得は一九一五年）が発明されると、制作コストが低下し、アニメーション制作の分業化が始まった。その結果、これまで個人的な創作活動として制作されていたアニメーションは分業化した労働へと刷新され、〈描く身体〉は集団化し、誰かのものでありながら、誰のものでもない匿名の「手」という記号に抽象化されるようになる。こうしてかつてパフォーマンスの主役として登場し、アニメーションの始まりと終わりを枠付けしていた〈描く身体〉は姿を消し、代わりに作者一般を象徴する「手」が登場するようになったのである（今井 2006：83-84）。

ペンとインク壺

だが、この「手」はしだいに〈描く身体〉とはべつの役割を担うようになる。フライシャー兄弟が一九二〇年代に量産した「インク壺」シリーズ（一九一九－一九二九）を見てみよう。このシリーズは主人公の「インクの精」（一九二三年にココ・ザ・クラウンと名付けられた）と生みの親

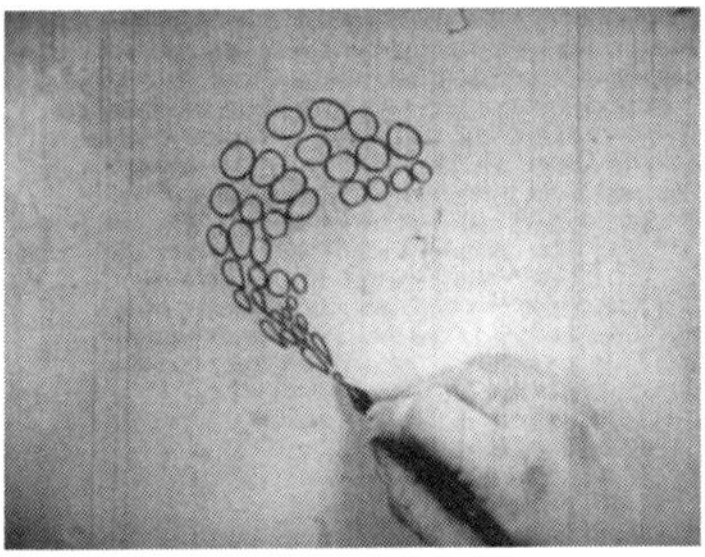
図版1-16

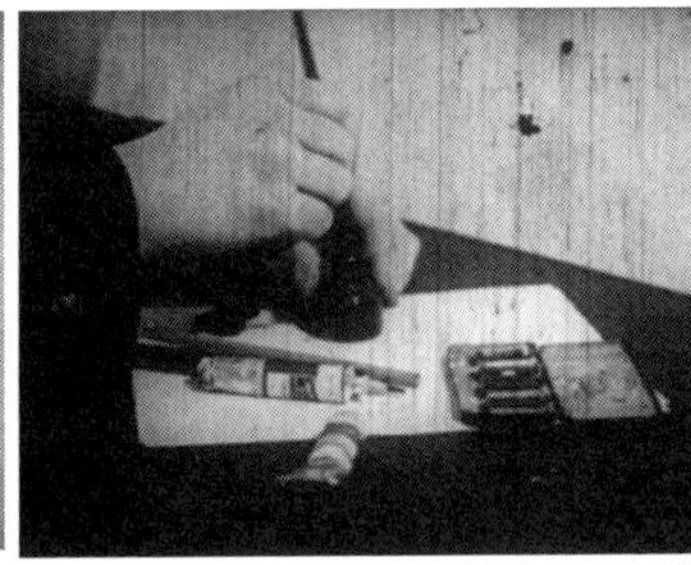
図版1-15　フライシャー兄弟「インク壺」シリーズ『ココと彫刻家』(1921)

マックスによる実写映像とアニメーションの掛け合いによって繰り広げられる。

スクリーンにマックスが現れ、ペンをインク壺に浸す。すると画用紙に描かれたココが動き出す。黒い服に大きな白いボタンのついた衣装を身につけたココは、紙から抜け出してつぎつぎと悪戯を繰り広げ、最後には必ずインク壺に戻る［図版1-15、1-16、1-17、1-18、1-19、1-20］。

ここでは、「手」はインク壺の蓋を開けたり、閉めたりすることで、アニメーションの世界を拓き、またその世界に終止符を打つ役割を担っている。ココの登場の仕方も毎回異なる工夫が施されている。マックスのペン先からこぼれ落ちた一滴のインクのしみがかたちを変えてココになることもあれば、マックスが席をたち、描きかけのココがペンをつかんで自分で残りの身体を仕上げるという展開もある。

ちなみにココを演じるのはマックス・フライシャーの弟デイヴである。一九一五年、ポピュラー・サイエンス社に勤めていたマックスは、人間の動きを写しとる新しい方法を思いついた。まず、「インクの精」たるココ・ザ・クラウンのデイヴを映画フィルム

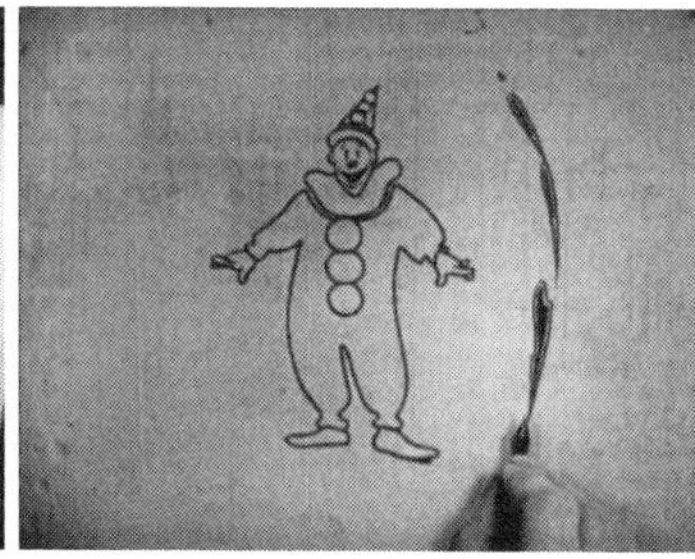
図版1-17

図版1-18

におさめ、一コマずつ平らなガラス板に映写する。映像はガラス板の裏側から見ることもできるので、そこにトレーシング・ペーパーをあてて輪郭をなぞる。なぞり終えたら次のコマをトレーシング・ペーパーに写しとり写真に撮る。こうして分割された複数の静止画を作成することで、これまで不自然でギクシャクしていた人間の動きはまるで生きている人間そのもののように滑らかになった。これは、マックスが発明し特許を取得した世界初のロトスコープと言われる手法である。

ロトスコープはディズニー映画でも重要な役割を担っている。『白雪姫』に始まり、一九五一年の『ふしぎの国のアリス』でも、最初にアリスのモデルと声優を務めたキャサリン・ボーモントの演技を実写で撮影し、その動きをトレースして作画を行っている［図版1-21、1-22］。ただし、ディズニーはけっして実写映像をそのままトレースすることはしなかった。というのも、ポール・ワードが指摘するように、ロトスコープが生み出す動きは、「あまりにもリアルすぎると同時に、リアルさに欠け」、いくら動きが真実性を帯びたとしても、どこか人工的で奇妙な不気味さをもたらしてしまうからだ（ワード2013）。そこでディズニーは、実写映像から動きのエッ

図版1-19

図版1-20

センスを抽出して、それを誇張することで、アニメーションならではのリアルさを探求した。

だが、フライシャーはあえてその不気味さに新たな表現の活路を見出していく。ロトスコープは、たんに人物の動きを写し取るだけでなく、驚くほど可塑的な動きを生み出しもする。当時セックスシンボルとして一世を風靡していたベティ・ブープの『ベティの白雪姫』（*Snow White*, 1933）を見てみよう。白雪姫が死に、魔女によってココがお化けにさせられる場面では、ココは奇妙なしぐさで歩き、踊り、歌いながらクニョクニョと変身していく。この場面は当時、抜群の知名度を獲得していたジャズ・シンガー、キャブ・キャロウェイの動きをココに転写して作り出されたものだ。

ここで重要なのは、『フライシャー兄弟の映像的志向』で宮本裕子が指摘するように、フライシャーがキャロウェイ自身のフッテージ映像をキャロウェイとはまったく似つかない外見のアニメーションのキャラクターによって覆い隠し、それによって、動きと動くものの齟齬を浮き彫りにしていることである（宮本 2020）。アニメーション研究者ジョアンナ・ボールディンのように、この齟齬は「皮膚」の削除であり、それによって逆説的にその動きから人種的リア

図版1-21　ウォルト・ディズニー『ふしぎの国のアリス』（1951）の制作風景

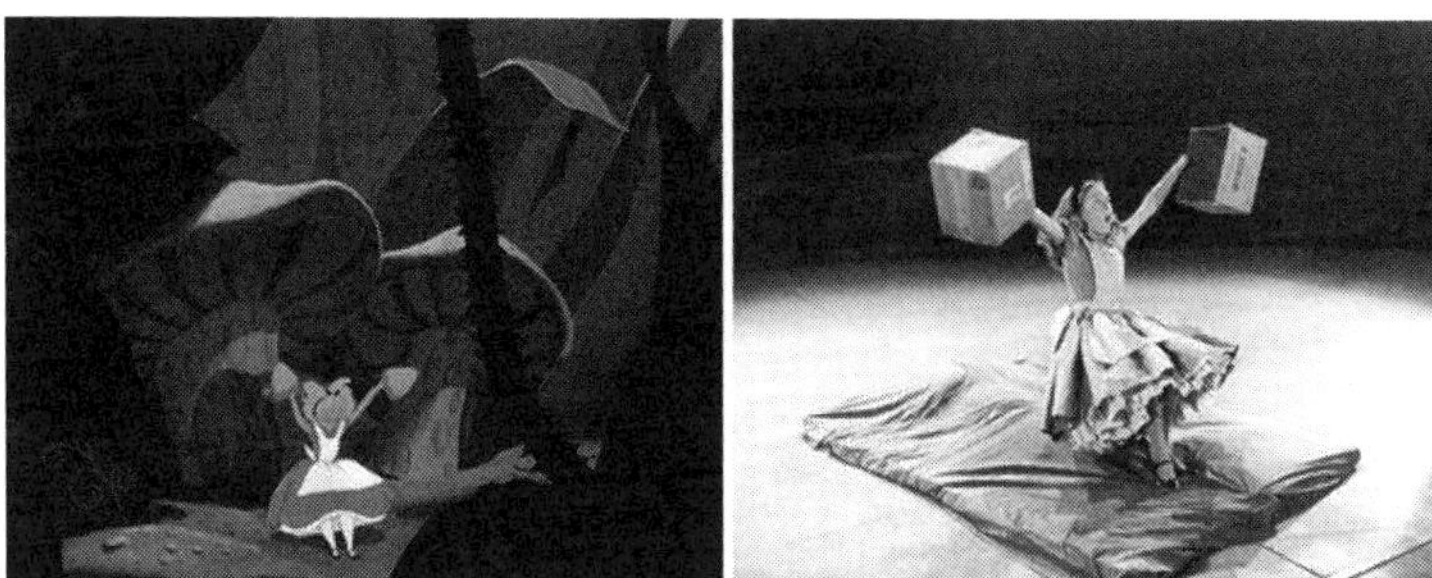

図版1-22

リティを強調しているという指摘もある（Bouldin 2004）。だが、スクリーンのなかで白いキャラクターと混淆となって一体化したその身体には、キャロウェイの声と彼の身体の動きを精密に模した踊りが亡霊のように取り憑いている。それゆえ、黒人身体を見世物化するというより、むしろ人種的差異の境界を攪乱する、アニメーションならではの「原初性」を示唆しているといえよう（宮本 2020）。

このように、ロトスコープはたんに人体の動きを再現するだけでなく、可塑性に満ち、また不気味さをさらけ出すことによって、現実に対してこれまでとは違った認識をもたらすことになった。それは、もとのイメージに呪縛されながらも、同時に現実のイメージを質的に変容させ、拡張させていく可能性をもった新しいリアリティの創出だった。

さて、インク壺から始まるアニメーションは、ココ・シリーズによってすっかりおなじみになり、以後、多くのアニメーションがこのスタイルを採用している。とくに注目したいのが、一九二〇年代にサイレント時代のヒーローとして一世を風靡したオットー・メスマーの『フィリックス・ザ・キャット』である（注1-3）。

フィリックス・シリーズの『便利なカートゥーン』（*Comicalamities*, 1928）では、白い紙の上に人間の手が登場し、黒いペンでフィリックスが描き出される。フィリックスは観客に向かって挨拶するが、しっぽがないことに気づき作者に不満をぶちまける。作者はすかさずしっぽを描き加え、フィリックスはできたてのしっぽをクルリとまわして満足げだ。しかし、つぎの瞬間、再

図版1-23　オットー・メスマー『便利なカートゥーン』（1928）

図版1-24

び不満げな表情を浮かべる。そう、身体が黒くないのだ。そこでフィリックスは「黒く塗り忘れてる！」（傍点筆者）と怒りをぶつけ、イライラしながら町に繰り出し、靴磨き屋に自分の身体を黒く塗るよう訴える［図版1-23、1-24］。

一九二〇年代のアニメーションを振り返ると、フィリックスをはじめ、ウサギのオズワルドやミッキーマウスなど動物のキャラクターが多く、彼らがみな黒い身体をもっていることに気づく。その理由についてはさまざまな議論がなされているが、そのひとつに、フィリックスの生みの親オットー・メスマーが言うように「輪郭を描く手間が省けるし、ベタな黒のほうが動きがいい」という説がある（マルティン 2010：73）。

またその一方で、写実的な技法で人間を描こうとすると、人間が醸し出す複雑な表情や動きを表現することはとても難しいという現実もあった。一コマ一コマ丹念に描く初期のアニメーションでは、ちょっとした身振り、しぐさ、誇張した身体表現によってその心情が表現されていた。すでに見たように、ロトスコープは技術的にある種の奇怪さを際だたせてしまう。線で描かれたキャラクターがあまりに人間に近づきすぎると、ロボット工学で言われる「不気味の谷」のように不気味さが生じてしまうのだ（細馬 2013 : 121）。

だが、逆に人間の言語と知性を獲得した動物たちがスクリーンに登場すれば、現実よりもずっと知的かつ魅力的に映る。そこで、現実の動物の習性を垣間見せつつ、人間の習性やその欠点を瓜二つに物真似する動物たちがスクリーンに登場し、自由な創造性とカリカチュア的発想によってアニメーションの世界の住人となっていく。

さらに、アメリカのアニメーション研究者ポール・ウェルスは、動物が主役になることで、政治的、宗教的、社会的タブーについてじかに触れずに考えることができると指摘している（Wells 2009）。なるほど、たしかにそうだ。だが、それはアニメーションに限られたことではない。たとえば、フランスの詩人ラ・フォンテーヌはルイ一四世に『寓話』の執筆を命じられた。王太子に王の偉大さを示しつつ王道学を説くためだ。だが、優雅で華やかに見える宮廷の世界には、驚くほど嫉妬、中傷、権力が専横している。そこでラ・フォンテーヌは、『寓話』に別の目的を織り込んだ。王や政府高官への辛辣な告発を動物の世界の物語として描き、それによって痛烈な批判と風刺をしのばせたのだ。そうすることで、声なき人びとの心を逆照射し、宮廷世界を生き延びる処世術を描き出したのである。このように考えると、アニメーションの世界の動物たちは、かねてから文学の世界で受け継がれてきた動物技法ともいえる物語術を引き継いでいると言えよう。

描き始める黒い動物たち

ところで、フィリックスの『便利なカートゥーン』では、「手」の役割は、〈描く身体〉としての作者一般を象徴する記号として登場し、アニメーションの始まりと終わりを告げるだけでなく、アニメーションの空間と「現実の空間」を交渉できる唯一の境界侵犯的な蝶番としての役割を担っている。それどころか、『便利なカートゥーン』に登場する作者らしき人間の「手」は、今井も指摘するように、フィリックスが窮地に追い込まれたときに彼を救う「デウス・エクス・マキナ」のような存在でもある。なぜならその「手」は「ペンというファリックな（創造的な）象徴性をもつ道具」を持っているからだ（今井 2006 : 63）。

しかしその後、これまで〈描かれる身体〉だったキャラクターが自らペンを手にすることで、〈描く身体〉として作者の審級へと繰り上がっていくことになる（今井 2006 : 87）。

『便利なカートゥーン』において、フィリックスは自分が美人ではないと号泣するメスの白猫に遭遇する。すると彼は人間の「手」に消しゴムをもらい、彼女の顔を消してペンで描き直す［図版1-25］。つまりここには、アニメーションそのものが自律してその世界を生成していくプロセスが描き込まれているわけだ。

図版1-25　オットー・メスマー『便利なカートゥーン』（1928）

とはいえ、このメス猫はつぎつぎと無謀な要求を突きつけてくる。フィリックスは真珠のネックレスを要求する彼女のために海に出かける。しかし、巨大な怪物に呑まれそうになり、必死に助けを求める。すると、不意に人間の「手」が現れる。この「手」は、フィリックスの黒い身体を敵から隠すように海の上から黒インクを流し込み、彼は難を逃れる［図版1-26、1-27］。そのメス猫が次に要求するのが毛皮のコートである。フィリックスは動物の毛皮を剝ぎ取ろうと巨大なネズミを狙う。しかし相手は思いのほか強靭で、フィリックスは完全にノックアウトされてしまう。ここでカメラはアイリスアウト（映像が画面の中心に向かって丸く閉じながら消え画面全体がベタ塗りとなる）しようとする。だが、フィリックスは必死でそれを拒む。すると、物語は再開し、作者の「手」が件の毛皮をもぎとって、フィリックスの目的を達成するのだ［図版1-28］。

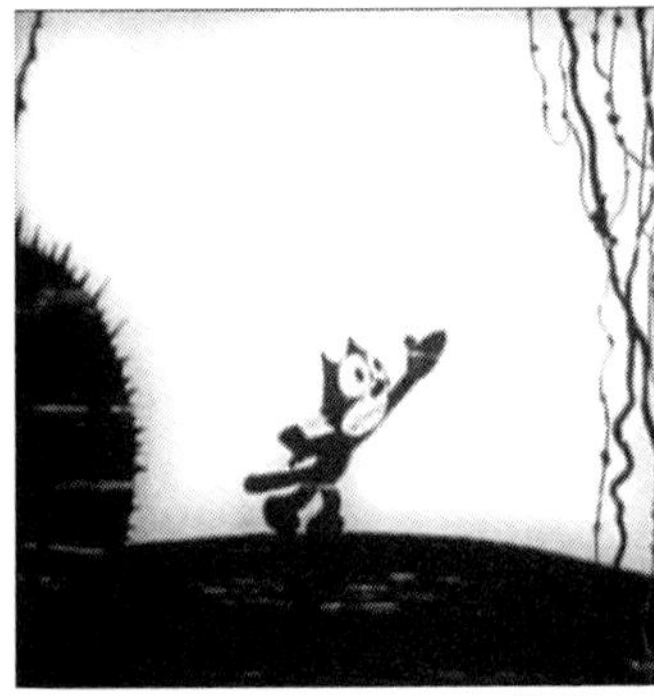

図1-26　オットー・メスマー『便利なカートゥーン』（1928）

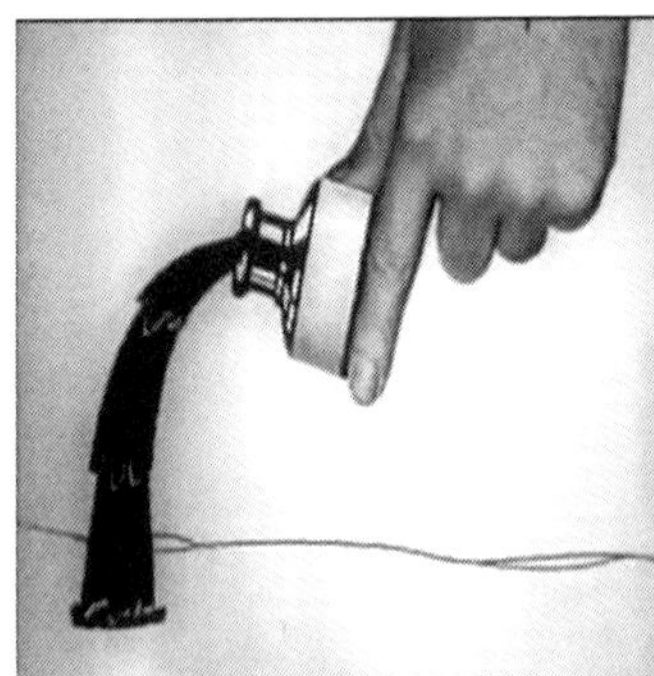

図1-27

なぜフィリックスは作者の「手」と交渉しながら物語を展開することができるのだろうか。理由のひとつとして、フィリックスに知性があるからだと考えることができる。フィリックスはアニメーション界初の「考えるネコ」として登場した。頭を垂れ、両手を後ろで組んで歩く姿がそれを象徴している。彼はピンチに陥ると、状況に応じて自分のしっぽを野球のバットや釣り竿、望遠鏡などあらゆる道具に変形させ、頭の上に浮かんだ疑問符を釣り針に変え、タダで旅行しようとスーツケースに化ける。作者の「手」に助けを求め、あるいはそれに抵抗し、自ら頭をひねって苦境から脱する方法を考える。こうした「知性」が発揮できるのは、エスター・レスリーが言うように、「描かれている世界の何もかもが同じものでできている」というファンタジーの論理が成立するようになったからだろう（Leslie 2004）。

図1-28　オットー・メスマー『便利なカートゥーン』（1928）

『便利なカートゥーン』は、ファンタジーの論理によって、現実とアニメーションの世界の落差をたくみに逆用することで、「現実世界」に対して批評的な力を得ることに成功している。道化師ココとちがい、フィリックスはけっして二次元の平面の世界の外部に踏み出そうとはしない。それを強く自覚しているのがよくわかるのが最後の場面だ。毛皮をプレゼントしても、いっこうにフィリックスを相手にしない傲慢なメス猫は、さんざん彼に要求したあげく、ついに「美人を愛するなんて生意気ね」と口走る。さすがのフィリックスもこれには堪忍袋の緒が切れ、両目を左右にギロギロ動かしながら叛逆を開始する。そして驚くべきことに、フィリックスは「所詮、きみは紙の上の恋人さ」と、紙の上に描かれたモノでしかない彼女をビリビリと破ってちぎり捨ててしまうのだ〔図版1-29、1-30〕。

アニメーションの世界の住人は、紙の上に描かれた二次元の平面的な存在でしかない。しかし、だからこそ、さまざまな制約に絡め取られた「現実」を茶化し、キャラクターたちはそこから解き放たれた「自由」なファンタジーの論理で動くことができる。そして、この平面において、あらゆる出来事や生成変化が生じ、深さへの欲求がじかに変換される。黒いペンによって可能になるこのファンタジーの論理こそ、変貌自在に変化し、世界のかたちを変えることができるアニメ

図1-29　オットー・メスマー『便利なカートゥーン』(1928)

図1-30

ーションならではの醍醐味だった。

ウォルトによる「不思議の国」のレシピ

ウォルトがアニメーションを手がけたのはこうした時代背景のなかでのことである。そして「アリス・コメディ」シリーズは、パット・サリバンとの契約が破断し、当時大人気だった「フィリックス・ザ・キャット」シリーズの「代わり」として、マーガレット・ウィンクラーとその婚約者チャールズ・ミンツが運営するウィンクラー・ピクチャーズとの契約を経て幕を開けることになった。

図1-31 『アリスの中国は大騒ぎ』(1925)

このシリーズは当時大流行していたマックス・フライシャーの「インク壺」シリーズに着想を得て制作された。ただし、「インク壺」シリーズがライブ・アクションとアニメーションの合成だったのに対し、ディズニーはこれを反転させ、アニメーションの世界に実写の少女アリスが入り込む設定にした。まず白い背景をバックにアリスを撮影し、プリントの段階ですでにアニメーションを写してある別のフィルムと合成するという仕掛けである。

当時は、二、三週間ごとに一本の短編を完成させるハードスケジュールだった。アリスの登場は時間と資金の状況によって作品ごとに異なっている。たとえば『アリスの中国は大騒ぎ』(*Alice*

Chops the Suey, 1925）では、アリスと猫のジュリアスがインク壺から登場し、アニメーターが描いたチャイナタウンを舞台に物語が展開する［図版1-31］。アリスがインク壺から登場した中国人風のネズミたちにさらわれ、ジュリアスがアジトに潜入してアリスの救出を試みる。背景は貧弱だが、定番のギャグを組み込んだ愉快なドタバタコメディだ。フライシャー的なオープニングや人間の「手」の登場など、初期アニメーション時代の特徴が見られる。

とはいえ、ウォルトの「アリス・コメディ」シリーズは、フィリックスとも「インク壺」シリーズの道化師ココとも異なる独特の世界を展開していく。ニール・ゲイブラーが『創造の狂気』で指摘するように、道化師ココは実写の世界を飛び回りながらも物質的な世界を手なずけることはできない。対して、アリスは自分で想像したファンタジーの世界に入り込み、どんな無茶な冒険をしても、最後には彼女の思い通りに、あるいは彼女と一緒に活躍する猫のジュリアスの企みのままに一大活劇を繰り広げる。つまり、ウォルトのアリスの世界は、想像の世界が損なわれない限り、そして現実の世界から切り離されている限り、どこまでも「自由」で「全能」な世界なのだ（ゲイブラー 2007、Gabler 2006）。

キャロルの『不思議の国のアリス』では、アリスはしばしば「I wish……」と願いを口にする。夢を思い描くその姿は、「夢を求め続ける勇気さえあれば、すべての夢は必ず実現できる」というディズニーの格言とも響きあうものだ。

だが、キャロルの世界をディズニーならではの根源的なヴィジョンへアップデートするには、かなりの時間とテクニックが必要だった。遊戯心に満ち、南米的な鮮やかな色彩の世界を描き出す画家メアリー・ブレアとの出会いなしには誕生しえなかったし、それ以外にも乗り越えるべき多くの壁があった（注1-4）。

猫と少女のパラドクス

一九五一年に公開された『ふしぎの国のアリス』は、じつは商業的には成功したとは言いがたい。だが、ここにはよくも悪くも、ディズニーのエッセンスなるもののひとつを見出すことができる。

キャロルの不思議の国では、アリスは「おかしな子 curious child」だと言われている。チェシャ猫によれば、「このへんじゃ、だれでも狂ってるんだ。おれも狂ってるし、あんたも狂ってる」という。「狂人」とは、フランスの思想家ジル・ドゥルーズがいうように、二者になるとい

図版1-32　ジョン・テニエルによるルイス・キャロル『不思議の国のアリス』（1865）の挿絵

うことであり、「狂人であるためには二人である必要がある。誰でも常に二人で狂人である」。ドゥルーズによれば、この世界は「現在」から逃れること、つまり生成することにあり、生成することの本質は、「一回で二つの方向（意味）へ行くこと」だ（ドゥルーズ1987）。じっさいアリスは「変った子で、一人で二役するのが大好き」な少女であり、縮小することなくして拡大しないし、拡大することなくして縮小することはない［図版1-32］。

キャロルの世界では、二つの異なる方向に向かうこのパラドクスは、インク壺とペンによって繰り広げられた初期アニメーションの世界のように、つねに表面で（平面で）展開されていく。一回で二つの方向を肯定するパラドクスは、ただひとつの方向しか肯定しない「良識」とは対照的である。アリスが遭遇する出来事はつねに一回で二つの方向に向かい、その主体を引き裂く。だからこそ、パラドクスはまさしくその限りにおいて「良識」を破壊するのだ。

だが、キャロルの『不思議の国』がユニークなのは、それだけではない。何より興味深いのは、チェシャ猫がアリスに、この国が、犬ではなく猫の論理からなる世界であると説いていることである。たしかに、キャロルの不思議の国は複数の猫たちによって支えられている。英文学者の夏目康子が指摘するように、アリスが地下の世界へ落下するときに「あなたが私と一緒にここにいたらいいのに」と願うのは、飼い猫ダイナであり、地下の世界でアリスが出会うのは、名前のなかに文字通り「猫 **cat**」を潜ませた芋虫（**Caterpiller** の語源は猫の **cater** ＋毛むくじゃら **pillar** からなる古フランス語「毛むくじゃらな猫 **chatepelose**」）であり、そしてチェシャ猫である。猫たちはみなアリスの友だちであり、味方であり、そして助言者の役割を担っている。さらにキャロルによる『不思議の国のアリス』と『鏡の国のアリス』は、どちらもだれかの夢のなかの出来事であり、その夢へ誘うのは、『不思議の国のアリス』では白ウサギ、『鏡の国のアリス』ではアリスの飼い猫ダイナの黒い子猫キティだった（夏目2015）。

このように、キャロルの世界において、「良識」に捕らわれた「現在」から逃れるパラドクスは、人間ではなく、猫の論理によって表層＝平面で展開していくのである。

ただし、その世界は、アリスが「なによ、あんたたちなんて、ただのトランプじゃない」と口にしたとたんに瓦解してしまう［図版1-33］。トランプはいっせいに空中に舞い上がり、アリスのもとにただの紙切れとなって降りかかる。不思議の国は現実の世界の論理が突きつけられた瞬間に夢の世界と化してしまうというわけだ。

図版1-33　ジョン・テニエルによるルイス・キャロル『不思議の国のアリス』（1865）の挿絵

その光景は、あたかもフィリックスが紙に描かれた傲慢なメス猫をビリビリと破ってアニメーションの世界から葬り去ってしまったときのようである。二次元の平面に生命を宿し、だからこそ変貌自在で不死身な身体を獲得していたキャラクターたちは、紙に書かれたモノにすぎないという現実の論理を突きつけられた瞬間に、魔法が解けたかのように消え去ってしまうのだ。

一九五一年のディズニーアニメーションは、絵のない絵本に退屈したアリスが飼い猫のダイナに語り始めるところから物語が始まる。ウサギの穴に転がり込む前に、アリスは自分の世界についてこう語っている。「私の国はおかしなことばかり　何でもあべこべよ　ない物があってあるはずの物がないの　ネコはニャーと鳴かずに「ミス・アリス」と言うわ　お前もそうよ　動物も人間の言葉を話すの」（注1-5）。

つまり、ディズニーのアリスが転がり込んでいく世界は、猫の論理からなる世界ではなく、アリス自身が憧憬して唱ったアリスの夢の世界なのである。だからこそ、ウサギの穴から落下していくアリスは、「さよならダイナ、心配ないわ」（傍点筆者）と叫び、ダイナもまた手を振ってアリスを見送るのだ。この光景は、キャロルのアリスが「私と一緒にここにいてくれたらいいのに」とダイナに思いを馳せて不思議の国へ落下していくのとは対照的である。

ディズニーの世界では、アリスのペットであるダイナは、人間には理解できない猫の鳴き声を繰り返す。アリスが歌のなかで願ったように、動物が人間の言葉を話すのは、アリスの夢のなかの出来事であり、アリスとダイナのあいだには人間と動物との境界が明確に区分されている。

キャロルのアリスは大人の読む絵のない本とは別の世界をつくった。ウォルトのアリスは、他人の夢ではなく、自分の夢の世界を歌い上げ、そこに入り込んでいった。そしてウォルトは彼自身の夢の世界をつくり、そこに世界中の人々を歓待することを試みようとしたのである。

「絵空事」をただの「絵空事」だと思うと、その時点でファンタジーの力は失われてしまう。ファンタジーの力とは、潜在的な逃走線を引くことで、「現実世界」にこれまでとは異なる別の認識の地平を切り拓いていくことだ。ディズニーは、目の前の現実に新しいイメージを付与するこのものそのものの見え方そのものを拡張し、その境界を書き換え、わたしたちの世界の見え方そのものを変えようと様々なテクノロジーを駆使して実験に挑んでいった。この意味で、その世界は、夢と現実、虚構と現実、生命／非生命という二元論に陥らず、二つの世界を往来する通路《メディア》としてその扉を開けてくれるだろう。アリスがウサギの穴のなかや鏡の向こう側の世界に思いを馳せたように、ウォルトはスクリーンの向こうの側の世界に思いを馳せた。そして、のちにカリフォルニアの地にディズニーランドを完成させるという夢に没頭していたときも、ウォルトはこう言っていた。「アリスが鏡の国に入るように、門をくぐると別の世界が待っている」と。

第二章

ミッキーマウスの生態学

エイゼンシュテイン、ミッキーに会う

一枚の写真から話を始めよう。ミッキーマウスと同じポーズをとって笑みを浮かべ握手を交わすひとりの男。「我が最大の友へ」と記されたこの写真は、一九三〇年九月にディズニーのハイペリオン・スタジオを訪れたセルゲイ・エイゼンシュテインとミッキーの記念すべき一枚である〔図版2-1〕。

ソ連を代表する映画監督エイゼンシュテインには、「ディズニー」（一九四〇―四一）と題する未完のエッセイがある。彼は「絶対的な完璧さのために戦慄する」というほどにディズニーに魅了され、「芸術作品が作用する際に必要な、完全無欠なまでに有効な特徴をすべて備えている」と、その魅力を熱く語っている。

エイゼンシュテインによれば、ディズニーがわたしたちに与えるのは、たんなる「ハッピーエ

図版2-1　*Eisenstein on Disney*（1988）より

ンド」でも「社会的矛盾をごまかす下劣な説教」でもない。ディズニーの特長を際立たせているのは、絵として描かれた存在が、明確な形式を持ち、特定の輪郭を帯びながらもあらゆる形式をとりうる「全能性」であり、徹底した自由であるという。エイゼンシュテインは、割り当てられた形式を拒絶し、いかなるフォルムにもダイナミックに変容できるドローイングの能力を「原形質性」と呼び、ディズニーについて、つぎのように述べている（注2-1）。

ミッキーは歌い始めると、両手を組み合わせる。彼の両腕は音楽を模倣する。唯一ディズニーのみが可能な、キャラクターの運動で旋律を模倣するそのやり方で。曲のトーンが高く上昇すると、彼の両腕も限界をはるかに超えてぐんぐんと伸びる。音楽と調子を合わせて、両腕は割り当てられた長さをはるかに超えて伸びるのだ。驚いたのは馬の首も同じように伸び、走るときには足もまた伸びる。

ダチョウの首や雌牛の尻尾も同じである。「シリー・シンフォニー」シリーズにおける動物や植物の特徴については、もはや語るまでもない。音楽の調子や旋律に合わせてせわしく曲がりくねるのだ。

　ここにはまた、これまでみてきたような「何か他のこと」、「不可能なこと」をする同じ遊びがあるようだ（エイゼンシュテイン 2013：159-160）。

　エイゼンシュテインにとって、ディズニーは一七世紀のラ・フォンテーヌの『寓話』や一九世紀のアンデルセン童話、ルイス・キャロル作品に連なる二〇世紀の寓話に匹敵する格別の存在だった。

　だが、やがてエイゼンシュテインは、ディズニーが「インファントな領域」から「成熟の域」に移行してしまったと述べている。では、ここでいう「成熟」とは何を意味するのだろうか。そしてそれは、ディズニーをどのように変えていくことになるのだろうか。この章では、ウォルトにとってかけがえのない一匹のネズミ、ミッキーマウスの生い立ちとその生態学とも呼ぶべきものを振り返りつつ、ミッキーをめぐって繰り広げられるメディアテクノロジーと動物のダイナミズムについて考えていきたい。

ミッキーマウスの誕生

　一九二八年二月、ウォルト・ディズニーはニューヨークで配給会社を経営するチャールズ・ミンツを訪れていた。ウォルトが制作した「しあわせウサギのオズワルド」シリーズを継続交渉するためだ。オズワルドは、一九二六年末、現ユニバーサル・スタジオの創設者カール・レムリに依頼されてディズニーが取り組んだ初のアニメーション映画である。オズワルドは大ヒットし、ウォルトは契約更新のさい制作費をあげてもらおうと意気込んでいた。しかしミンツとの会談は決裂。版権はユニバーサル社に奪われ、ウォルトの更新は叶わなかった。それどころか優秀なスタッフをすっぽり引き抜かれ、ウォルトはすっかり落胆していた。オズワルドもスタッフも失い、契約更新もないとなれば、ディズニー・スタジオさえ破綻しかねない。ウォルトにとって、それは間違いなく人生最悪の一日だった。

ミッキーマウスの歴史は、オズワルドを失ったウォルトがニューヨークからハリウッドに戻る列車のなかで思いついた一匹のネズミから始まる。ミッキーのモデルについては様々な説がある。駆け出しのウォルトが絵を描いていた机に夜な夜なやってきたネズミである、『イソップ物語』（パテ社、一九二一－二九）に登場するポール・テリーのネズミに由来している、アメリカの新聞漫画『クレイジー・カット』に登場するイグナッツ・マウスに着想を得たなどがそうだ。今となってはどれが正しいのかを判断するのは難しい。だが、一九三一年のインタビューでウォルトはつぎのように述べている。

ミッキーのアイデアをどう思いついたのかはうまく言えないが（略）ぼくたちはとにかく別の動物がほしかった。猫も思いついたが、当然ネズミも思いついた。公衆《パブリック》、とくに子どもたちは、「可愛くて」「小さい」ものが好きなのではないかと思った。この思いつきはチャップリンに負っているのではないかと思う。人々に魅力的に訴えるものがほしくて、チャップリンのようなどこか切なげで（略）自分でできる最善のことをやろうとする小さな奴（略）機知に富んだ小さなネズミを思いついたんだ。（Carr 1931：57）

つまり、ウォルトにとってミッキーに欠かせないのは、小さいこと、動物であること、そしてチャップリン的要素だった。とはいえ、ミッキーはたんなる子ども向けのエンターテイメントを目指して誕生したわけではない。ウォルトはこう言っている。

ミッキー・マウスは、けっして子どもを傷つけたり、こわがらせるようなことはしない。このネズミは、子どものためにだけ創られたのではない。ミッキーが意識しているのは、ひとつの観客、すなわちミッキー観客なのだ。それは、私たちを子どものオモチャで遊んでみようという気持ちに駆り立てるような、世界中のだれの心のなかにでもある原初的な何か、ばかげたことを楽しみ、風呂のなかで歌を口ずさんだり、自分の子はよその子よりかわいいぞと思い込むような、そんなたわいのない部分――つまり、自分のなかにミッキーマウスをもっている観客のためのものなのだ。（小野 1983：24、傍点筆者）

ウォルトがここでいう「ミッキー観客」について考えるために、まずはミッキーの生成期に目を向けてみよう。ウォルトは当初、このネズミをモーティマーと名付けた。だが、それは少し気取って聞こえるという妻リリアンの一案でネズミの名はミッキーになる。カリフォルニアに戻ると、ウォルトが個性を、アブ・アイワークスがその外観を与え、ミッキーはその後しばらくカンザス・シティのスタジオで成長を遂げていく。ただのやんちゃなネズミにすぎなかったこのネズミが、チャップリンを凌ぐハリウッドスターの殿堂入りを果たすことになるなど、いったい誰が想像しただろう。

構想当初、ミッキーの設定は、「小さな町に住み、健全で、陽気で、女の子の前ではにかみ屋で、礼儀正しく、ストーリーによっては利発なところも見せる」、「ごく普通の少年のイメージ」を基調とするものだった。あるときはフレッド・アステアふうに、またあるときはチャーリー・チャップリンやダグラス・フェアバンクスを想起させ、しかし、どんなときもどこか「少年らしさ」を残す、一匹のネズミ――それがミッキーだった。とはいえ、このネズミの「少年らしさ」は、ミッキーのガールフレンドであるミニーマウスの「女の子らしさ」との対比のなかで浮かび上がるものでもある。ミニーの作画に関するフレッド・ムーアの発言を見てみよう。

ミッキーと同じように描くが、ズボンの代わりにスカートとフリル付きのパンティ、靴の代わりにハイヒールを履かせ、小さな帽子、まぶたとまつげを加える。ミニーのポーズや仕草は徹底的に女性的でなければならない。これには表情や反応などもすべて含まれる。

ミニーは、スカートが高くめくれ、フリル付きのパンティをたっぷり見せるほうがキュートになる。このスカートはぱりっと糊がきいていて、垂れ下がらない。

彼女の手足は大きいが、ごつくはない。ミニーをできるだけ女性的にするためにはあらゆるものを利用する。口はミッキーよりも小さく、笑ったり、驚いたり、表情を作ったりするときにもけっして彼のように大きく開かない。女性的に見せるには、まぶたやまつげは非常に有効だし、ポーズを変えるたびにスカートがめくれ、パンティが見えるのも役立つ。小指を立てるしぐさもいっそう女性的に見せる。（トーマス&ジョンストン 2002：557）

このようにミニーが「女の子」になったのは、まつげやフリルのパンツといった装飾的記号や小指を立てるといった過剰にジェンダー化されたパフォーマンスを通してであり、ミニーを「女の子」に「見せる」ことで、ミッキーは「男の子」に「見える」ようになっている。つまり、ミッキーはミニーが身にまとった過剰なジェンダー性を回避することで「男の子」として成立しているのである。

ミッキーの身体造形

とはいえ、ミッキーの魅力は「少年らしさ」のみならず、そのアバンギャルドな身体描写にも見出せるのではないだろうか。シンボルである二つの大きな丸い耳、丸い頭、そしてチューブのような手足。幾何学的な図形やマテリアルによって構成された単純で描きやすいフォルムは、シンプルでインパクトがある。

一九二〇年代、七分の作品をつくるには一万五〇〇〇枚の原画を描き、トレースと彩色を施さねばならなかった。少人数で膨大な枚数の絵を完成させるためには描きやすいフォルムが必要だった。だが、ミッキーの身体造形はたんに描きやすさを追求しただけではない。大塚英志が「ミッキーの書式」と呼ぶように、モダニズム独特の美学や、当時のアヴァンギャルドな美学と響き合うものとなっている（大塚 2013）。

この前衛的で人工的な身体は、ドイツの思想家ヴァルター・ベンヤミンが経験の貧困化――第一次世界大戦によってかつて世代から世代へと語り継がれてきた「経験」の有機的なつながりが粉砕され、回復不可能になったこと――と呼ぶ「一種の新しい野蛮状態」のなかで産声をあげた。「経験の貧困」は、新しい経験への飢えではなく、逆にひとびとが経験から解放されることを渇望していることを示唆している。「野蛮」とは、最初から新たにやりはじめるためのポジティヴな概念である。

ベンヤミンは、ミッキーマウスに伝統的な人文諸科学が築き上げてきた「偽りの普遍性」と人間の「特権的思考」を粉砕する「破壊的性格」を見出していた。ベンヤミンにとって、ミッキーマウスは「映画によって新たに作り出された自由な活動の空間《シユピールラウム》に最初に住みついた」「道化役者」だった（ベンヤミン 1995 : 621）。「破壊的性格」とは、〈場所を空けろ！〉というスローガンである。（ベンヤミン 1994 : 92）。ミッキーマウスについて、ベンヤミンはつぎのように述べている。

ミッキー・マウスの生活は、こんにちのひとびとの夢なのである。ミッキー・マウスの生活は奇跡にみちている。それは、技術の奇跡をくりひろげてみせるだけではなく、それを翻弄する。いちばん痛快なことは、これらの奇跡が、なんらの機械装置をも必要とせず、すべて即興でおこなわれることである。奇跡は、ミッキー・マウスやそのパルチザンたちや追跡者たちのからだから生まれ、ごく日常的な家具、あるいは樹木や雲や湖水のなかから起こる。自然と技術、原始生活と文化生活が、ここでは完全に融合している。はてしなく煩雑な日常生活にうんざりしたひとびとの眼には、人生の目的など、無限につらなる無数の手段のかなたに消えていく遥かな一点としかうつらない。ここでは、ミッキー・マウスの生活がひとつの救いのようにみえるのだ。どんな危機がきても、きわめて単純かつきわめて快適に切りぬけていくことのできるミッキー・マウスの生活、自動車が麦わら帽子よりもかるく、樹の枝の果物がまるでアドバルーンの気球のようにたちまちふくらんでいくのである。(ベンヤミン 1994:105-106)

このように、ベンヤミンはミッキーマウスの「野蛮」と「破壊的性格」、そして「集団的哄笑」に「近代文明が抑圧したものの暴力的な回帰に対する解毒剤」としての機能を見出していた(ベンヤミン 1995:621、ハンセン 2017:334)。こうしてミッキーは「新しい野蛮状態」を象徴するアナーキーな存在として、また、文字通りすべてを失ったウォルトが最初からやり直そうとして創りだした人工被造物としてスクリーンに登場した。

チャップリンvs.ミッキー

すでに述べたように、当初、ミッキーのお手本はチャップリンだった。じっさいミッキーがチャップリンを凌ぐハリウッドスターとして歓待される夢を描いた『ミッキーの名優オンパレード』(一九三三)や、口髭にステッキ、ドタ靴という出で立ちでチャップリンに扮して捨て子をあやす『パパになったミッキー』(一九三四)は、チャップリンへのオマージュとして捉えることができる。ミッキーの「偽装」ないし「模倣」を通じた演劇的身体は、ミッキーの世界を成立させる重要な要素のひとつだ。しかし、ミッキーがたんなるチャップリンの模倣ではなく、キャラクターとして際立っていたとすれば、それはなぜか。

まずはミッキー以前に「大衆のイコン」として称賛されていたチャップリンの魅力について考えてみよう。チャップリンという天才的なコメディアンをめぐる熱狂的な賛美は、一九一四年から一五年という独特の文化的状況のなかで生まれた。アメリカ文学者の宮本陽一郎によれば、一九一四年の「チャプリニティス」は、「映画という新興メディアが産み落としたスラップスティックという下層芸術の、疑似高級芸術としての長編映画に対する挑戦」であり、その「勝利」である(宮本 2002:112)。

この時期の短編アニメーションの多くはスラップスティックを基調としたギャグと笑いのドタバタ劇であり、ミッキーの誕生はそうした流れにうまく呼応していた。とはいえ、そもそも山高帽、窮屈なタキシード、ちょびヒゲ、ドタ靴、ステッキという「放浪紳士」のイメージは、アメリカ人の典型的な姿でも、労働者階級の典型的な姿でも、大衆の似姿でもない。「チャーリー」は、ロンドンの貧民街のアルコール中毒の放浪者であり、搾取される労働者であり、ペテン師であり、ささやかな夢をみるプチ・ブルジョワ階級であり、そしてまた何よりも夢想家だった。宮本によれば、チャールズ・チャップリンというスターと「チャーリー」というキャラクターは、このように数々の矛盾する「ダブル・イメージを共存させる修辞」として機能している。つまりその身体は、国籍、階級、人種といった具体性を帯びたコードを超えた超コード的な記号と化し、だからこそ具体性をもたない「大衆」のイコンになり得たというわけだ（宮本 2002：108）。

ミッキーもまた、矛盾する様々な役を演じ、国籍や人種のコードに回収されない超コード的な記号として機能している。一九三〇年代を通じて、ミッキーは南太平洋からアルプス、アフリカの砂漠まで冒険し、ガウチョ、トラック運転手、探検家、水泳選手、カウボーイ、消防士、囚人、開拓者、タクシー運転手、漂流者、漁師、自転車乗り、アラブ人、フットボール選手、発明家、競馬騎手、店主、農夫、キャンパー、船乗り、ガリヴァー、ボクサー、そして指揮者その他の諸々の職業を演じ続けた。アメリカの作家ジョン・アップダイクは、『ミッキーマウス画集』に寄せた序文のなかで、ミッキーは「ディズニースタジオのボスたちに割り当てられたどんな役でもやってみせる、根無し草のヴォードヴィリアン」だったと述べている（アップダイク 1992）。

今となっては、ミッキーと言えば、ディズニーランドを訪れるミドルクラスの消費文化のシンボルだと思うひともいるかもしれない。だが、初期のミッキーは、ヒョロリとしたしっぽに、ネズミを象徴する齧歯《げっし》をもち、素早い動きによって動物的な「野蛮さ」が充溢したラディカルな存在だった。そして「いつ襲ってくるか分からない冒険に身をさらしながら、口笛を吹きつつ苦難の道を歩いていく、ひとり者の放浪者」だった。じっさい初期のミッキーは、「まともな存在として扱われる限界すれすれのところ」に位置していた。ミッキーの丸い耳は「二枚の一セント貨のように、彼が社会で一番小さな経済単位であること」を示し、その名前は、英語の語彙のなかで小さな者、弱い者の代名詞として通用していた。そしてまた「ミッキーマウス・オペレーション」といえば、資本不足の会社経営か、軽い外科手術を意味していたのだ。

しかし、初期のミッキーの野蛮な快活さと乱暴さは、多くのスターがそうであるように、道徳的な観点から数々の苦情を引き起こすことになる。一九三一年二月二八日の「モーション・ピクチャー・ヘラルド」誌で映画史家のテリー・ラムゼイはつぎのように述べている。

ミッキーマウスというウォルト・ディズニーの芸術的所産は、その驚くべき成功ゆえに、大々的に検閲官と衝突することになった。親たち（とくに母親）は、悪魔のようなわんぱく子ネズミ、ミッキーの正体について検閲委員会や他の場所で力説した。今やわれわれの知るミッキーはアルコールも飲まず、煙草も吸わず、家畜をいじめることもない。ミッキーはお仕置きを食らったのだ。

これはありふれた話だ。もし誰もあなたのことを知らなければ、あなたはなんでもできるだろう。けれども誰もがあなたを知っていたら、あなたは誰もが認める、ずいぶん限られたことしかできなくなってしまう。これは人間の映画スターにはこれまでたびたび起きてきたことだが、今や鉛筆の跡ほどの厚さもなく、心の中に存在するだけの白黒の小さなねずみさえそうしてしまったのだ。（Ramsaye : 1931）

こうして奔放に生きていくのが難しくなってしまったミッキーは、あとで見ていくように仲間たちの存在によってこの問題を回避しその世界を広げていくことになる。だが、ミッキーがチャップリンの二番煎じにならず、チャップリン以上に「大衆のイコン」になり得たとすれば、その理由は、ミッキーがネズミという動物であったこと、そして実写ではなくアニメーションの世界に暮らしていたという両者の決定的な差異のなかにあるのではないだろうか。

かつてベンヤミンが「複製技術時代の芸術作品」で述べたように、俳優がカメラやマイク、照明と対峙することは、自身の役割を人間の自己疎外の演技として再規定することだ。そこでは人間の自己疎外がきわめて生産的に利用される。だが、この自己疎外を美学的、生産的なものにするという点において、ミッキーは人間の俳優よりも少し優位にあるとハンセンは言う。なぜなら、俳優が人間の形姿《フィギュア》をリアリズム的に映像化するという制約に縛られたままであるのに対し、カートゥーンの登場人物は、そうしたアウラを虚偽的に復元するわけではない。むしろその魅力は、「人間と動物、二次元と三次元、肉体的なエネルギーと機械的なエネルギーの境界を曖昧にする」という「被造物《クリーチャー》の異種混交《ハイブリッド》的な特徴」にあるからだ。つまり、ミッキーは、「技術によってつくりだされた、人工的な主体性を備えた形象《フィギュア》」として「生理学的衝動と人工頭脳的《サイバネティック》な構造」を普遍的なかたちで重ね合わせるという方向を示唆しているのである（ハンセン 2017 : 354-355）。

このように、ミッキーはその「サイボーグ的性質」によって、自然と技術の重なり合いをユーモアとパロディによって誇張し、人間と自然の関係を再組織化するユートピア的な潜勢力を予示していた。では、ミッキーは動物の姿をして二本足で歩く他のヒューマノイドとはどのように異なっていたのだろうか。

動物の身体と美学

ミッキーが誕生する以前、一九二〇年代のスクリーンで活躍していたフィリックスやオズワルドの世界に目を転じてみよう。彼らの特徴のひとつは、柔軟性に富み、伸縮自在で、かつ機械的な黒い身体を持っていたことである。第一章で見たように、パット・サリバン（本名パトリック・オサリヴァン）とオットー・メスマーによって生み出された黒猫フィリックスは、苦境に直面してもつねに自分の頭で考えて脱出方法を見つけ出す「考えるネコ」として登場した。頭を垂れ、両手を後ろに組んで歩きながら考えあぐねる例のポーズがそれを象徴している。フィリックスはそのしっぽをチャップリンのステッキや釣り竿に、あるいは望遠鏡へと変化させ、つぎつぎと目の前の難問を突破していく。また自らスーツケースに変身してタダで旅行しようと企んだり、電話線のなかに入りこむなど、機知に富んだ世界を繰り広げていた。

一方、のちのミッキーを予兆させるオズワルドも、水で濡れた自分の身体を雑巾のように絞って乾し、拳骨をくらって複数のミニオズワルドに分裂するなど、柔軟な身体によって愉快なギャグを繰り広げている。戯れに切断される身体は、戦争という時代背景を連想させもするが、フィリックスやオズワルドが、その身体を自在に分断、伸縮させながら陽気で快活な世界を創出したとすれば、ミッキーが具現化した世界は「マシーン・エイジ」の精神だった。

ミッキーのデビュー作『飛行機狂《プレーン・クレイジー》』(一九二八)は、当時大西洋を横断し一世を風靡したチャールズ・リンドバーグをモデルに、ボサボサ頭を模したミッキーが飛行機づくりに挑戦する物語である。『飛行機狂』が、空を飛ぶという、地上に縛られた人間の条件からの脱出を試みたとすれば、『ミッキーの人造人間』(一九三三)は、ミッキーが造ったブリキの人造人間と野獣のゴリラが「機械 vs. 野獣」という「世紀の決闘」に挑む作品だ。また初期の短編には、ミッキーを追う野牛が速度を増すにつれて流線型の電気機関車に姿を変えることもあれば、ミッキーの悲鳴が警笛として鳴り響き、疾走するウサギが自動車の急ブレーキや車輪の軋り音をたてて急止する場面もある。

動物とテクノロジーが融合し、生命を与えられた人工的な被造物たるミッキーは、二〇世紀初頭のアメリカ的な「高度資本主義の生活意識」を映し出すとともに、たんに機械主義的、合理主義的な資本主義を象徴するのではなく、ベンヤミンが指摘したように、フーリエのユートピア的な企図を実行するかのごとく、複製メディアを通じて資本主義の合理性を滑稽に皮肉るアレゴリー的な使命を担っていく。

一方、当時のミッキーは、いかなるトラブルに巻き込まれようと、つつましやかで、弱者を放っておけない優しさとヒロイズムを持ち合わせていた。『ミッキーの大演奏会』(一九三五)では、度重なる障害や困難を乗り越えてハーモニーを完成させようとする指揮者の役割を担う。またクリスマスを舞台にした『ミッキーの街の哀話』(一九三二)では、ミッキーはつぎはぎだらけのズボンをはいてチェロを弾き、プルートと路上でパフォーマンスを行うが一銭にもならない。だが、大勢の子どもたちを養えずに涙にくれる母子家庭を目にすると、意をけっしてプルートを売り、そのお金でサンタとなって子どもたちにプレゼントを贈る。ミッキーと別れたプルートは、富豪のブタの親子のもとでひどい目にあうがなんとか脱出し、無事にミッキーのもとに戻る。最後はミッキーとプルートが一緒に七面鳥を食べてクリスマスを祝うというわけだ。ここには、庶民の夢に寄り添うミッキーのヒロイズムと優しさが十全に描き出されている。

こうしてミッキーはモダニズム的かつ機械的な身体造形と、ヴィクトリア朝的な感傷性《センチメンタリズム》を持ち合わせたハイブリッドなキャラクターとして独自の存在感を獲得していく。とりわけ、仲間を得てからのミッキーは、ロマンスと冒険を夢見る孤独な男としてのチャップリンやサイレント時代のヒーローたるフィリックスとも異なる道を歩むことになる。

この時代のミッキーを目の当たりにしたアップダイクは、「ミッキーこそが自分たちの仲間のひとりであり、大人の世界へ橋渡しをしてくれる存在」だったと述べ、その思い出をつぎのように語っている。

ミッキーマウスが象徴しているアメリカ、それはあの傲慢なヤンキー・アンクル・サムによって象徴されていない部分のアメリカだ。アメリカが自らをそう感じているアメリカ——勇気を持ち、見せかけだけは威勢がよく、創意工夫に富み、元気はつらつとしていて、人がよく、負

けじ魂のある――そういったアメリカこそがミッキーなのである。(アップダイク1992)

このように、少なくとも初期のミッキーは、「ブルジョワ的な主題を拒絶し、ヴォードビルや下層の生活に身を投じる厄介で下衆ないたずら者」だった(Leslie 2004)。だが、そこにはまた別の「アメリカ」も映し出されていた。

黒人性とジャズ

エスター・レスリーは『ハリウッド・フラットランド』のなかで、ミッキーを「アメリカ移民の核心」であると指摘している(Leslie 2004)。たしかに、ミッキーの得意のポーズ「親指と三本の指の、あの白い手ぶくろを高くあげ、威勢よく歩く姿」はジャズを踊る黒人を想起させる。じっさい、これまでにもミッキーは人種の差異を撹乱するジャズエイジの象徴的存在としてさまざまな形で論じられてきた(アドルノ1994、舌津2013)。

では、ミッキーはアメリカ社会に深く根を下ろしている人種の問題とどのように向き合ってきたのだろうか。ここではその一例として、『アンクル・トムの小屋』を劇中劇としてアレンジした『ミッキーの脱線芝居』(一九三三)を見ていこう。

『アンクル・トムの小屋』は一九世紀のアメリカでもっともヒットしたメロドラマの舞台であり、ミンストレル・ショー――白人が顔を黒塗りにして黒人のステレオタイプを演じる芸――としても注目を集めてきた。

大和田俊之の『アメリカ音楽史』によれば、アメリカのポピュラー音楽を駆動してきたのは、「他人になりすます」という欲望、つまり〈擬装〉願望である。なかでも一九世紀なかばにアメリカで流行したミンストレル・ショーはその最たるものだった。以下、大和田の議論にそってアメリカのミンストレル・ショーの歴史と構造を確認しておこう（大和田 2011）。

白人が顔を黒塗りにする「ブラックフェイス」の伝統は一九世紀以前から存在していた。しかしそれが大衆芸能として定着していくのは、白人コメディアンT・D・ライスが登場してからのことである。一八二〇年代にニューヨークの劇場でエキストラをつとめていた彼は、やがて南部の黒人奴隷の動きを野蛮かつ滑稽な歌と踊りで演じる「ジム・クロウ」と呼ばれる黒人キャラクターとして人気を博す。この芸風はまたたくまに拡大し、キャラクターも細分化していった。とはいえ、フレデリック・ダグラスをはじめとする人々が、当時からこうした芸風の人種差別性を批判していたのも事実だ。

当初、ミンストレル・ショーを愉しむ観客の多くは白人労働者階級だった。ショーのなかには、白人の主人のもとで幸せに暮らす黒人奴隷の姿が描き出され、彼らの政治的価値観が色濃く反映されていた。そこでは、奴隷制廃止論者は偽善者、臆病者として演じられることも多く、ハリエット・ビーチャー・ストウが『アンクル・トムの小屋』（一八五二）を刊行して奴隷制の残酷さを告発したときには、この小説に反対するパフォーマンスがミンストレル・ショーで繰り広げられたという。ここで重要なのは、ブラックフェイスの芸人が黒人ではないということを白人労働者階級の観客が十分に承知していたことである。つまり、ミンストレル・ショーという娯楽空間は、白人が黒人を演じることにより、自分たちは「黒人ではない」という否定的な身振りを通して逆に〈白人性〉が統一的なアイデンティティとして構築され強化される文化装置として機能していたのである。

そもそも初期のミンストレル・ショーの舞台で人種的他者を演じていたのは、アイルランド系移民だった。また一九世紀半ばになると、黒人がミンストレル・ショーを演じる一座も登場し、そこで黒人は自らを他者として演じるようになる。さらに二〇世紀になるとユダヤ人がその役割を担うようになった。アイルランド人やユダヤ人など差別の対象とされてきた白人移民にとって、白人／黒人という二分法を基盤としたミンストレル・ショーに参入することは、黒人を嘲笑の対象とする〈白人〉の人種的認識の枠組に自らを同化させることにつながった。つまり、ミンストレル・ショーは、アメリカ社会における人種的他者が黒人を〈擬装〉することで〈白人〉への同一化の欲望を叶える装置として、錯綜した重層的力学の上に繰り返し上演されてきたのである。『ミッキーの脱線芝居』にも、他者を擬装するという文化は脈々と受け継がれている。

作品の冒頭で紹介される楽屋裏の光景を見てみよう。まずはミニーがおしろいをはたいて白人の少女エヴァ役に変身する。続いてミッキーが顔を黒くするために爆薬を咥《くわ》えて火をつけ、黒人の少女トプシー役に変身する。ミッキーはすかさず両手を広げ、鏡に向かって「マミー」と叫ぶ。言うまでもなく、この身振りは一九二七年に公開された世界初のトーキー映画『ジャズ・シンガー』でミンストレル芸人として一世を風靡したアル・ジョルソンのパロディである［図版2-2、2-3］。

図版2-2 『ジャズ・シンガー』(1927)

図版2-3 『ミッキーの脱線芝居』(1933)

さて、舞台の幕があがると、黒人少女トプシーを演じるミッキーと白人少女エヴァを演じるミニーが手を繋いで登場する。しかしすぐにサイモン・リグリーが現れ、二人は慌てて小屋に逃げ込む。すると瞬く間にアンクル・トムに変身したミッキーが登場する。ミッキーはトプシーとトムの二役演じることで、ジェンダー、人種、世代を越境し、その境界線を攪乱する。観客の動物たちはトムに早変わりしたミッキーを拍手で迎え、対するリグリーに激しいブーイングを浴びせる。

第二幕は雷雨のなかをかけるイライザの川下りだが、猟犬の着ぐるみを着せられて登場する数々の犬たちのなかに猫が紛れ込み、舞台は大騒ぎになる。ミッキーとミニーは早々に幕を下ろし、舞台は文字通り「脱線芝居」と化し、ドタバタのなかで終わりを迎える。

『ミッキーの脱線芝居』は、ミンストレル・ショーにおいてつねに〈黒人〉の位置を固定してきたアメリカ社会の一面を映しだしている。しかし、観客の動物たちはリグリーに激しい非難を浴びせ、また、そもそも全身真っ黒なミッキーは「映画史上、初めて肯定的に描かれた黒人キャラクター」であり、かつ「目の周りから口のしたのほうまで見られる白い部分は仮面を想起させ、まるで当時のアングロ系社会で生き残るためにパッシングの偽装をしているかのようだ」というダグラス・ブロードの指摘を想起すれば、『ミッキーの脱線芝居』は、この演劇がたどってきた人間社会の歴史を大胆に客体化しパロディ化していると言えよう（Brode 2006 : 50）。

とはいえ、ここで同時に注目したいのは、ミッキーがこのように数々のダブルイメージを共存させながら、仲間たちのあいだに階層的な構造的差異を保持していることだ。ミッキーといえば、わたしたちはすぐに円い耳と大きな黒い靴、そして白い手ぶくろを思い浮かべる。だが、ミッキーはウォルトが少年時代を過ごしたミズーリ州の農園を想起させる田舎の納屋の周辺で生まれ、裸足に素手で他の動物たちとともに泥だらけになって育った。

にもかかわらず、やがてその世界にはある階層的な法則が確立されていく。それを端的に象徴するのが、彼の白い手ぶくろである。

ミッキーが最初に白い手ぶくろを身につけるのは、『ミッキーのオペラ見学』（一九二九）である。今日ディズニーの世界では、擬人化された動物たちはアニメーション化しやすい四本の指に必ず白い手ぶくろをはめている。そうすることで擬人化されていない、もの言わぬ裸の動物たち――たとえばミッキーが飼っている犬のプルート（一九三〇年の『ミッキーの陽気な囚人』で初登場）など――と差異化し階層化をはかっている。言わば、白い手ぶくろは、動物が人間へと「昇格」したシンボルなのだ。こうして白い手ぶくろは、動物たちにとって「もはやけっしてはずすことのできない新しい皮膚」となった。ディズニーのキャラクターとして採用してもらうためには、この「整形手術」を施して白い手ぶくろを移植しなければならない（小野1983：33-34）。ただし、白い手ぶくろが必要なのは、「色が白くない手足の持主」だけである。だからドナルドは、擬人化されているにもかかわらず、手ぶくろをしていない。

この手ぶくろの秘密については、小野耕世が『ドナルド・ダックの世界像』のなかで詳述しているのでぜひそちらを参照されたい。ここでは、この手ぶくろに象徴されるディズニー界の構造について探っていこう。

話すネズミ、歌うブタと「ミッキーマウジング」

一九二八年一一月一八日、ニューヨークのコロニー劇場で『蒸気船ウィリー』が封切りされた［図版2-4］。『蒸気船ウィリー』はバスター・キートンの喜劇『キートンの蒸気船』（一九二八）と一九二七年に大ヒットした初のトーキー映画『ジャズ・シンガー』に着想を得て「音の入った初めてのアニメーション映画」として上映され、空前の大ヒットを記録した。

この作品は、チャールズ・リンドバーグの大西洋横断飛行にヒントを得た『プレーン・クレイジー』(一九二八)、時の英雄ダグラス・フェアバンクスを想起させる『ギャロッピン・ガウチョ』(一九二八)に続く、ミッキーの三本目の短編である。
今や歴史的瞬間とも言える当時の試写の状況を、ウォルトはつぎのように述懐している。

作品が半ば完成した頃、僕らは音付きの上映をやってみた。社員の二人が楽譜を読むことができた。そのうちの一人(ウィルフレッド・ジャクソン)はハーモニカを演奏することができた。僕らは彼らをスクリーンが見えない部屋に連れて行き、僕らの妻や友人が映画を見る部屋に、彼らの出す音が流れるようにセッティングした。二人は音楽とサウンド・エフェクトの楽譜をもとに演奏した。はじめのうちは何度か失敗もあったが、そのうちに音とアクションのタイミングがうまく合うようになった。ハーモニカ担当のジャクソンが曲を演奏し、サウンド部門にいた残りの人間が、リズムに合わせてブリキのドラムをがんがん鳴らし、トロンボーンを吹いた。音の同期はぴったりだった。(マルティン 2010 : 92)

図版2-4『蒸気船ウィリー』(1928)

蒸気船を操縦しながら足でリズムをとり、軽快に口笛を吹くミッキー。ミニーが投げ捨てた楽譜とミッキーの楽器を食べたヤギは蓄音機と化し、機械仕掛けのオルゴールのように「わらのなかの七面鳥」を奏でる。

甲板から船内へ移動したミッキーは、そのリズムに耳を傾けながら船内の調理室からスプーンを持ち出し、洗濯板、鍋釜、ガチョウ、豚の乳房、果ては牛の口に至るまで、あらゆるものを楽器に見立て、片っ端からテンポよく音楽を奏でていく。ミッキーは悪戯がすぎてお仕置きをくらうが、自分を馬鹿にするオウムにジャガイモを投げつけ、オウムを舷窓からつき落とす。観客はオウムが川に落ちたことを水しぶきの音から察し、この音を聞いたミッキーが声をあげて悪戯っぽく笑う場面で映画は幕を閉じる。

音と映像がシンクロするこの新しい世界は、『ニューヨーク・タイムズ』紙をはじめ、多くの観客たちに高く評価され、ミッキーは「今後ミッキーマウスという名で知られるようになる新しい主人公」として盛大な拍手で迎え入れられることになった。またジャズやラジオ、映画といったアメリカの大衆文化にファシズムと同じ危険性を感じ取っていたアドルノも、少なくとも当初は、ジャズの社会機能を的確に研究できるのはブレークを「踊り切る」ことであり、「ミッキーマウスだけがあらゆるブレークを正確に視覚的なものに翻訳して」おり、それが「ミッキーマウスの成功の謎を解く一つの鍵である」と述べていた（アドルノ 1994：155–156）。

しかし、この作品の魅力は、たんに音と映像をシンクロさせたところにあるわけではない。むしろここでは、音とアクションがぴったりと合っているように感じられるのはなぜかという点に注目したい。

細馬宏通は『ミッキーはなぜ口笛を吹くのか』のなかで、『蒸気船ウィリー』を「口の映画」

であり「呼吸のアニメ」であると指摘する。驚くべきことに、口笛を吹くミッキーの顔は、人間がそうするときの表情とは対照的に、目いっぱい頬をふくらませ、しかもそれがたった二本の縦線によって描き出されているからだ。この頬がメロディーにあわせて動くのに対し、ミッキーの足は四拍子を刻み、腰を左右に緩やかに一小節単位で揺らす。細馬によれば、ミッキーのこの「開閉する口こそ、視覚と聴覚とを観客に同時に送り届けるための秘密の洞穴」であり、音と映像を結びつけ、両者の同期を実現する「神聖な器官」として機能している（細馬 2013：182）。たしかに『蒸気船ウィリー』において、ミッキーの口は重要な役割を担っている。では、ミッキー以外の動物たちについてはどうだろうか。

『ディズニーを支えた技術』のなかで、J・P・テロッテは、ディズニーの「サウンド・ファンタジー」に隠された美学的構造についてつぎのように述べている。

動物たちがそれぞれたてる特徴的な音はちょうどいいタイミングでしか耳に入らず、「コッコッ」「ガーガー」「モーモー」のあとには静寂が訪れ、現実の世界ならあってもよさそうな裏庭の雑音は聞こえてこない。ウィンチの場合も、機械音を立てているかたわらで、装着先のブームは音もなく動きはじめる。おまけに、蒸気船が波止場に近づいたり、ミニーがそのあとを追ったりする場面では、エンジン音や靴音の大きさがずっと変わらないため、存在や動作は音がわかっても距離感がまったくつかめない。

じつのところ、一見してわかるように、私たちの耳に入る音はどれも入念に選び抜かれ、聞こえてきてもおかしくないそれ以外の音、たとえば外輪の水しぶきなどはサイレント映画と同じく無音のままだ。（テロッテ 2009：53-54）

音楽と動作がぴったりとシンクロすることで醸し出されるリアルな感覚は、じつは現実の世界のなかで耳に入ってくる音を忠実に再現しているわけではない。そうではなく、このリアルさは、ディズニーが観客に聞かせたいと入念に選択したコミカルで空想的な音によって人工的に創出されたものであり、現実の世界で否応なしに耳に入ってくる不必要な音や情報量を削ぎ落とすことによって成立している。

いわゆる「ミッキーマウジング」と呼ばれるこの手法は、菊池成孔と大谷能生が『アフロ・ディズニー』で指摘したように、「もともと視聴覚を分断させてはじまった」映画の原初的な歴史を忘却させる力をもっている。菊池と大谷による説明を見てみよう。

「ミッキーマウジング」は、描かれているものの総てに解説としての音を伴わせることで、「そこで起きていることの総てが、明確なメッセージとして、こちらに理解できるように発信されている」という強烈な感覚を観客に与えます。ミッキーに代表されるようなアニメーションにおいては、いわば、映っているもののシグナル／ノイズ比が１００：１に調整されてあり、ここに映っているものの総ての意味が自分にはわかる、ここにあるもの総ては自分に向かって意味を発している、という感覚は、われわれに大いなる全能感を与えます。

この全能感は、自分の理解出来るものだけで周囲を形成する、子ども部屋における幼児の、前知能の主観に非常に良く似たものであり、北米における「童心に返る」という感慨の発明と発達は、このような過剰な同期、強シンクロ性を持った「トーキー」によってなされたものなのではないかと、わたしは思っています。(菊池&大谷 2009 : 158 - 159)

ズレやゆらぎ、ノイズを除去することでもたらされる全能感が、わたしたちに幼年時代にもどったような感覚を与えているとすれば、この全能感こそ、いわゆる「ミッキー観客」を構成するひとつの重要な要素であるというわけだ。

では、ミッキーが獲得した「声」についてはどうだろうか。当初、ミッキーとミニーの声を担当したのは、他ならぬウォルト・ディズニー自身だった。ウォルトはミッキーの誕生時から一九四六年まで二〇年にわたってミッキーの声を担当している。この事実は、ミッキーがウォルトの分身であるということを示唆している。しかし、フリッツ・メレンホフが指摘するように、ミッキーの声の独自性にも注意したい(Moellenhoff 1989)。

というのも、ウォルトが演じるミッキーの声は「人間=男」の声からも、人間の「少年」の声からも遠いものだからだ。しかし、逆にいえば、この現実的な生々しさを欠いた声の奇妙さこそが、実写には真似のできないトーキー・アニメーションならではの動物世界の創出に一役買っていると言えよう。

さらに注目したいのは、ミッキーとミニーが音声を発するだけでなく、しだいに「言語」を獲得していくことである。言語を獲得したミッキーとミニーは、蓄音機と化したヤギや管楽器と化したブタの乳房が機械の部位のように非人格的な音を発する動物たちとは対照的に、他の動物たちとは明白に異なる主体的な存在としてその個性を際立たせていく。

言いかえれば、ミッキーは、一方で他の動物や無機物と構造的に自らを差異化し、他方で人間と動物、現実と虚構の「あいだ」を縫合しながら、わたしたちの集合的な想像力を紡ぐ特異な形象としてその位置を獲得していった。ミッキーはアメリカの国民的、伝統的な物語に寄り添い、ときにそれを風刺しながら、アメリカの複数の「大衆」の欲望を投影する／させる場として「大衆」を創出し、チャップリンを凌ぐ「大衆のイコン」として機能することになったのである。

しかし、ミッキーのこの魅力は、一九三〇年代半ばの政治的、社会的、文化的状況のなかでしだいに深刻な悩みを抱え、大きな変容を被ることになる。最後に、その後のミッキーが抱えた憂鬱について見ていこう。

ミッキーの憂鬱

一九三〇年代、ディズニー・スタジオは飛躍的な成長を遂げた。『蒸気船ウィリー』以後、ディズニーは多様な制作方法に挑み、そのなかでもっとも観客を巻き込むことができるのは、「豊かな個性を通して明確なストーリーを伝えること」だと考えるようになる（トーマス＆ジョンストン 2002：29）。

とりわけ次章で見ていくように、『白雪姫と七人の小人たち』（一九三七）のような長編映画を制作するには、単なるギャグや滑稽なアクションではなく、「ストーリー」がなければ長時間に渡って観客の心を捉えることはできないと考えていた。そこで行き着いた結論が「ファンタジーの世界を、本当の人びとが本当のことをする現実の世界にしなければならない」というものだ。そのためにウォルトは、かつてのようなギャグと笑いだけでなく、キャラクターに個性を与える新たな表現形式を確立していくことになる。

ディズニーの「ナイン・オールド・メン」として知られるアニメーター、フランク・トーマスとオーリー・ジョンストンによれば、ディズニーの世界に「生命の幻影」が確立されたのは「本物と思えるキャラクターを主人公にした長編映画」（トーマス&ジョンストン2002：29）のなかでのことだという。トーマスとジョンストンは、「本物と思える」キャラクターからなる「生命の幻影」は、他のスタジオにはけっして真似のできないディズニー特有の芸術形式であると指摘し、つぎのように述べている。

ディズニー・アニメーションは観客にそのキャラクターたちが本当にいるのだと信じさせ、かれらの冒険や不幸に人々は笑い、ときには泣きさえする。私たちのタイプのアニメーションには特別の成分がある。それは、自らの意志で考え、決断し、行動しているように見える絵《ドローイングス》を生み出すことだ。それこそが生命の幻影を創り出すのである（トーマス&ジョンストン2002：13）。

ウォルトが求めていたのは、この「本当にいるのだと信じさせ」、「自らの意志で考え、決断し、行動しているように見える」ドローイングのリアリティだった。これは、いわゆる「戯画化されたリアリズム」と呼ばれるものである。しかしこのリアリズムは、それまでのミッキー作品が創出してきたリアルな感覚とは異なる何かだった。なぜなら、「戯画化されたリアリズム」は、のちにドイツの社会学者ジークフリート・クラカウアーが指摘するように、原因と結果の論理に支配され、写実的なリアリティを模倣した世界に成り下がってしまうものでもあったからだ（**Kracauer 1941：463**）。それは、現実を支配する論理の世界に足を踏み入れ道徳化していくことだった。

ディズニーは、アニメーションの世界を歩み始めた当初、伝統的なリアリティという観念をきっぱりと退け、フィクションが支配する自身の法則をつねに創り出してきた。たとえば、ペチコートをパラシュートにして空から舞い降りる『飛行機狂』（一九二八）のミニー、大腿部の骨を木琴にして興じる『骸骨の踊り』（一九二九）、あるいはエイゼンシュテインが絶賛した『人魚の踊り』（一九三九）など、初期のディズニー作品を特徴づけていたのは、ドローイングからなる原形質性が充溢したアニメーション独自の魅力だった。

動物を人間のように、人間を動物のように変身させる、わたしたちの意識を解放するドローイングの魅力は、人間や動物が自在に境界線を越えて変容する世界を可能にする。そこには、現実の法則などものともしないアニメーションならではの魔法の論理があった。しかしそれは、ディズニーが「生命の幻影」を追求するなかで失われ、ディズニーはキャラクターたちを現実の論理のなかに組み込んでいくようになる。

　事実、一九三〇年代以後、ディズニーがキャラクターに個性を与えるために発明した「可塑性」と呼ばれる特徴は、「原形質性」とはほぼ逆の動きをするものだ。たとえばキャラクターが実在の生命をもっているかのように「見せかける」手法のひとつに「スクウォッシュ・アンド・ストレッチ」と呼ばれる技法がある。これはキャラクターの輪郭を伸縮させるための技法だが、それは「肉体が許す範囲」での「柔軟性」を用いるものだ。つまり、キャラクターが現実の生物を支配する法則に従属していることを表現することで、キャラクターたちもまた現実世界に限りなく接近し、実際の生きものとかわらない存在であるとみなされるための技法なのである。それにより、現実とは異なる「戯画化」されたものであったとしても、観客がそれを現実の世界だと「信じうる」ならば、それでよしとするためのものなのだ（土居 2009：85-86）。こうした傾向は、『白雪姫と七人の小人たち』をはじめとする長編になるにつれてますます強まり、動物と人間がその領界を侵犯することもしだいになくなっていく。つまり、キャラクターたちは現実の世界の論理に即した重い足枷をはめられることになったのだ。

　こうしてディズニーの世界はしだいに「戯画化されたリアリティ」に浸食され、その転換過程において、かつてのようなミッキーの世界を生み出すことはしだいに難しくなっていく。ディズニー・スタジオのアニメーターであるウォード・キンボールはこう言っている。

　僕らがリアリティを得ようとすればするほど、ミッキーはますます抽象的になっていった。昔のカートゥーン製作では、キャラクターにリアリティがあるかどうかはあまり関係がなかった。ほとんどなんでもアニメーションに入れることができたし、大衆もそれを受け入れていた。だがそもそも身長一・二mのネズミについて聞いたことのあるひとがいるだろうか？　問題はそこだった。ドナルド・ダック、プルート、グーフィー、クララベル・カウ、その他どれも同じ尺度で描き出したものだ。彼らは信憑性《しんぴょうせい》を持ったのは、互いに関連したサイズだったからだ。そこに彼らと同じくらいの大きさのネズミがやってきて、ぶちこわしたというわけだ（マルティン 2010 : 119）。

幸か不幸か、ミッキーには現実の論理に即したリアリティが欠けていたのだ。ここでいうリアリティは、かつてエイゼンシュテインが称賛した原形質性やベンヤミンが論じた技術《テクノ》ユートピア的なファンタジーとしてのリアリティではない。むしろそれを手放すことによって獲得されたものなのである。

ディズニー作品にみるこうした変化は、ディズニーが世界初の長編カラー作品へと新たな実験に乗り出すための序奏でもあった。本書を通して、わたしたちはディズニーがどのようにテクノロジーと手を組んでリアリティをめぐる実験と交渉をかさねていったのかを見ていくことになる。しかし、少なくともデフォルメが効いた風刺的な「自由な活動の空間《シュピールラウム》」に暮らしていたミッキーにとって、現実の論理に浸食された世界はいささか過ごしにくいものだったようだ。すでに見たように、国民的なシンボルとなったミッキーは、いかなる時もそれに相応しく振る舞うこと

図版2-5　スティーヴン・ジェイ・グールド『パンダの親指——進化論再考（上）』、早川文庫、138-139頁より

が期待され、少しでも道を踏み外そうものなら、たちまち数々の手紙がスタジオに殺到した。ミッキーはまともな役割を担うよう圧力をかけられるようになり、穏和な優等生へと変貌していくことになる。

古生物学者スティーヴン・ジェイ・グールドは、二〇世紀におけるミッキーの進化を、ネオテニー（幼形成熟）という観点から検証している［図版2-5］。ミッキーマウスの頭と目は、時をかさねるうちに相対的に大きくなり、子どもらしい短小な脚にふさわしくズボンの位置が下がり、紡錘型の脚にだぶだぶの服を着て、腕も脚も相対的に太くなっていく。ミッキーは、いつしかぽっちゃりした幼児のようなかわいらしい姿に変形していったのである（グールド 1996）。

じっさいには、姿形だけでなく、ミッキーの目もまた着実に変化していった。ジョン・アップダイクによれば、ミッキーの目に最大の変化が導入されたのは一九三〇年代後期のことである［図版2-6］。一九三〇年代初期の映画では、ミッキーは真っ黒な楕円形の輝く瞳をもっていたが、その後に目の縁線が描かれ、瞳に刻みが入り、三〇年代後半には楕円形の人間に似た目をするようになる。一九三八年にはかつての輝く黒い瞳が、「瞳と白目の入った完全な楕円形の目」に置き換えられた。これもまた「進化に逆行するもの」だった。というのも、この「修正」によってミッキーは、

図版2-6　『ミッキーマウス画集』講談社より

人間にぐっと近づき、同時に彼のもっていた「バイタリティ、敏捷さ、目をまんまるにしてすぐさま冒険に突進していく、いかにも漫画的な性格」のいくつかを失い、もはやかつてのように「抽象的」でも「偶像的」でもなく、「単にキュートな小さな存在になってしまった」からだ。そして一九五〇年代にテレビ番組『ミッキーマウスクラブ』で活躍する頃には、その姿態は完全に人間の目をした幼児のそれに変貌していた。

ミッキーはネズミであって、ネズミではない。今日、もし誕生当初のミッキーの魅力をその身体に見ることができるとしたら、それは黒く塗りつぶされたあの二つの円い耳である。横を向いてもけっしてひとつに重なることのない、その超現実的なミッキーの耳は、三次元空間に属することのない、表象化された柔軟な漫画特有の世界の唯一の名残なのだ。

こうしてミッキーは、一九三〇年代以後、少しずつ変貌を遂げていく。ディズニー界のスターではありながら、徐々に映画の主役の座からは降り、総計一二〇本の短編アニメーションとともに、一九五三年にいったんそのキャリアに幕を下ろす（注2-2）。

では、スクリーンから姿を消しつつあったミッキーはどのような道を歩んでいったのだろうか。戦時期には体制に積極的に協力する愛すべき「愛国者」としての姿を見せた。もはや帝国主義的なアンクル・サムと対峙するわんぱくなミッキーではなく、戦意高揚ポスター（一九四一）に「すべてはアンクル・サムのために」とメッセージを発するネズミに変わっていく。さらに一九四二年以降は米艦ＹＯ73用にデザインされた記章や、食料配給用のクーポン券のチケットを飾った。国の財源を一気に増額しなければならなかった当時、期限内に所得税を支払う模範的な納税者として「リバティ」誌の表紙を飾ったのもミッキーだった。ちなみにこのとき納税申告用紙に記載されたミッキーの住所はハリウッド、扶養家族はウォルト・ディズニーである。

初期のミッキーがもっていた滑稽さや笑いは、ドナルドやグーフィー、プルートに分散して受け継がれ、道化でもやんちゃでもなく、礼儀正しく、清潔で幸福で賢い理想的で「典型的な少年」へと変貌していく。さらにミッキーは、子どもだけでなく、軍人、工場、商店で働く人びと、クーポンをもって食料店に行く主婦など、まさしく「アメリカ国民」に愛される模範生として「人間化」し、「アメリカ文化のセールスマン」へと転身していった。

このようにみてくると、ミッキーマウスの誕生とその変容は、ディズニー・スタジオの「成熟」の過程を映し出すとともに、ミッキーが誕生した当初、ウォルトが夢見ていた、名もなき複数の「ミッキー観客」が、「アメリカの一般大衆」として「国民」へと再編され、変貌を遂げて結晶化していくプロセスを映し出していると言えよう。

一九五五年七月一七日、カリフォルニア州アナハイムにディズニーランドが誕生すると、身長四フィートのネズミは、現実の世界に創出された魔法の論理に基づくフィクションの居城に身を移す。そこで彼は、あたかも「オリジナルなきコピー」の世界の「オリジナル」であるかのようなアウラを放ち、ピーター・パンのように永遠の「少年」として「絶えざる現在」、「幸せな現在」を反復しながら暮らすことになった。

その光景は、のちにわたしたちの生活を囲い込んでいくハイパーリアルな世界の幕開けでもあったが、戦後のミッキーがアメリカを代表するポップアイコンとしての位置を確立すると同時に、対抗文化のなかでパロディ化され、その無批判な愛国主義、中産階級趣味、資本主義に対する批判の声が高まり、脱神話化されていく潮流の始まりでもあった。

第三章

姫と魔女のエコロジー――ディズニーとおとぎ話の論理

白雪姫の呪文を解く

一九三七年一二月二一日、クリスマスを目前に控えたロサンゼルスのカーセイ・サークル劇場で世界初の長編カラー・アニメーション『白雪姫と七人の小人たち』（以下、日本公開時の『白雪姫』と表記、*Snow White and the Seven Dwarfs*, 1937）のプレミア上映が行われた［図3-1］。一〇〇〇人を越えるスタッフ、一五〇〇万ドルの制作費、三〇〇万枚の原画。今ではD・W・グリフィスの『国民の創生』と並んで「歴史的価値のある名作」、「国家的偉業」として知られる『白雪姫』だが、意外にもその始まりは明るいものではなかった。

図版3-1　プレミア上映の翌週1937年12月27日号の「タイム」誌の表紙

ウォルト・ディズニーが『白雪姫』に着手しようと決心

図版3-2 『黒炭姫と七人の小人たち』（1943）

した一九三三年、アメリカは大不況のさなかにあった。映画館では客寄せに長編映画が二本同時に上映され、短編映画を上映する時間も予算も大幅に縮減されていた。短編アニメーションは「つなぎ」にすぎず、アニメーションと言えば一分一ネタが鉄則。当時の相場は六、七分で、そうでなければギャグのネタがつきてしまうと考えられていた。短編アニメーションの先行きは危うく、長編に失敗すれば会社が倒産することは疑いようがない。当時の業界紙には、『白雪姫』の製作は「ディズニーの道楽」にすぎない、長編製作は技術的にも経済的にも無謀で「危険な賭け」だという冷酷なコメントが溢れていた（注3-1）。

しかし、『白雪姫』の成功がなければ、『シンデレラ』（一九五〇）や『眠れる森の美女』（一九五九）、『リトル・マーメイド』（一九八九）、『美女と野獣』（一九九一）、『アラジン』（一九九二）、そして『アナと雪の女王』（二〇一三）にいたるプリンセス映画もなかっただろう。口承から文芸へ、そしてスクリーンへ。時を経て語り継がれ、誰もが幼い頃に耳をかたむけるおとぎ話は、今ではシャルル・ペローやグリム兄弟よりもディズニー映画を思い浮かべる人のほうが多いのではないだろうか。

とはいえ、ディズニーのファンタジーには批判も少なくない。第二次世界大戦のさなか、ワーナーブラザースのロバート・クランペットは、戦時期を舞台にディズニーの『白雪姫』を大胆にパロディ化した『黒炭姫と七人の小人たち』（*Coal Black and de Sebben Dwarfs*, 1943）を制作している［図3-2］。すべてのキャラクターを黒人に代え、小人たちは軍隊に所属し、姫は性的に誇張され、王子ではなく、間抜けな小人ドーピーのキスで目が覚めるという設定だ。また、ディズニー映画にはセクシュアリティが欠如し、ヨーロッパのおとぎ話が備えていた民衆の情念や恐怖が消去されているという指摘もある（注3-2）。さらにディズニーは原作を大胆にアレンジしているため、原作を忘却させる「植民地化された想像力」の賜であるという声、家父長制に基づくロマンチックラブを描き、受動的な女性像を再生産してきたという批判、そしてプリンセス願望に潜む「危険」への懸念も指摘されている。

だが、こうした数々の批判にもかかわらず、なぜディズニー作品は国や時代、エスニシティを超えてこれほど世界的な影響力を持ち得ているのだろうか。

本章では『白雪姫』をもとに、ディズニーアニメーションにおける姫と動物たちの関係に目を向けながら、おとぎ話の論理を探っていきたい。というのも、ディズニー映画に登場する姫たちはつねに「伴侶種」としての動物たちとともに登場するからだ。そこで本章ではまず、世界初の長編カラーアニメーションで女たちがどのように描かれたのか、ディズニー映画に不可欠な姫と魔女の形象はわたしたちに何を物語っているのかを探っていく。その上で映画という社会的な視覚装置はおとぎ話というジャンルをいかに変容させたのか、そしてそこで展開される動物と自然が織りなす複雑で象徴的なファンタジーの構造とは何かを考えていこう。

グリムとディズニー——母の不在と分裂する女の身体

まずは、『白雪姫』の原作であるグリムとディズニーを比較してみたい。ジャック・ザイプスは、ディズニーによるおとぎ話の特徴を、同時代のアメリカを舞台に、驚くほど自伝的で「何か特にアメリカ的なもの」に変容させている点にあると指摘する。そして、その最たるものこそ、「一九三〇年代の大恐慌期に希望と連帯をもとめて懸命に生きるアメリカ人の運命と結びつけ」、「文芸おとぎ話を全面的に盗用して、ディズニーという名前を二〇世紀でもっとも通俗的なタイプのおとぎ話の商標」（ザイプス 1999：124）とした『白雪姫』であるという。ザイプスは、グリム兄弟やペローのおとぎ話を「漂白」して換骨奪胎し、アメリカン・ドリームの物語にすげ替えるその手法を「ディズニーの呪文」と呼んで厳しく批判した。

たしかにザイプスの言い分も一理ある。じっさいラフォグラム社時代（一九二二－二三）にディズニーが手がけた短編『長靴をはいた猫』（*Puss in Boots*, 1922）では、農民ならぬ平民の若者が王の娘に恋し、長靴をはいた猫の妙案をかりて苦難を乗り越え、恋を成就する。また短編『シンデレラ』（*Cinderella*, 1922）では、シンデレラは典型的な郊外住宅に暮らし、カボチャの馬車ならぬ自動車に乗り、ジャズエイジを思わせる「フラッパー」さながらの丈の短いドレスで舞踏会に向かう（注3-3）。どちらもよく知られたおとぎ話をモダンなアメリカ社会に暮らす平民の少年や少女の成功譚として描き直している。

けれども、そもそもヨーロッパのおとぎ話は口承から文芸へと変遷しながら語り継がれ、二〇世紀初頭にはすでに歴史的、文化的な記号を付して制度化された民話となっていた。ペローやグリムのおとぎ話はあたかも貧しい庶民が炉端で語っていた民話を忠実に再現したように語られるが、採集された民話には入念に手が加えられており、それが虚構であることはよく知られている。グリム兄弟がおとぎ話を蒐集したのは、農民の口からではなく、彼らと同じ階級の女たちからであり、今日「赤頭巾ちゃん」として知られる少女に赤い頭巾をかぶせたのも、「長靴をはいた猫」に長靴を履かせたのもペローである（注34）。いずれもナショナリズムの運動が澎湃《ほうはい》とわきあがるヨーロッパにおいて国民教育という理想に導かれて登場したものだ。

では、ディズニーの『白雪姫』はどうだろうか。この作品をお決まりの約束事からなるラブロマンスとして読み解くことは簡単だ。そう、王子と姫が出会って恋に落ち、魔女にかけられた呪いを真実の愛のキスで解き、末永く幸せに暮らすおとぎ話である、と。

けれども、ディズニーの『白雪姫』において、物語そのものを駆動しているのは、ほとんど登場しない王子と白雪姫のロマンスではなく、むしろ邪悪な継母＝魔女と白雪姫のサスペンスであり、白雪姫と小人たちが過ごす森のなかの牧歌的でユーモアに満ちた魔術的なひとときではないだろうか。

ディズニーはヨーロッパのおとぎ話を映像化するときには、必ずタイトルバックのあとに原題を記した分厚い本をめくる実写の映像で幕をあける。そしてアニメーションによって物語が展開し、最後に再び実写にもどって、「そして二人はいつまでも幸せに暮らしました」という言葉とともに本を閉じてエンドマークを迎える。かねてから語り継がれてきたヨーロッパのおとぎ話と現代のテクノロジーによるアメリカ的なおとぎ話。実写とアニメーションによるこの二重の構造は、原作へのオマージュを示すとともに、アニメーションを通じてディズニー独自の時空間を展開するひとつの仕掛けとして機能している。

『白雪姫』の場合、アニメーションのファーストカットは、遠景から城に向かうマルチプレーン・カメラによるトラックアップで始まる。物語は王妃が王の玉座にあたる高座に位置する大きな鏡に自分よりも白雪姫のほうが美しいと告げられ嫉妬の念をこみ上げる場面から幕を開ける。

王はすでにいない。王はなぜ不在なのか。フェミニズムの視点から『白雪姫』を読み解いたサンドラ・ギルバートとスーザン・グーバーによれば、鏡の声はあらゆる女性の自己評価を決定する王＝家長の裁きの声であり、継母はすでにそれを内面化している。それゆえ、この物語にはもはや王は登場する必要はなく不在なのだ、という（ギルバート、グーバー 1986：54）。

一方、鏡の声は「母の内心の声というよりは娘のそれに近い」と指摘するのが、アメリカの心理学者ブルーノ・ベッテルハイムである（ベッテルハイム 1978：272）。父の愛を獲得するのは娘のわたしである、というわけだ。なるほど、そうかもしれない。だが、どちらの見解にもその根底にあるのは、男が求める理想の女はもっとも美しい女で、女が欲するのは父＝男の愛であるという古典的な図式であり、女たちは、そこからはじきだされることを恐れ、身を滅ぼしていくという構図である。それは、女は美しくあるべきだという男たちの幻想の裏返しに他ならない。王妃である母は父の声を内面化する。白雪姫はまだその声を知らない。そこには、この父権的な価値観から抜け出せない限り、いつか彼女も同じ運命を辿るかもしれないということが暗に示されている。

おとぎ話の世界では、魔法の鏡は重要なアイテムのひとつである。じっさい『白雪姫』に始まり、『シンデレラ』、『美女と野獣』、そして『アナと雪の女王』にいたるまで、鏡あるいは水面は物語の重要な鍵を握っている。

映画史のなかで初めて鏡が擬人化されたパーソナリティを獲得したのはマックス・フライシャーによる『ベティの白雪姫』（*Snow White*, 1933）である〔図3-3〕。興味深いことに、この鏡は男を表象＝代理しているが、気まぐれで、真実を客観的に映し出そうとする自負をもっていない。それどころか女王を皮肉り、最後には彼女をドラゴンに変えて退散させる、というフライシャー・スタジオならではのユーモア溢れたコメディになっている（注3-5）。とはいえ、おとぎ話の世界では、鏡は他者の視線、社会の視線、つまりは男の視線そのものである。あたかも〈美〉はつねに女たちとは関係のないところから生まれ、女たちを分断してきた、と言わんばかりだ。

図版3-3　『ベティの白雪姫』(1933)

ところで、ディズニーの『白雪姫』には、王である実の父だけでなく、実の母も登場しない。グリム兄弟の『白雪姫』では、一八一〇年の草稿、一八一二年の初版には実母が登場し、実母が娘を虐待していた。しかし、当時のキリスト教的な社会の価値観にあわせて改訂が加えられ、グリム兄弟は実母による娘の虐待を回避するよう物語を書き直した。グリム兄弟による実母の削除について、おとぎ話の研究者であるマリーナ・ウォーナーはつぎのように述べている。

> そもそも物語に存在していた実母たちを削除することで、グリム兄弟は素材の残酷さに反応した。ロマン主義的な理想主義を信奉するグリム兄弟は、母親という存在が両義的で危険であるのはがまんならず、意図的に実母を完全に追放した。彼らの立場からすると、理想が生きのこるためには、邪悪な母親は消えさらねばならなかった。「母親」が永遠に女性的なるものの象徴として、母なる国の象徴として生きつづけるために、そして家族そのものが、社会的に望ましい至高の価値を体現するために。（ウォーナー 2004：176）

つまり、グリム兄弟は二つの顔をもつヤヌスの神のように、母という存在を善なる実母と邪悪な継母とに分裂させ、家族の物語の残酷さを和らげようとしたのである（注3-6）。そして魔女と化す継母は「自分を越えて成長していく子どもへの嫉妬から、破滅する」ことで「子どもを安心させてくれる」存在として解釈されてきた（ベッテルハイム 1978：258）。

その背景として、以下の歴史があることをふまえておこう。一八世紀には子には「無関心」で「子捨て」が一般化していたが、一九、二〇世紀になって献身と自己犠牲からなる「母性という神話」が「付け加わった《プラス・ラブ》」こと、そして一九世紀半ば、資本主義の進展とともに妻＝母になりうる「正当な女」と、そこからはじき出される「異端の女」とに分断されたこと、さらに一九世紀末には、医学的、科学的な言説を通じて女たちが病理学的に語られてきたということ。つまり、女たちは妻＝母になるだけでなく、その価値観を内面化し身体化した「自然」で「健全」な身体をもたねばならず、そうでなければ、心を病み狂気に至った女として化けもの扱いされていったというわけだ（バダンテール 1991、ダイクストラ 1994）。

だが、ディズニーの『白雪姫』では、すでに実母は他界したところから物語が始まっている。それどころか、ディズニー映画には母のいない娘たちばかりが登場する。白雪姫、シンデレラ、そして『美女と野獣』のベルしかり。あるいは母と離れて森のなかに隔離され、妖精やゴーテルと少女時代を過ごす『眠れる森の美女』のオーロラや『塔の上のラプンツェル』（二〇一〇）もそうだ。もちろん、母と子の関係は、『バンビ』や『ダンボ』、そして『ピーター・パン』においてもウォルト・ディズニーの世界の核心をなしている。

なぜ彼女たちには実母がいないのか。理由のひとつは、娘に対する母の呪縛を回避できるからだろう。白雪姫の身体には、実母が白雪姫を身ごもったときに託した娘への願望――雪のように白い肌、血のように赤い唇、黒檀の窓枠の木のように黒い髪――がイメージとしてしっかりと描き込まれている。しかし実母はすでに他界しているため、もはやそれ以上に母の願望が娘を呪縛することはない。

実母の願望――それがどれも身体的、外見的特徴であることに注意したい――が棲み着いた身体をもつ白雪姫の存在は、後妻にとっては前妻の亡霊のようなものである。しかも前妻はすでにこの世には存在しない。しばしば後妻は「二番目の妻コンプレックス」に捕らわれると言われるが、白雪姫の継母は母親という社会的役割よりも、徹底して女として自らの欲望を追求する。彼女はあくまで再生産的異性愛の制度のなかで女としての承認を求め、前妻の願望が棲み着いた若き娘の美しさに激しいコンプレックスを抱く。

同じような構造は『シンデレラ』にも見てとれよう。実母はすでに他界し、シンデレラは後妻とその連れ子たる姉たちと暮らす。後妻は、連れ子の娘たちの幸せを願うようで、じつのところ自分の利を娘に託す。シンデレラの義理の姉たちは完全に後妻の支配下にある。彼女たちはみな、あわよくば王妃の座を獲得しようと結婚による階級上昇を狙う女たちだ。ハイスペックな王子との結婚を思い描き、女を値踏みするのは女であると言わんばかりの姉たちの姿は、継母に愛されることなく下女扱いされるシンデレラとは対照的である（注3-7）。

こうして、姫と継母＝魔女はまるで「女」のポジとネガを示すようにスクリーンに映し出される。だが、彼女たちを善と悪へと分裂させることを許容しているこの構造は何を意味しているのだろうか。

姫の身体、魔女の身体――声とまなざし

長編を制作するにあたり、ディズニーがまず獲得したのは、ディズニー特有の美学と言われる「生命の幻影」をつくりだすことだった。第二章で確認したように、ディズニースタジオの伝説的アニメーター「ナイン・オールド・メン」のフランク・トーマスとオーリー・ジョンストンによれば、「生命の幻影」とは「自らの意志で考え、決断し、行動しているように見える絵《ドローイングス》を生み出すこと」（トーマス&ジョンストン 2002：13）である。じっさいにはこの「生命の幻影」は

ロトスコープを取り入れることによって実現した。そこでは、リアルであることよりも、「戯画化されたリアリズム」であることが求められた。

しかし、「生命の幻影」が興味深いのは、ディズニーがたんに「自らの意志で考え、決断し、行動しているように見える」よう「絵」に生命を吹き込んだからだけではない。改めて注目したいのは、黄金期のハリウッド映画が数々の男たちの視線と欲望をスクリーンに描き出してきたのとは対照的に、ディズニーが女たち――より正確に言えば、姫、魔女、動物、植物、無機物という西欧の進化の歴史をめぐる物語のなかで「人間」から疎外され、あるいは物理的に消滅していった存在――に生命を吹き込もうとしたことである。

そもそもウォルトが世界初の長編カラー・アニメーションとして『白雪姫』を選んだのは、少年時代にカンザス・シティのコンベンション・センターでマーガレット・クラーク主演のサイレント映画『白雪姫』（サール・ドーリー監督、*Snow White*, 1916）を観たからだ。新聞配達少年のために無料で開催されたこの上映会は、ウォルトが初めて観た劇場映画であり、いわば彼の原映画体験だった。のちに彼は自分が『白雪姫』を最初の長編作品に選んだのは、世界中の多くの人びとに愛され、ストーリーがわかりやすく、動物や子どもたちの醸し出すユーモアを描き出すにはアニメーションがぴったりだと考えたこと、そして幼い頃に母が語ってくれた思い出とともに、このサイレント映画が自分の心に深く刻み込まれていたからだと語っている（Disney 1937 : 7-8）。ウォルトは、何よりも多くの女性と子どものために『白雪姫』を作りたいと考えていたのである。

では、『白雪姫』において、女をめぐる視／知のおかれた条件とは何か。まずは、白雪姫という少女の身体について見てみよう。注目すべきは、彼女の容貌が二〇世紀初頭のハリウッド女優のそれと置き換え可能になっていることである。そもそも『白雪姫』を制作しようとした当初、ディズニーのスタジオには人物を描けるアニメーターがほとんどいなかった。そこでディズニーはフライシャー・スタジオからベティ・ブープを描いたグリム・ナトウィックを引き抜いた。白雪姫のコンセプト・ドローイングは何度も描き直され、最終的には一九二〇年代に流行の最先端をいくショートカットの黒髪になった。だが、初期のドローイングには、どこかコミカルでザス・ピッツや悲しげなベティを思わせる大きな垂れ目と長いまつげに、キュッと締まった細いウエストをもつ白雪姫が記録されている。

とはいえ、ディズニーの白雪姫は大人の女ではない。ディズニーは原作では七歳だった白雪姫を、少女と大人の魅力をあわせもつ一四歳（モデルは当時一四歳の女優ジャネット・ゲイナー）に変更した。丸みを帯びた柔らかい目。ハリウッド女優さながらの美容と健康を物語る白い歯。ドライブラシで明るめのグレーを加えて柔和な印象に仕上げられた黒髪。ふっくらと仕上げた健康的な頬。顔色をよくするために女性アニメーターらがセルの一枚一枚につけた頬紅（Johnson 1988）。その容貌と肉体は、実母が望んだ身体的特徴を刻印しつつ、同時に最新のハリウッド女優のイメージを織り込んだフェミニンな視覚的暗号として構成されている。

ただし、白雪姫の身体を特徴づけているのはそれだけではない。というのも、白雪姫に限らず、ディズニー映画のヒロインの核心をなしているのは、その「声」だからだ。じっさい白雪姫の制作にあたってウォルトがまず探し求めたのは、彼が抱いていたイメージにぴったりくる白雪姫の

「声」の持ち主だった（注3-8）。

ディズニー映画において、少女たちの歌声はつねに男たちへの呼びかけに成功する。『リトル・マーメイド』において海の魔女アースラがアリエルからその声の魔力を奪おうとしたのはそのためだ。同時にその歌声は、日本の少女漫画が、吹き出しではなく主人公の心の声を書き出す二重話法的な私的語りのスタイルを発見したように、音楽に乗せて心の声を吐露する語りとなっている。音楽はそこにおいて他者へ訴える情動装置として作用し、最愛のひとの愛を勝ち取るための力となっているのだ。そこで語られるのは、王子への愛ではあるが、この歌声は、社会の上限たる王子に到達することもあれば、社会の最底辺をこえて自然や動物を揺り動かすこともある。彼女たちの声は、社会の枠を越えた圧倒的な力をもっているのである。

映画の冒頭を振り返ってみよう。白雪姫は粗末な衣服に身を包み、願いが叶うといわれる井戸でまだ見ぬ王子との出会いを夢見て歌う。「美しく、若く、汚れを知らない」、「どこか現実離れ」した明るい歌声が、王子との幸せなロマンスを成就させたいという彼女の夢をわたしたちに告げる。偶然にもそこに白馬に乗った王子が通りかかり、美しい歌声と姫の健気な姿に心を奪われる。こうして二人の最初の出会いが設定され、王子はグリム童話のような屍体愛好者《ネクロフィリア》になることなく、恋に落ちる動機が組み込まれる（有馬 2003：29）。白雪姫の内面は、明るい歌声とともに、音楽とリズムによって語られ、その夢が希望にあふれた未来を予言する鏡のように、井戸の水面に王子と姫が並ぶ姿が映し出される。

では、「ディズニー初の名悪役」である継母＝魔女はどうだろうか。ギスギスした痩せた身体、

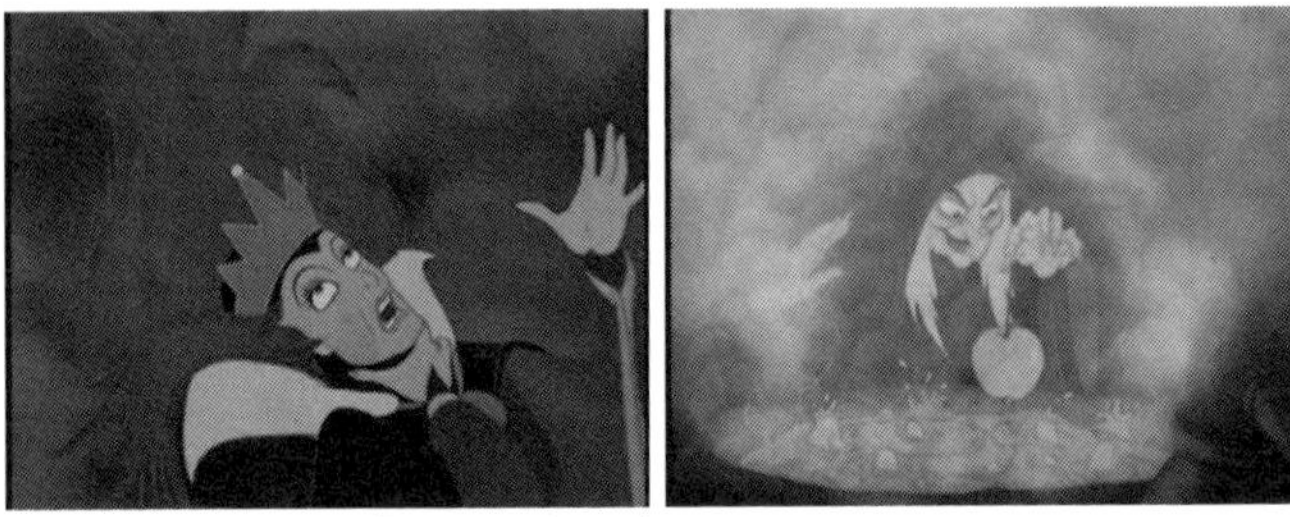

図版3-4　ディズニー『白雪姫』（1937）

黒と紫という暗い色合いの衣服、そして爬虫類のような冷酷な印象を与える目つき。物語に不協和音をもたらす女、それがこの継母＝魔女である。そのモデルを演じたルシル・ラ・ヴァーンは入れ歯を外してその邪悪な声を演じた（注3-9）。口から頬、目、眉にかけて不均衡な表情を浮かべるその顔は、もはや「症候」としかいいようがないものとして描き出されている。そして、その真骨頂といえるのが、彼女が魔女に変身する場面だろう。

嫉妬に悶える彼女は、姫の殺害を企てるやいなや、秘密の地下室に向かう。地下室には膨大な書物と様々な実験器具、カラスやしゃれこうべが並ぶ。死を暗示する不吉さが漂うこの空間で、彼女は映画『ジキル博士とハイド氏』（*Dr. Jekyll and Mr. Hyde*, 1931）さながら魔女に変身する。

轟音とともに雷が閃光を発し、髪の色が変化し、皮膚の上に皺が出現する。エアブラシとブレンドと呼ばれる手法によって、皺のまわりには高濃度の色彩が施され、彫りの深さが強調される。この変身場面はレイヤー上の色彩を重ねて重層的に細部まで綿密に描きだされ、生々しい肉感を獲得していく（増田 2019 : 165）。こうして、それまで氷のように凍てついていた彼女の表情は、姫を殺す毒林檎をこしらえながら、これまでになく豊かなものになっていくのだ［図版3-4］。

「願いが叶う」この林檎は、毒にも薬にもなる「ファルマコン」的な役割を担った重要なアイテムである。このアイデアを得て魔女に変身する彼女の姿は、欲望の主体ではなくその対象でしかない女のヒステリーの「神話」を克明に可視化している（注3-10）。

そもそも歌うことのない継母には自身を表現するための言葉がない。彼女の心の内はつねに沈黙と嫉妬に満ちた視線によって描き出されている。ただし、継母のこの無言の視線は、他者を自分の欲望の対象としてフェティッシュのなかに閉じこめる異性愛にありがちな視覚快楽的《スコポフィリア》なものではない。なぜなら、彼女がそこに視ているのは、自分自身、いや自分自身であったかもしれない女の姿だからだ。彼女はあたかも自分の享楽を盗まれたと言わんばかりに、白雪姫に嫉妬の炎を燃やし殺害を試みる。過去に囚われ、「内なる暴君」に棲まわれた継母は、愛の歌を交わす仲むつまじい王子と姫の姿をバルコニー越しに窃視する。そしてすぐに卑屈な表情を浮かべてカーテンを閉じ、猟師に姫を殺害してその心臓を持ち帰るよう命じるのだ。

ここにおいて、「視る／視られる」の関係は、たんに異性愛的な視線による「視る／視られる」、「欲望する／欲望される」という関係ではない。そこには視る女と視られる女の非対称性が映し出されている。ただし、このとき視る主体としての女は、異性愛の枠組みからはじき出され、にもかかわらずその枠組みに取り憑かれたマゾヒズム的な視線を通じて描きだされているのである。

ディズニー・ヴィランズ特有の彼女のこの視線は、年老いた女が若い女の美しさに憎悪を抱くほど嫉妬するという偏見を示すと同時に、王に対する服従化へのマゾヒズム的な愛着を形づくっている。その関係はしかし、継母に「この世で一番美しい者」を問われる「鏡に閉じ込められし男」(Slave in the Magic Mirror)にもあてはまる。継母の問いに鏡のなかから応じる、生気を吸い取られたようなこの男は、じつは継母と同じように主人に「自己保存の欲望」を搾取され、「存在しないよりは従属化された状態でいたい」という服従化のメカニズムを内面化しているのだ。

このように、ディズニー映画の女たち——姫と魔女——が歌声とまなざしによって描き出されているということは改めて確認しておきたい。声は身体と言語を結ぶ。声は身体から生じるが、身体の部分ではない。そしてまた声は言語に属することなく言語を支えている。声とまなざし。精神分析家ジャック・ラカンが対象aと呼ぶそれは、欲望の原因としての対象であり、欲望の中心にある欠如の代理作用を指す。対象aは対象でありながら、対象性をもっていない。つまり、声とまなざしが示しているのは、欲望の対象が永遠に失われているという、その「不在」なのである(ラカン 2000:327-329)。言い換えれば、ディズニーの女たちは「不在」のスペクタクルとしてスクリーンに映し出されており、この意味で、ディズニーの王子たちがつねに少女たちの歌声に魅了されるのは、ある種の逆説であると言えよう(注3-11)。

「ワイルド・センチメント」の世界へ

では、この他者の欲望が投影される「不在」の女たちの内面とも呼ぶべきものはどのようにスクリーンに映し出されているのだろうか。とりわけ、王子に一目惚れされ、継母の嫉妬をかう白雪姫の無垢さについてはどうだろうか。ここで重要なのが、デイヴィッド・ウィットリーが「ワイルド・センチメント」と呼ぶ、自然と動物を飼い馴らすディズニー独自の手法である。「ワイルド・センチメント」は、おとぎ話の毒を抜きながら善悪の論理を提示する「ディズニーの呪文」のひとつとして機能している。愛と平和を象徴する鳩に迎えられる白雪姫、そして死を象徴するカラスを手下にする魔女。姫と魔女のキャラクターはディズニー映画のなかでは二人をとりまく動物たちによって象徴されている。

なかでもより興味深いのは、ディズニー映画の結末である。グリム童話では、魔女は火の中で熱した鉄の靴を履かせられ、踊り狂って息を引き取るという残酷な仕返しと復讐によって物語の幕が閉じる。しかし、ディズニー映画では、魔女はあたかも自然の摂理ないし不慮の事故のように、落雷によって崖から転落し、死を象徴する二羽の禿鷹がその光景をあざ笑うかのように見届ける。観客はあたかも「自然」の成り行きで悪が退治されたかのようにこの物語の結末を受け取り、白雪姫と王子が自身の手を汚すことはない。魔女は偶然にも転落し、二人はハッピーエンドを迎えるというわけだ。

さらに注目すべきは、自然の風景が白雪姫の内面を映し出す鏡として機能していることである。もっとも典型的なのは、狩人による白雪姫の殺害未遂シーンだろう。森で花を摘む白雪姫は、両親と離れ迷子になった小鳥と出会い、自分と同じ孤独な小鳥を助けようと語りかける。小鳥を愛でる白雪姫の背後に短剣をもった狩人が忍び寄り、無表情のまま白雪姫に近づく。狩人の顔のショットとともに不穏な音楽が流れ、緊張感が高まる。小鳥に別れを告げる姫の背後に狩人の影が迫る。振り返る姫、短剣を振り上げる狩人。姫は驚愕の表情を浮かべ助けを求めて叫ぶ。その直後、短剣を握った狩人の手が震えだし、「私にはできない」と短剣を地面に落とす。狩人は跪き、怯える姫に森に逃げるよう告げる。

この殺害未遂のシークエンスは、いくつかの絵画的なカットでアクションを説明することもできた。にもかかわらず、あえてバラバラのカットを組み合わせる実写のモンタージュのテクニックによって構成されている。なぜなら、ショットとカウンターショットによって、苦悩する狩人と何も知らない健気で無垢な姫の人柄が強調されるからだ。

森のなかをさまよい逃げる白雪姫の目には、木々や川に浮かぶ丸太の「風景」が化け物のように映る。恐怖に怯えて森のなかへ逃げ去る白雪姫の表情と、その内面を映し出しているかのような森の風景。交互に映し出されるその対照的な光景によって、物語は一気に悲劇とサスペンスのモードに切り変わる。こうして白雪姫は、継母の視線の客体として描き出され、同時にその内面と呼ぶべきものは彼女の歌声と自然に投影された「風景」によってスクリーンに刻印されていく。

では、森のなかの自然の描写や小人たちの小屋はどうだろうか。その光景はたんに視覚によって得られた情報をもとに模写したものではない。たとえば、アルバート・ハーターをはじめとするヨーロッパの画家たちが描き出した森に暮らす小人たちの室内空間は、細部の装飾にいたるまで、古き良きヨーロッパを想起させる神話的な空間として描き出されている。森をはじめ、そこに創造された想念的な世界は、一七世紀にオランダの画家たちが人間の背景にすぎなかった風景を絵画の中心的な主題として登場させ、一九世紀にその新たな美学を創造して以来、哲学的、社会的、経済的、芸術的に大きな転回を迎えた風景画というジャンルとの接点を読み取ることができる（クラーク 2007 : 325）。

ディズニーは『白雪姫』に先駆けて「シリー・シンフォニー」シリーズの『風車小屋のシンフォニー』（*The Old Mill*, 1937）で数々の実験的な試みに取り組み、自然の世界を詩的に描き出す手法を探っていた。一九三三年には、アブ・アイワークスが発明したマルチプレーン・カメラによって「シネマティズム」と呼びうる「物語的な」奥行きへの運動の感覚を獲得している。それは、風景と風景を見る主体との関係に距離をつくり安定した関係をもたらしたデカルト的な遠近法を想起させるものだ。しかし、複数のレイヤーを重ねて獲得されたこの自然の風景は、けっして現実の風景ではなく、ヨーロッパの風景を文学的表現と科学的知識によって描き直したフィクションである。

こうして森は、あるときには「背景」として、またあるときには白雪姫の内面を映し出す「鏡」として、さらにはヨーロッパの絵本を思わせるノスタルジックな「風景」として現れ、雄弁な語り手として機能していく。そのリアルな感覚は、文学や絵画を通してヨーロッパの想像力のなかで受け継がれ、すでに神話化されたイメージをアニメーターが意識的に再構築することによって獲得されたものである。しかし、このヨーロッパ的な光景の中で起こる出来事が、きわめてアメリカ的な生活様式によって展開されているとしたらどうだろうか。

清潔の修辞学——姫は歌い、小人は踊る

グリム童話では、小人たちの室内空間は食器もベッドもきちんと整っていた。では、なぜ小人の小屋にたどりついた白雪姫が最初に目に留めるのは窓の埃であり、汚れた食器であり、部屋のあちこちにめぐらされたクモの巣なのか。そう、ディズニーがあえて小人たちの部屋を散らかしたからである。それはつまり、白雪姫が理想の家庭《ホーム》を実現し、動物たちとともに掃除にとりかかるためだ。

掃除、洗濯、料理——。なるほど、白雪姫は小人たちの小屋に泊めてもらうかわりに、動物たちとともに率先して家事労働に取り組む。白雪姫は「できる女」と「かわいい女」を兼ね備えた理想的な主婦の神話を体現しているように見え、この光景は、しばしばフェミニズムの視点から批判されてきた。男女ともに喜んで働くこの場面は当時の共産党からも絶賛されたと言われるが、じっさいこの光景が、第二次世界大戦から帰国した男たちを家庭に迎え入れる主婦像のモデルと化し、王子の所有する「家」のなかでステレオタイプ化されたジェンダーの役割を再生産することになった点は否定できない。

しかし、同時にここで注目したいのは、白雪姫が森の動物たちを取り仕切る指導的な役割を担っていること、それどころか主たる労働は動物が担っていることである。というのも、この場面は、家事労働の分業化、再組織化、そして外在化《アウトソーシング》を特徴とする新しい家政学が広がった一九世紀半ばのアメリカにおける社会改革の意識を想起させるからである。『家庭経済論』や『アメリ

カン・ウーマンズ・ホーム』を執筆し、新しい家政学を生み出したキャサリン・ビーチャーを思い出そう。彼女は「家事労働を通した女性の地位向上を目指し、奴隷を使わない家事を主張した。もちろん現代から見れば、私的領域において無償で家事労働を担うジェンダー化された女を象徴していると指摘できよう。しかしそれは当時、清教徒的な道徳観と科学的原理——家事労働のシステム化・合理化・能率化——に裏打ちされた、家庭という空間を支配する女性の解放を意味する、もうひとつのフェミニズムでもあった（柏木 2015 : 27-32、ハイデン 1985）。

さらにこの場面からは、二〇世紀初頭から急速に欧米社会で高まった衛生化、殺菌をめぐる漂白意識——病原菌ゼロを目指す潔癖ブームないし清潔空間志向——を読み取ることもできる。これについては、ディズニーに対して「すべてがクリーンに洗浄された世界」であると指摘したリチャード・シッケルとともに、第二次世界大戦期の公衆衛生プロパガンダとして『白雪姫』の小人たちが使われたことを想起すれば十分だろう。一九二〇年代、アメリカの家庭では電化製品が急速に広まり、一九三〇年代から六〇年代にかけて家事の電化＝ロボット化が進行する。いわゆる「アメリカ的生活様式」は、冷蔵庫、皿洗い機、洗濯機、自家用車、ラジオ、蓄音機が普及する「ポピュラーサイエンスの時代」において急速に「漂白意識」が高まっていく（原 2006 : 7）。

このようにみてくると、白雪姫はたんに家事労働に勤しむ少女ではなく、一九世紀の画期的な家政学と二〇世紀初頭のきわめてモダンな光景を同時に想起させる少女だったと言えるのではないか。

加えて、ここでもうひとつ注目すべき点は、この牧歌的かつ理想的なコミューンが動物と人間

図版3-5　ディズニー『白雪姫』

を隔てる境界を消失しているかのように描き出されていることだ。一見すると、動物たちは愉快なリズムにのって愉しげに皿を洗い、床を掃き、洗濯をこなしているように見える。しかし、陽気なコメディ形式で描き出されたこの場面には、じつは動物と人間を隔てる境界が巧みに描き込まれている［図3-5］。

そもそも動物たちが小人の家に入るのは白雪姫と一緒にいるときだけである。またよく見ると、箒を使う白雪姫とは対照的に、動物たちはじかにその身体を使って埃や汚れを体内に取り込んでいる（Whitely 2012 : 28-31）。

森の動物たちは、実物を参考にしつつも、愛らしくデフォルメされ、自立した存在というより、姫を慕い、人間のニーズに快く応じる子どものような存在として描き出されている。同じことは小人たちにもあてはまる。彼らは少なくとも、史実としては小人であるがゆえに集落から追放されたものたちである。しかし小人たちは、それぞれの名前に象徴される個性をもち、「ハイホー」のリズムにのって炭鉱にダイヤモンド掘りに出かける。彼らは労働する男たちのようでありながら、しかし同時に白雪姫を母のように慕い、彼女に諭され、清潔さを説かれる子どものようでもある。白雪姫が善良な印象をもたらしているとすれば、それは、彼女が理想的な母＝主婦像を軽々と演じるだけでなく、白雪姫が物語のなかで唯一動物たちと心を通わすことができ、しかも人間として動物や自然に対して優位性を保ったまま親和的な関係を築くことができるという、人間にとって理想的な異種協働の世界が描き出されているからではないだろうか。

「野生」のファンタジーとその論理

イタリアの思想家ジョルジョ・アガンベンは、人間が自らを他の動物と区別して認識するメカニズムを「人類学機械」と呼んだ。この機械は、人間／動物、人間／非人間という対比によって人間を規定しようとするものだ。ただしそれは、つねに排除と包摂によって作動する「未確定の領域」、いわば「一種の例外状態」を抱え込んでいるという。この領域はじっさいには空洞で、たえず新たに転位されると同時に、動物たちが「自己自身から分断され排除された剝き出しの生」として「不気味なかたち」で現れてくる裂け目でもある（アガンベン 2004：59）。

ディズニー映画の場合、この「不気味なかたち」は「コモディティ・フェティシズム」という点から考えることができる。たとえば今日広く愛されているテディ・ベアを思い出そう。テディ・ベアと言えば、狩猟を趣味とし、野生と自然の栄華と勇壮さを語ることに自身の名を貸したルーズベルト大統領とアメリカ自然史博物館との密接な関係を思い出す者も多いだろう。この「偉大なる白人ハンター」と白人男性の主体の形成との深い結びつきについては、『バンビ』を扱う第四章で見ていくことにし、ここでは、そうした帝国主義的な視座やマスキュリニティの問題ではなく、ディズニーの『白雪姫』に透けて見える一九三〇年代の残滓が、アメリカ、動物、女性の表象とどのように接続しているのかという点に目を向けてみたい。

テディ・ベアは子ども部屋の装飾に決定的な変化をひきおこした。だが、このクマのぬいぐるみに求められるのは野生動物のリアルさではない。おもちゃとしてのぬいぐるみはその野性性を削ぎ落とし、鋭い爪や牙、性的器官など、所有者である中産階級の子どもたちを脅かすことがないよう変身を余儀なくされているからだ。ぬいぐるみの動物たちに働くこの馴化の論理は、擬人化という近代の叙述法の歴史——物理的に消滅していった動物を人間が文化的に記録していくプロセスの展開——と深く結びついている。ぬいぐるみとは、人間が自らを規定するために産出し、にもかかわらず、動物とのあいだに再び調和をつくりだそうと試みた現代社会の「部分的なトーテム装置」であり、人間の夢と欲望の詰め物《スタッフ》なのだ（Warner 2015）。

『白雪姫』に登場する森の動物たちは、それぞれの動物の習性を組み込みつつ、このおもちゃの論理を備えているように思われる。彼らは、メアリ・ダグラスが『汚穢と禁忌』で言うように、既成の人間社会の秩序、政治的構造への脅威や汚れを象徴する存在ではなく、人間を脅かすどころか、城から逃亡した姫の生を刷新する役割を担っている（ダグラス 2009）。この意味で、動物たちの暮らす深い森は、「死」と「再生」の理念を象徴する異世界の舞台であると同時に、人間の優位性と動物との境界を保持しつつ、しかしその境界を取り消したいという人間の切な欲望を叶えるファンタジーの舞台として機能している。

ロマン主義以後、自然は資本主義的な価値を理論的に支え、そしてまたそれを掘り崩すものとして使われてきた。哲学者ティモシー・モートンが言うように、わたしたちが自然と呼んでいる

「もの」は、ロマン主義時代の発明であり、それ以後、世界から切り離され、疎外された主体としての人間は、つねに客体との融和をのぞみ、自然は近代社会が損傷させたものを治癒する方法になった（モートン 2018 : 44）。

言い換えれば、白雪姫と善良な森の動物たちとの親和的関係は、西欧社会の歴史的な野性との分離（とその隠蔽）を背景にして逆説的に感情的に再発明されたものなのである。それゆえ、白雪姫が小人や動物たちと過ごす森のなかのクロノトープにこそ、グリムにはないディズニーならではの「ワイルド・センチメント」の核心をなす独自のひねりが隠されていると言えよう。

こうして、ディズニーは古くから語り継がれるドイツのおとぎ話をモダンで「民主的」な家庭を象徴するアメリカのおとぎ話へと変貌させた。そこでは小人や動物たちが暮らすドイツのノスタルジックな室内空間は、アメリカ的な家政学が教示される空間として提示され、同時に人間と動物との境界が魔術的に解消される「ワイルド・センチメント」によって独自のファンタジーの世界が展開することになる。また、姫と魔女という分裂した女の物語も自然や動物に彩られた善悪の論理によってスクリーンに描き直される。女という「不在」のスペクタクルは、このようなディズニーならではの野生の論理とパラレルになってスクリーンに映し出されているのだ。人間社会から放擲され孤児的な境遇に陥った姫は自然界と手を組んで成長し、王子のキスによって目を覚ます。すると姫は小人と動物たちを森に残して晴れやかな笑顔で高くそびえ立つ城へ王子と戻る。小人と動物たちはそれが当たり前であるかのように祝福して二人を見送り、そして魔女は自然界の成り行きによって崖から転落する。

もちろん、おとぎ話とは何よりもまず「変容の可能性」を示してくれるものだ。そして物語はつねに語り手と聞き手の双方によってつくられる。それゆえ、おとぎ話のハッピーエンドは、読者／観者の手に委ねられた、よりおおいなる物語のはじまりにすぎない。

しかし、『白雪姫』に描き出された自然や動物と女たちの関係を徴づける「ワイルド・センチメント」とそれによる善悪の論理は、『シンデレラ』や『眠れる森の美女』をはじめとするディズニー映画のなかで、その後も幾度となく反復されていくことになる。

この意味で、『白雪姫』はディズニー映画のプロトタイプ的存在と言えるのではないだろうか。そして、姫と魔女のエコロジーとも呼びうるこの構造にこそ、わたしたちは現在にいたるディズニーならではのおとぎ話の論理を読みとることができるのである。

第四章
「バンビ・シンドローム」とネイチャー・フィルムの誕生

ネイチャー・フェイカーズ論争

二〇世紀初頭、アメリカの文学界で「ネイチャー・フェイカーズ論争」なるものが勃発した。ことの発端は一九〇三年三月、「アトランティック・マンスリー」誌に掲載された、ナチュラリストにして作家のジョン・バロウズの論文「本物と偽物のナチュラル・ヒストリー」である。バロウズはウィリアム・J・ロングの『森の学校』(一九〇二)や日本では『シートン動物記』で知られるアーネスト・トンプソン・シートンの『私が知っている野生動物』(一八九八)を槍玉にあげ、「自然史や自然文学として価値があるネイチャーブックはほんのわずかで、多くは熱意ある無批判な読者をマーケットに金儲けをしようとしている」、ロングとシートンの作品は「事実とフィクションの境界線を幾度となく越境」し、読者を暗示にかけていると痛烈な批判をくりひろげた。

これに対するロングの反撃は、科学の世界が「事実と法則」から成り立っているとしても、動物や人間は「自分の個性を育み維持するために事実と法則には逆らわなければならない」というものだった。個々の動物には特性があり個性がある。それについて語るのは、法則や事実ではなく、逸話であり物語である、というわけだ。こうしてロングとバロウズのあいだでしばらく激しいやりとりが続いた（Lutts 1990）。

長引くこの論争に一石を投じ、その終止符を打ったのは、第二六代大統領セオドア・ルーズベルトの発言である。彼は、一九〇七年九月に「エブリボディズ・マガジン」に「ネイチャー・フェイカー」という記事を寄稿し、「科学的な眼差し」を重視したバロウズを擁護した。このサウンドバイトによって、一連の議論はセンチメンタリズムに対する科学の勝利というかたちで幕を閉じた。

一八九三年に歴史家フレデリック・ジャクソン・ターナーがフロンティアの消滅を宣言して以来、高まる「ウィルダネス崇拝」のなかで、アメリカは、いわゆる「ウィルダネスの悩み」と言われるパラドクスを抱えていた。原初的で無垢な手つかずの自然は、ひとたび人間の手が触れるともはや自然ではなくなってしまうというパラドクスだ。二〇世紀初頭のアメリカでは、フロンティアの消滅、都市化／郊外化の進行、そして自然回帰運動が隆盛をきわめ、自然をめぐる認識に根本的な変化が引き起こされていた。

ルーズベルトは、ソローやジョン・ミューアのように、自然を神聖で慈悲深いものとして捉え、自然との精神的調和を見出し、友として愛情に満ちた対話をしようと試みたロマン主義的な自然観の持ち主ではなかった。彼が持っていたのは、自然に競争と階級を見出し、動物に対する人間の優越性と支配力を正当化するダーウィニズム的自然観である。「偉大なる白人ハンター」として名を馳せたルーズベルトは、自然の愛好者ではあるが、彼にとって自然とは自らを試し、「男らしさ」と「若さ」を追求する場だった（Tobias 2011）［図版4-1］。

ちなみに、ルーズベルトは「テディ・ベア」の生みの親でもある。一九〇二年一一月、ミシシッピに狩りに出かけるが、なかなか獲物が捕れない。そこで同行していたハンターが子グマを追

図版4-1　サファリで自分が撃ち倒したゾウと撮影するセオドア・ルーズベルト（1909）

図版4-2　クリフォード・ベリーマンによるルーズベルトの狩猟の風刺画

いつめて最後の一撃を大統領に申し出る。しかし彼は、「瀕死の子グマを撃つのはスポーツマン精神に反する」と言ってこの申し出を断った。一九〇二年一一月一六日、この出来事に感動したジャーナリスト、クリフォード・K・ベリーマンが「ワシントンポスト」紙に「ミシシッピで一線を画す」という記事を風刺画とともに掲載し、この出来事にちなんでテディという愛称のクマのぬいぐるみがニューヨークの店頭に陳列された〔図版4-2〕(Mullins 1999)。これがアメリカにおけるテディ・ベア・ブームの始まりである。

こうして「ネイチャー・フェイカーズ論争」はいったん幕引きしたが、「本物」と「偽物」の自然を問うこの論争は、そもそも問いの立て方そのものが間違っていたのではないだろうか。というのも、「手つかずのウィルダネス」は文化的につくりあげられたものだからだ。そしてまた自然を描く、あるいは動物を描くことは、他なるものと出会うことで自己そのものが変容する契機でもあるからだ。『ネイチャー・フェイカーズ』の著者ラルフ・ラッツは、「ネイチャー・フェイカーズ論争」が示していたのは、二〇世紀初頭の作家や読者たちの感性の変化ではないかと論じている (Lutts 1990)。

では、自然ないし動物に対する感性はどのように変化してきたのだろうか。カメラと映画という模倣のテクノロジーの進展は、見るものと見られるものを結びつける知覚表象をどのように変えたのだろうか。ここでは、そのプロセスと他者化のメカニズムについて考えてみたい。

動物のリアリティをめぐるプラスとマイナスの絶妙な駆け引き。アニメーションの世界において、いち早くこの問いに直面し、動物のリアリティを探究したのはウォルト・ディズニーである。

本章では、膨大なディズニーの作品群のなかでも、この点でとりわけ異色を放つ『バンビ』（一九四二）と、これを機に展開した「トゥルー・ライフ・アドベンチャー」シリーズを見ていこう。

『バンビ』と新たな挑戦

『バンビ』は、一九四二年八月一三日の公開以来、野生や自然の秩序の象徴として、また無垢で無害な鹿のステレオタイプとして、あるいは反狩猟のプロパガンダとして絶えず人びとが立ち返る神話的な位置を占め、人間と自然の関係を考える上で大きな影響を及ぼしてきた。『バンビ』は戦争という暗い時代のさなかに、六年という歳月をかけて制作された傑作である。

原作は、ハンガリー出身のオーストリアの作家フェリックス・ザルテン（本名ジークムント・ザルツマン）が一九二三年に出版した小説『バンビ――森の生活の物語』である。「バンビ」は、イタリア語で「幼い」「初心者」を意味する。この小説は、一九二八年に当時まだ共産党に入ってまもないウィタッカー・チェンバースの手によって英訳され、ノーベル賞作家であり反狩猟論者として知られるイギリスの作家ジョン・ゴールズワジーの序文とともに紹介された。

ウォルトにとって、動物はミズーリの農場で過ごした幼年時代から大切な友達だった。ザルテンの小説『バンビ』に出会ってから、彼は一刻も早くこの作品を自分の手でアニメーション化したいと願っていた。企画そのものは、一九三五年に当時MGMでプロデューサー兼監督をつとめていたシドニー・フランクリン（一九三三年に映画化権を取得）から提案されていた。だが、『白雪姫』の製作を終え、いざ『バンビ』に着手すると、大きな壁にぶつかることになる。

ザルテンの『バンビ』は、腐敗した人間と人間への不信を通奏低音として響かせながら、死を作品の全面的な主題としている。森では白イタチが鼠を殺し、カラスが野ウサギを攻撃し、カササギは命尽きたリスを貪り、そして森の動物たちはハンターに銃殺される。人間になついた動物も人間を嫌悪する動物も、森を支配しているのは動物たちが「あいつ Him」と呼ぶ人間であるという事実を認めている。だが、原作では最後に、古老となった雄鹿の父に連れられ、バンビは殺害された密猟者の死体を目の当たりにする。バンビはそこで、人間もまた自分たちと同じように、恐れをもち、苦しみを知り、悩みをもつ、命に限りのある動物にすぎないということを知るのだ。

ウォルトは、ザルテンが語ろうとした死、生命、苦悩、神を表現するために、これまでとはまったく異なる写実的かつ幻想的な描画法を開発しなければならないと考えた。観客には自然の息吹を感じてほしい。動物は戯画化したいが「着ぐるみ人間」に見えないようにしたい。真実味を保ちながら幻想性＝詩を喚起させたい。徹底して動物のリアルさにこだわり、にもかかわらず精密な図版にしてしまっては元も子もない。そうなると、これまで取り組んできた視覚的ギャグや滑稽さを演出する手法——引き延ばしや大げさなつぶしによる戯画化や擬人化——を使うことはできない。

そこでディズニーは、原作にこめられた死、生命、苦悩、神という重いテーマをかたちにするために、以前とはまったく異なる幻想的な新しい描画法に取り組んだ。まずはシカの生態を徹底的に研究しようと、数多くの資料や動物の生態映画を収集した。ほかのプロダクションからシカを撮影したフィルムを借り、カメラマンのモーリス・デイをメイン州に送ってシカの生態を撮影させた。さらにスタジオに動物園をつくり、動物画家であり芸術解剖学者であるリコ・ルブランをはじめ、野生アーティストや解剖コンサルタントを招いて、シカの解剖学的構造や骨格、動きに関する講義を行った〔図版4-3〕。ルブランは森林管理官から手に入れたシカの死体を解剖し、皮や筋肉を取り除き、最後には骨だけになったシカを前に微細な講義を繰り広げた（ゲイブラー 2007：287、カートミル 1995：265）。

図版4-3　リコ・ルブランによる動物の描き方講座

リアルさへのこだわりは動物だけではない。動物たちが暮らす自然の光景は、中国生まれのアメリカ人アーティスト、タイラス・ウォンが手がけ、叙情的で優しさに満ちた描写がなされた。また森の奥行きはマルチプレーン・カメラを使って立体的に映像化され、『バンビ』は、森に暮らす動物と自然のサイクルをそれ以前のアニメーションにはないリアルさでスクリーンに映し出すことになる。

台本の変遷、人間の不在

『バンビ』の台本は、一九三七年にスタッフのビアンカ・マジョリとドロシー・ブランクの手によっていったん作成される。しかし、その後も幾度となく手が加えられ、中断と延期が重ねられた。アメリカの人類学者マット・カートミルによれば、初期の草案はザルテンの原作に忠実だった。しかし、一九三七年後半から一九三九年初頭にかけて大きく変化していく。台本の草稿はしだいに人間の残酷さとそれに対する動物たちの言い分に焦点があてられ、一九三九年九月には映画の物語編集を担当していたパース・ピアースの提言によって、人間以外の捕獲者は台本から取り除かれることになった（カートミル 1995）。

ディズニー版『バンビ』には肉食動物は登場しない。いや、正確にはフクロウが登場するが、フクロウは肉食動物としてではなく、知の象徴であり、冷静に森の調和を保つためのシンボルとしての役割を担っている。そのため、バンビが暮らす森では、弱肉強食からなる自然界の生態ピラミッドが後景化し、動物／人間、自然界に生きる弱者／銃＝武器《テクノロジー》を手にして殺害を行う強者という構図が強調されるつくりになっている。

森に暮らすバンビの母を撃ち殺すのは人間だが、ディズニー映画にその姿が映し出されることはない。人間は動物たちによるファンタジーの世界を破壊しかねない危険な存在である。人間の不在によって、人間も動物もひとしく神の手のなかにあり、生命を維持するうえでどちらも変わりない、というザルテンの視点は映画から削除されることになった。ザルテンの原作では、人間と自然との和解の形跡がかすかにほのめかされていたが、ディズニーの台本では、人間／自然、人間／動物、加害者／犠牲者という象徴的な対照をなす構図に大胆に改変された。

こうした変化に加え、ディズニーの初期の台本が憂鬱な色調を帯びている理由として、カートミルはつぎの二点をあげている。ひとつは、第二次世界大戦の勃発である。山火事は破滅と再生の象徴でもあるが、『バンビ』のなかで、人間の不始末によって生じる山火事は、戦争の惨禍を想起させるものとなった。荒れ狂う炎のなかを必死に逃げ回る動物たちは、映画の前半の優雅な動きとは対照的に小さく描かれ、それによって動物たちの脆弱性が強調されている。

もう一つは、一九三九年にMGMスタジオが制作したヒュー・ハーマンの短編映画『動物たちの国づくり』（*Peace on Earth*, 1939）の存在である〔図版4-4〕。物語の舞台は人類が絶滅した世界だ。雪降るクリスマスの夜、孫たちを訪れた祖父は、彼らに「人間とは何か」と尋ねられる。祖父によれば、昔、ナチス・ドイツを思わせる菜食主義者と連合国を思わせる肉食主義者が衝突し、人類破滅に向かう悲惨な戦争が続いた。その結果、人類は絶滅し、弾丸や武器の散在する廃墟のなかで、動物たちは平和を願って国造りを始めたのだという。

図版4-4　『動物たちの国づくり』（1939）

『動物たちの国づくり』は、一九三九年のアカデミー賞にノミネートされ、高い評価を受けた。そこには、戦争を動物の視点から捉えることで、テクノロジーを手にした人間の利己心や支配闘争がもたらした悲惨な壊滅的状況を憂い、平和を希求する動物たちの思いが込められている。ディズニー版『バンビ』も動物の内面に入り込んで、動物の視点から世界を描き出す手法をとっている。だが、『バンビ』は、『動物たちの国づくり』とはちがい、自然に対する人間の暴力性を浮き彫りにすることで、アメリカにおける自然観そのものを再編し、反狩猟のプロパガンダとして機能していくことになる（注4-1）。

「バンビ・シンドローム」と反狩猟プロパガンダ

ここで注意しておきたいのは、「動物」という大きな主語で語ってしまうと、逆に見えなくなってしまうことがたくさんあるということだ。たとえば、一九三三年の映画『キング・コング』を思いだそう。エンパイアー・ステート・ビルの頂上で咆哮し、カリスマ的なマスキュリニティを帯びたその姿は、愛らしい森の王子であるバンビとは対照的だ。一九三〇年代にスクリーンに登場したキング・コングは、アメリカ自然史博物館にあるゴリラの剝製をもとに、二人のドキュメンタリー映画作家メリアン・C・クーパーとアーネスト・B・シュードサックによってつくられ、アメリカを襲う「プリミティヴ」な他者を象徴していた。

これに対し、『バンビ』に登場する森の動物たちは、ギリシア神話の「黄金時代」に喩えられ、理想的で無垢な「エデンの園」を舞台にすることで、ノスタルジーを喚起させるものとなっている。なかでもバンビは、あどけない大きな瞳、優雅でゆったりとした動き、ウサギたちに言葉を教わる無垢な幼児を思わせる光景（ちなみにバンビが最初に覚えた言葉は「鳥」である）、そして人間に母を撃ち殺される悲劇など、物語はロマン主義的な想像力を喚起させるセンチメンタル・ナラティヴを基底に展開していく。

野生鳥獣の捕殺や自然破壊を憂うオーデュボン協会は、『バンビ』に対して熱い擁護の声をあげていた。オーデュボン協会は狩猟そのものに反対していたわけでないが、子どもたちが野生動物に共感を抱くよう推進し、ハンターらの自然動物に対するマナーのひどさはディズニーの描写と変わりはないと主張していた。

一方、「アメリカのハンターに与えた最悪の屈辱」としてこの映画を激しく非難したのが『アウトドア・ライフ』の編集者レイモンド・J・ブラウンである。彼はディズニーに対して映画に訂正文を付加し、ハンターらの汚名を正すよう要請した。

ハンターによる『バンビ』への攻撃はしだいにエスカレートしていく。当初、ハンターの名誉毀損を訴えていた批判は、いつしか「映画はにせの自然を描いており、野生動物の行動についての科学的事実を見事に歪めたもので、それゆえこれを見た子どもたちは誤解して野生動物への馬鹿げた感傷とハンターへの不当な憎しみを抱くように騙されてしまう」という主張へ変化していった（カートミル 1995 : 279）。

アメリカの風景神話

では、アメリカのハンターらの反撥にディズニーはどのように応答したのだろうか。カートミルによれば、ディズニーの答えは、『バンビ』に登場するのはアメリカのハンターではなく、ドイツのハンターであり、この問題は解決済みであるというものだった。

とはいえ、バンビを殺戮するのはドイツのハンターであるという論理は、いささか奇妙でもある。というのも、ドイツではヒトラーの政権掌握後、動物保護、自然保護に関する立法がつぎつぎと実現され、一九三四年にはドイツ帝国狩猟法が制定されていた。それにより、狩猟には政府の厳重な許可が必要になり、密猟に対する罰則も強化されていたからだ。

『バンビ』のオープニングシーンを思い出そう。マルチプレーン・カメラによるロングシーンを通して森が映し出される。小鳥たちがバンビの誕生を告げ、動物たちがみなで集ってそれを祝う神秘的で叙情的な光景である［図版4-5］。

図版4-5 『バンビ』(1942)

エデンの園として喩えられてきたこの光景は、カリフォルニア州シエラネバダ山脈にあるヨセミテ国立公園を舞台にしている。ヨセミテ公園は、自然保護を目的として一八六四年にアメリカの州立公園に、一八九〇年に国立公園に指定され、一九八四年にユネスコの世界遺産（自然遺産）に登録された。ガイドブックには、「ピクチャレスクな（絵画のように美しい）」景色として紹介され、観光客が「写真に収めるべきスポット」としてとりあげられている。ここは「アメリカ」の風景神話を象徴する場所なのだ。さらに、『バンビ』にはスカンクや灰色リス、チップモンク、コリンウズラなど、アメリカに特有の動物たちが登場し、アメリカの自然を想起させる場面がふんだんに使われている。

くわえて重要なのは、『バンビ』に登場する渓谷や滝のショットだろう［図版4-6］。その光景は、近代風景写真の巨匠アンセル・アダムズが追い続け、カメラに記録したヨセミテの見どころ――

ヨセミテのアングルや岩の続くローアングルショット――を想起させるものだ。ヨセミテは、チャールズ・リアンダー・ウィードが一八五九年に初めて撮影して以来、カールトン・ワトキンス、エドワード・ウェストンらの写真家によってアメリカ西部における風景神話の誕生と深く結びついた場所である。

アダムズは、「フロンティア」消滅後に残された「ウィルダネス」を、大物をしとめるハンターのようにカメラで追い、アメリカの自然のイメージを粗野で荒々しいものから崇高さを感じさせるものへと刷新した。彼にとって、写真を撮ることは、ただ地形を写すだけではなく、写真を創造するという行為だった。人間不在の風景は、いまだ手つかずの大自然を垣間見たという感覚を獲得するためのテクニックだった。『バンビ』に描き出されているのは、こうした自然をめぐる人間の欲望から生み出されたアメリカの自然の風景の「イメージ」なのである。

図版4-6　『バンビ』に登場する滝

ただし、レベッカ・ソルニットが『残酷な夢』で指摘するように、ヨセミテが賛美されたのは、そこがたんなる荒野ではなく、ヨーロッパにおける風景画の誕生、それを模した貴族の造園、そして自然を賛美する啓蒙思想やロマン主義思想に息づくヨーロッパの風景と比較可能であったからである

(Solnit 1999)。そして、人間のいないこの自然は、かねてからヨセミテに暮らしていたインディアンたちを追い払って国立公園として設立されたのだった。じっさい、この神話的なイメージから除外された他の荒野は、一九五〇年以後、核実験の場へと変容していく。

こうして、『バンビ』の動物たちが暮らす平和でのどかな森の光景は、アメリカにおける「手つかずの自然」をよしとする風景神話と手を携えながら作り上げられ、ハンターはその平和な暮らしを脅かす存在として戦時下の敵であるドイツへと読み替えられていった。

「トゥルー・ライフ・アドベンチャー」と知覚の政治学

銃からカメラへ――。わたしたちは、人間と自然、人間と動物の関係をメディアを駆使して文化的にもっとも巧みに再編した存在として、ディズニーを捉え直すことができる。

『バンビ』を制作するために写実的かつ幻想的な描画法を開発しようと、ディズニーのアニメーターたちが日夜さまざまな動物たちの生態研究に取り組んだことはすでに述べた。しかしその一方で、ディズニーは、『バンビ』が完成する一九四二年まで、数多くのカメラマンたちを各地に派遣し、米国北部に生息する野生のシカ、ウサギ、リス、フクロウ、スカンクなどの生態を撮影させていた。

じつは、『バンビ』の功績は、アメリカの「ウィルダネス」神話の再構築、戦争への怖れ、ロマン主義的な自然回帰だけでなく、動物の生態映像の収集を通して、ウォルト自身が、アニメーションには表現できない実写映像による自然のドラマの魅力に気づいたところにある。ディズニーは、『バンビ』を機に収集した動物の生態映像と出逢うことで、動物たちの生態、習性をもとに自然界を記録する実写映画に着手することになる。

一九五三年、ウォルトは『アメリカン・マガジン』に「動物から学んだこと」というエッセイを寄稿し、つぎのように述べている。

自分が出逢ったものたちのなかでもっとも魅力的なもののいくつかは動物たちである。二五年間、私は観客を笑わせるべく漫画の動物のキャラクターをつくってきた。ミッキーマウスやドナルドダック、犬のプルート、シカのバンビ、ゾウのダンボ等その他多くのキャラクターのモデルとしてじっさいの動物たちを研究し、コメディにするために彼らに人間の特徴を付加してきた。けれども、鳥や獣、魚、昆虫の世界を見れば見るほど、ぼくはますます現実の生きた動物たちのほうが想像から呼び起こしたものよりもずっと奇妙で不思議でおもしろいと感じるようになったのだ（Disney 1953 : 23）。

こうして『バンビ』の制作を機に新たに手がけることになったのが、一九四八年から一九六〇年にわたって製作されたディズニーの自然記録映画シリーズ「トゥルー・ライフ・アドベンチャー」である。このシリーズは、一九四八年の短編『アザラシの島』を皮切りに、七作の短編「自然と驚異」シリーズと七作の長編「自然の冒険」シリーズからなり、八つのアカデミー賞を獲得し、正真正銘の「自然の肖像」として多くの人々に受け容れられた。予想を上回る大きな反響を得たディズニーは、「トゥルー・ライフ・アドベンチャー」を通じて、いわゆる「ネイチャー・フィルム」と呼ばれる領域を確立することになる。

『ワイルドライフ・フィルム』の著者デレク・ボウズによれば、このシリーズの新しさは、科学教育映画、サファリ映画、動植物をめぐる伝説や神話といった数多くの要素を効果的に統合しながらも、既存の映像とはまったく異なる映像を創造したところにあるという（Bousé 2000 : 62-63）。「トゥルー・ライフ・アドベンチャー」の特徴は、何よりもまず人間の不在である。人間が手を加えた「汚れた」自然の風景はいっさい出てこない。従来のサファリ映画が動物を射止める人間の「偉業」に焦点をあてていたのに対し、「トゥルー・ライフ・アドベンチャー」は、人間の存在を映画の空間から除外し、野生動物の生態を人間が目撃者としてこっそり「のぞき見る」新しい方法を提示した。

たとえば、ウォルトは『百獣の王ライオン』（一九五五）の撮影に向かう動物写真家アルフレッドとエルマ・ミロット夫妻にこう述べている。従来のアフリカの猛獣映画のように「人間がテッポウを振り回して動物を殺したり、逆に動物に襲われたり」するものではなく、「人間のいないときに猛獣は何をしているのか――ライオンや象自身の意見を聞いてくるんだ」と（『百獣の王ライオン』パンフレット）。

もう一つの特徴は、高度なテクノロジーによる撮影技術と映像の編集テクニックによって、人間の眼では捉えることができない視覚的空間として自然を可視化したことだ。ベンヤミンが指摘したように、カメラに語りかける自然は、肉眼に語りかける自然とは異なる。「人間によって意識を織りこまれた空間」の代わりに、レンズの独創的な使用によって「無意識が織りこまれた空間」が立ち現れるからだ（ベンヤミン 1995 : 619）。

たとえば、小動物をクローズアップできる超望遠レンズ。ミツバチの肢の先に五〇匹も乗れる小さな虫を画面いっぱいに拡大してみせる超拡大レンズ。昆虫や植物をいためない「熱のない」照明。何ヶ月もの植物の成長の模様をわずか数十秒で見せる驚異的な微速度撮影。アフリカに生息するカバの生態を捕らえた水中撮影。猛烈なスピードで疾走する動物の動きをゆっくりと美しく見せるスローモーション。さらにはアフリカの大草原に生きるシマウマ、キリン、ライオンをカメラで捉えるためにディズニーのスタッフがつくったカメラトラック。今となってはどれも珍しいものではない。だが、一九四〇年代末から五〇年代は「人間のいない自然界」をのぞき見るドキュメンタリー映画の黎明期だった。「ネイチャー・フィルム」と呼ばれるこのジャンルは、この時期に開発された新しいテクノロジーとともに確立したのである。

一方、このシリーズは、生存競争の厳しい自然環境に生きる動物たちの生態を描きだしつつ、同時に映画の視聴者である子どもたちに対しては十全な「配慮」がなされている。カメラマンたちは、複数のカメラで撮影に挑み、オプティカル・プリンターで撮影フィルムの構図を変え、巧みに編集した。それにより、野生動物たちが血まみれになって命を落とす自然界の生々しい獰猛さは、弱肉強食を生き抜く動物と自然の美しい叙事詩へと置き換えられていった。

またロケで撮影不可能な場面はセットを作ってのぞんだ。『砂漠は生きている』（一九五三）で母ネズミが地中の巣の中に子どもを養っているところをヘビが襲う場面は、巣の内部を見せるためにガラス張りの縦断面を用いた。このネズミは自然のままの環境下で長く飼い、巣に馴らしてあったという。あるいは、『砂漠は生きている』に登場するタカとヘビの決闘シーンでは、討ち取られたヘビの屍体をタカの翼が覆い隠し、『百獣の王ライオン』でライオンがキリンの死骸を引き摺る場面は遠方から小さく映し出されている。さらに、『滅びゆく大草原』(一九五四)では、自然を記録し「保存」することは、文明化された白人社会の「責務」として描き出され、アメリカの西部開拓というフロンティア精神を賛辞し、同時期の自然保護運動や環境保護運動とも響き合うものになっている。

このようにみてくると、「トゥルー・ライフ・アドベンチャー」は、自然界の動物を知る「のぞき窓」であると同時に、世界を文字通り「フレームの中に閉じ込めてしまう」ものでもあったと言えよう。

とはいえ、ディズニーがもっとも重視していたのは、たんに「人間不在の自然界」をのぞき見ることではなく、カメラの前に広がる「手つかずの自然」と動物の世界を「驚異」と「冒険」の物語として描き出すことだった。

「フィルムを惜しんではいけない」というのがウォルトのモットーだった。ウォルトはこう言っていた。「色々の興味深い描写をし、写実的であると同時にドラマ性を強く打ち出し、自然科学に対する知識をもたない大衆にも、面白く楽しみながら大自然の偉大な営みを学んでもらえるように努力したい」。そのためには「もっとも面白く、もっとも価値ある部分を選んで編集する」ことだ、と(『砂漠は生きている』パンフレット)。

たんに自然を記録するだけでなく、「題材をさらに深く掘り下げ、動物の生活する社会を一層生々しく描くこと」、そして教育と娯楽をあわせもつエデュテインメント（教育＋娯楽）を提供すること。それこそ、彼が本当に取り組みたいことだった。

では、その「ドラマ性」とはどのようなものだったのだろうか。

野生の詩学

「トゥルー・ライフ・アドベンチャー」の主役は野生の動物たちである。捕獲した動物は脚本にそってトレーニングを受けることもあったが、台詞を覚えて演技する役者ではない。

ここで重要なのは、「トゥルー・ライフ・アドベンチャー」に登場する野生の動物たちに個性と物語が与えられていることである。フィルムを逆行させ、サソリが手をつないで踊っているように見せる「サソリのダンス」。「死体の清掃人」と名づけられるハイエナ。意中のメスを射止めようと闘うカメの決闘。そして、ユーモラスなナレーションを通して語られるアフリカのサバンナに暮らすライオン一家の日常。動物たちの生態映像は、そのアクションとテンポのよい音楽とともに「驚異」と「冒険」の物語として語られる。しかしよく見ると、ここに打ち出されているのは、アニメーションの制作を通してディズニーが見出した、動物たちの個性を引き出す独自の手法である。

すでに見たように、ディズニーは、一九三〇年代、スタジオが飛躍的に発展するなかでさまざまな探究を試みてきた。ギャグと笑いだけでなく、「豊かな個性を通して明確なストーリーを伝えること」の重要さに気づき、キャラクターに個性を与える「戯画化されたリアリズム」の技法を生みだした。『白雪姫』にはじまる長編映画のなかで確立された、この「生命の幻影」とは、キャラクターが「自らの意志で考え、決断し、行動しているように見える絵《ドローイングス》を生み出すこと」、本物よりもリアルな、本物らしい偽物を戦略的につくることだった。つまり、ディズニーのアニメーションに登場するキャラクターたちは、たんなる図版のような精密な現実の複製ではなく、そこから個性を引き出すことのできる絵画的で「自由な観察の余地」をともなった模倣によって確立されたものだった。

じっさい「トゥルー・ライフ・アドベンチャー」で数々の監督と脚本を担当したジェームズ・アルガーをはじめ、ベン・シャープスティン、テッド・シアーズ、ウィンストン・ヒブラーなど、このシリーズを担当した監督やスタッフの多くは、『白雪姫』『バンビ』『ダンボ』『ファンタジア』といったアニメーション制作と並行してこのシリーズに取り組んでいた。

なかでも注目したいのは、そこで中心的な役割を果たしたジェームズ・アルガーがアーネスト・トンプソン・シートンから多大な示唆を受けていたことである。知られるように、シートンは細部に固執しつつも、同時にそれが知識からなる単なる図版にならないように「光や色、動き」といった要素をもとに動物の生を描き出そうとした。シートンは、エドワード・マイブリッジを踏まえて「高速写真の映し出す真実それ自体を非難するつもりはないが、真実が必ずしもすべて正しいとはかぎらない」と指摘し、その著書『美術のためのシートン動物解剖図』(一八九六)のなかで、つぎのように述べている。

画家は死んだ動物や外科的なものの見方をむしろ避けるようにすべきである。解剖によって構造に関する、より完全な知識を得ることができるのは確かだが、それは不必要な完全さである。美術を学ぶ者にとっては、生きた動物をモデルにし、最高の解剖学の図版を入手して手引きとして用いることのほうがはるかに重要である。そして解剖学は毒薬のようなもので、適度に用いれば作品にとって強力な刺激剤になるが、過剰摂取は命取りになる、ということをつねに心にとどめておくことが大切である。このことは特に絵画について言うことができる。生きている動物では、解剖学的に見ることができるのは輪郭だけである。そこに一番の重点をおいて描けば、それは単なる図版になってしまい、光や色、動きといったもっと重要な要素を見失ってしまうことになるのである。(シートン 1997 : 63)

動物を「画家の視点」から「絵画的に解剖」するというシートンの主張は、通常の解剖学が死んだ動物を扱っているのに対し、あくまで生きた動物を、それも実験室や籠のなかに捕らわれた動物ではなく、野外の自然のなかの動物の美を描きたいと考えてのことだった。生き生きとした動物たちの姿をありありと捉えたいという欲望から描かれたシートンの動物物語は、ウィリアム・バロウズによって「アトランティック・マンスリー」誌で「ネイチャーフェイカー」の汚名を着せられることになる。だが、シートンのこの視点は、徹底して動物のリアルさにこだわりながら、にもかかわらず精密な図版にしてしまっては元も子もないという、『バンビ』に象徴されるディズニー映画のなかにも色濃く刻印されているのである。

「ファンタジアのアウラ」と拡張する模倣の地平

画家とカメラマンの関係を呪術師と外科医に見立てたのは、ヴァルター・ベンヤミンである。病人の身体に手を置いて病を治す呪術師が患者とのあいだに自然な距離を保つのに対し、外科医はメスで人間の身体に入り込んでいく。対象との自然な距離を観察し全体的なものを表現する画家と、対象のなかに入り込み、器械とともに断片化された部分を新たに結合して表現していくカメラマン。そこで生み出された映像は、編集を経て、独自の幻影《イリュージョン》を生み出す。

「トゥルー・ライフ・アドベンチャー」の特徴は、この呪術師と外科医の技法の融合にある。ディズニーの場合、カメラが切り取る「現実」、つまり実在する指標に軸をおいたドキュメンタリーが、虚構に軸をおいた絵画の運動によって、アニメーションに固有の手つきで物語化されていく。

『ワイルドライフ・フィルムズ』の著者デレク・ボウズは、ディズニー独自のこの幻影《イリュージョン》の効果を「ファンタジアのアウラ」と呼んでいる。「ファンタジアのアウラ」はアニメーションとドキュメンタリーを往還するなかで創出され、それを端的に示しているのが「トゥルー・ライフ・アドベンチャー」のオープニングだという（Bousé 2000 : 134）。

「トゥルー・ライフ・アドベンチャー」は、冒頭、地球儀が描き出され、テンポよく自然の風景が絵筆で描き込まれる。つぎにカメラが映画のトピックとなる土地に焦点をあて、絵解きによる解説が始まる。その後、スクリーンは実写に切り替わり、ドキュメンタリー映像によって動物たちが暮らす自然界のドラマが繰り広げられていく。

『白雪姫』をはじめとするヨーロッパのおとぎ話では、まず原作の書物が実写で映しだされ、その後にアニメーションの世界に入っていった。しかし、「自然」と「科学」を重視した「トゥルー・ライフ・アドベンチャー」は、まず絵筆（のちのテレビ放送ではティンカーベルの魔法の粉）によってディズニー流の「魔法」をかけたうえで、視覚的無意識を切り拓くカメラが大自然の野生動物の生態とその神秘を鮮やかに映し出していくのだ。

「トゥルー・ライフ・アドベンチャー」は「科学的正確さ」「簡明さ」「文章の美しさ」を重視し、野生動物のドキュメンタリーを謳っているが、じつは実写の映像はイメージを構成する一要素にすぎない。じっさいには、脚本、編集、音楽、そしてナレーションを通して、ディズニーアニメーションに慣れ親しんだ古典的なテーマ、神話的なモチーフ、「間違いのないストーリー」を存分に織り込み、それによって、動物たちのしぐさや行動をテンポよく物語として読んでいけるように観客を巻きこんでいくのだ。

大衆が見たいものを見せるというディズニーのマスメディア的な欲望は、ザルテン原作のリスの話を動物だけで映像化した『ペリ』（一九五七）によって「トゥルー・ライフ・ファンタジー」へと向かい、実写でありながら『ファンタジア』を想起させる幻想的な夢の光景を描き出すことになる。しかし他方で、のちに捏造が指摘される『白い荒野』（一九五八）のレミングの集団自殺シーンのように、神話の映像化の顛末が裏目に出てしまったものもある（注4-2）。

このように、ディズニーは、世紀転換期に始まる自然保護運動やその後に展開するアメリカの環境保護、動物愛護思想とも共振しながら、口当たりのよい糖衣をまとった「驚異」と「冒険」のエンターテインメントに取り組んでいった。そうすることで、従来の観客を手放すことなく、映像の超《ハイパー》現実化に活路を見出し、独自のジャンルを切り拓いていったのである。「トゥルー・ライフ・アドベンチャー」は、ドキュメンタリーであって、ドキュメンタリーではない。じつはこの逆説こそが、ディズニーのネイチャー・フィルムを解く鍵なのである。

「ディズニー・ドクトリン」とその顚末

ところで、「ファンタジアのアウラ」は、たんに大自然の動物たちの生態をディズニーのアニメーションの論理によって自然のドラマとして神話化しただけではない。『マジック・キングダム』の著者スティーヴン・ワッツは、「トゥルー・ライフ・アドベンチャー」に冷戦下のアメリカの政策とその価値観——外交的には共産主義を封じ込め、内政的には「結婚した異性愛カップル」による核家族を規範とした「アメリカ的生活」——との共振性を読み取り、ディズニーのこの価値転換を「ディズニー・ドクトリン」と呼んでいる。ワッツがその一端として取り上げるのは、母親が子どもたちを教育する『ベア・カントリー』（一九五三）と『滅びゆく大草原』（一九五四）だ（Watts 1997 : 326）。

たしかに「トゥルー・ライフ・アドベンチャー」に映し出される光景とナレーションは、ミッキーやミニーが規範的な親族関係を相対化し、ポストファミリー的な関係性をくり広げていた初期の作品とはかなり異なっている。この転換については、ハーバート・I・シラーも、「万人をアメリカの中産階級の標準に合わせるだけでは満足せず、ビーバーやクマやライオンやあひるにいたるまで、例外なく郊外に住む中産階級のように振る舞わせる」「子どもと動物と自然の神秘なふれあい場面」を呼び物としながら、「階級関係の存在を否定するか、子役でそれを薄めるためにほかならない」と『ナショナルジオグラフィック』に触れながらディズニーを批判している（シラー 1979 : 124）。

シラーによれば、『ナショナルジオグラフィック』の編集方針は、その「客観的な地理的＝文化的情報源としてのイメージ」とは対照的に、「正確さ、豊富なイラストレーション、そして「論争の回避」（どの国や国民にとっても快いことだけを載せること）」によって「本来的には世界を紛争のない、旅行者にとって素晴らしい国々の集まり」として読者に提示することだという。またどこの国も「快い」仕方でしか語らず、「かつての西欧帝国主義の名残に対する――支持ではないまでも――ノスタルジーを提供すると同時に、外国支配に抗する民衆の戦いや国内における日々の階級的搾取に目を閉ざし、あるいはこれを歪曲する」と述べている（シラー 1979 : 110-111）。

つまり、「トゥルー・ライフ・アドベンチャー」は、大自然に生きる野生の動物たちの生態をカメラで捕獲し、それによって「ウィルダネスの悩み」を視覚的に解消すると同時に、その光景は、冷戦期のアメリカの理想的な中産階級の自画像でもあったというわけだ。

では、ウォルト自身は動物界の家族像――とりわけ母子の姿――をどのように見ていたのだろうか。彼はつぎのように述べている。

小鳥たちの子育てを見てみよう。卵孵化や強制給餌の時期にこれほど熱心に働き共感を引き起こす母親たちを他に見たことはあるだろうか。あるいは自立する時期にこれほど厳格で確固とした母親たちを見たことがあるだろうか。（略）子どもたちに捧げるこうした雌鳥たちの貢献ぶりもさることながら、ぼくはクマこそがベストな母親であると考えている。モンタナやワイオミングの荒野で写真を撮りながら、ぼくたちはクロクマの母親を密かにスパイしていた。毛並みのよい素晴らしいクマだった。ぼくたちは冬眠から目覚め二匹のコロコロと太った子グマとともに彼女が巣穴から出てきて、子グマたちにしつけをはじめるのを見た。父グマには育児の術はなかった。けれども母グマは子グマたちとともに二年の歳月を過ごし、どこでエサを見つけるのかを教えた。小グマたちを愛情をもって抱きかかえ、行儀が悪いときには平手で叩いて、彼女の名の下にクマの社会で立派に育て上げた（Disney 1953 : 326）。

この発言をみると、ウォルトが動物の世界に読み取ろうとしていたのは、冷戦期のアメリカの価値観への転換というよりも、ウォルト自身がつねに憧憬していた家族像への郷愁であるように思われる。

冷戦期のアメリカが理想的な自画像として掲げていた家庭生活もまた、映画や広告イメージのなかでのみ「アメリカン・ホーム」の代名詞として言祝《ことほ》がれる対象でしかなかった。同じように、動物たちは、自然馴化《じゅんか》の思考のなかで人間が自然と動物とのあいだの距離をメランコリックな同一化によって埋めるために、まさしくその喪失において、過剰にスクリーンに現前していたのではないだろうか。自然と対極にあると考えられてきたテクノロジーは、こうして、広大な野生動物の博物館のごとく、消えることのない動物性の貯蔵庫としての役割を果たすようになっていたのだ（Lippit 2000）。

スーザン・ソンタグは『写真論』のなかで、「世界を収集する」ことは「何かをカメラに収めると、それを所有したかのような感覚が得られる」と同時に、それを失うことに繋がることもあると述べている（ソンタグ 1979）。「トゥルー・ライフ・アドベンチャー」は野生動物たちのドラマを収集し、「見たことのない世界に行く」感覚を提供する旅のメディアだった。では、それによって失われたものとは何だろうか。

ここで注目したいのは、スクリーンに回帰したディズニーの動物たちと、近代における「プリミティヴィズム」との関係である。なぜなら、現地の苛酷な自然環境に生きる動物たちと、映像のなかで物語化された動物たちの生は、たんなるモデルとアート、あるいはオリジナルとコピーという関係であること以上の主張を隠しもっているように思えるからだ。

ディズニーによる野生動物たちの映像は、ある意味で、アメリカの砂漠、アラスカ、アフリカ等々の、カメラと映画という模倣の技術による複製《コピー》によって、その本物性が成立している。だが、その世界は、それがモデルとした「オリジナル」の野生の動物たちの芸術性を遥かに凌駕するディズニー作品であることによって、ほとんど等閑に付されているのではないだろうか。それどころか、ディズニー化されたおとぎ話がそうであるように、ディズニー作品のほうが一種のオリジナル性を与えられ、野生の動物たちはそれがディズニーの「傑作」に関連づけられる限りにおいて評価されている場合すらあるように思われる。

ここに見出せるのは、「プリミティヴ・アート」が「モダン・アート」のなかではじめてその正統性を保証されたように、オリジナルのほうがコピーによってその正統性を付与されるという、ある意味で転倒した関係である。

動物たちのラティテュード

「トゥルー・ライフ・アドベンチャー」は、「現実」に立脚点をおいたドキュメンタリーの形式に、アニメーションという「虚構」の形式を物語装置として組み込むことで、複数のリアリティを獲得していく。そして、「トゥルー・ライフ・アドベンチャー」で得たこの着想は、のちにアニマル・キングダムの構想へと展開していくことになる。フロリダ州のディズニーリゾートに四つ目のテーマパーク「アニマル・キングダム」が誕生するのは、一九九八年四月二二日のことである。

アニマル・キングダムは「野生動物の保護に対するウォルト・ディズニーの姿勢」を反映し、動物の保護や教育、研究にも力を入れたエデュテインメント（教育＋娯楽）として企画された。世界のディズニー・パークのなかでも最大の広さを誇るこの土地には、多種多様な植物と三〇〇種二〇〇〇頭以上の本物の動物たちが暮らしている。燦々と陽光が降り注ぐ草原にキリンが颯爽と現れ、シマウマたちが悠々と群れをなす。パークの中央にはシンデレラ城さながらの巨大な生命の樹「ツリー・オブ・ライフ」がそびえ立ち、この樹木を軸に七つのエリア（アフリカ、ディスカバリー・アイランド、オアシス、ラフィキズ・プラネット・ウォッチ、アジア、ディノランドUSA、パンドラ）が広がる［図版4-7、4-8］。キリマンジャロ・サファリではガタガタと揺れるサファリトラックに乗って、観光客は「アフリカ」のサバンナに暮らす野生動物たちを眺め、「アジア」を散策し、絶滅した恐竜たちの姿を見つめる。

図版4-7　ディズニー・アニマル・キングダム「ツリー・オブ・ライフ」

フロリダの平地にアフリカのサバンナを移植する。この壮大な計画を立てたのは当時のCEOマイケル・アイズナーだ。彼は、ウォルトの死後すっかり低迷していたディズニー社をグローバルなメディア帝国へと再建した。アイズナーがユダヤ系だったこともあり、その強硬な姿勢と強い個性からなる方針は、しばしば「マウシュビッツ」と揶揄されてもいる。時は冷戦体制が崩壊し、資本の論理が世界の隅々まで浸透し始める一九八〇年代後半のことだった。

アニマル・キングダムは、たんに異国の動物を見る場所ではない。アフリカという現実の空間とそこに暮らす生きた動植物をまるごとアメリカに移植し、その世界を体験する大胆な試みである。それは、映画『ジュラシック・パー

図版 4-8　ディズニー・アニマル・キングダム（著者撮影）

ク』（一九九三）さながらであり、ディズニーのイマジニアにとってまったく新しい挑戦だった。

　ボードリヤールは、ディズニーランドは〈実在する〉国、〈実在する〉アメリカすべてがディズニーランドであることを隠すためにそこにあると述べた（ボードリヤール 2008）。ディズニーランドが「本物」ではないことによって作り物としてのアメリカが「本物」になることができるからだ。

　しかし、人間の手によって自然が考案され、あたかも物語を語るように自然と動物が脚本化されたアニマル・キングダムは、いわゆるテーマパークとも動物園とも一線を画している。ここでは、もはやオリジナルとコピーという二分法は機能不全を起こし、この二分法に回収されることのない複数のリアリティが重層的に交錯し共振しているからだ。

　すでに絶滅した恐竜や野生動物が死の喩えとしてアニメ工学のもとで再現され、命の化身としてその姿を現しているこの王国では、ディズニー映画を通して出会った動物たちと生身の野生動物たち、人工、自然、虚構、現実がシームレスかつパラレルに存在し、あたかも相互に連続しているかのような錯覚を創り出している。ここでは生身の動物は、ディズニー映画の動物を反映し、ツーリストが探し求める記号＝サインと化して相互に模倣しあい、いわば「キャピタリスト・アニミズム」と呼びうる場所となっているのである。

そしてこのアニマル・キングダムの動物たちは、二一世紀の新しいテクノロジーによってスクリーンに登場することになる。それが、アニマル・キングダムの動物を撮影しながら、フルCGで制作された「超実写版」『ライオンキング』（二〇一九）である。CGのアフリカ大陸をVRとして体験しながら制作されたこの『ライオンキング』の世界には、もはや現実のアフリカに存在する生身の動物はどこにも存在しない。

このように、『バンビ』に端を発する、動物をめぐるリアリティの駆け引きは、模倣のテクノロジーの進展とともに多様化し、大胆に更新されていった。そこに見出せるのは、たんなるテクノロジーの直線的な発展ではない。映像技術によって自然と人間が媒介され、人間と自然の関係性が大きく変容している現実である。

ディズニーによって映画は、「観察者」としての人間、その視線の先の動物、そして運動する像《イメージ》と、消費する主体としての「観客」を透明で非身体的な仕方で結びつける媒介装置へと変換された。そのなかに住まう動物たちのイメージは、たんなるメディアの産物ではなく、イメージの生産、受容、伝達を行う生きたメディアとしてのわたしたち自身の産物である。わたしたちが遭遇する動物たちは、不在の現前というイメージそのものがもつ固有の性質と、わたしたちのまなざしとの逆説的な関係でしか示せなくなっている「人間と動物の関係」を示唆しているのである。

第五章

象とサーカス――ダンボとジャンボの動物政治学

ジャンボ、死す

一八八五年九月一五日、世界でもっとも大きく、もっとも人気のあった象、ジャンボが死亡した。トム・サムと呼ばれる子象を守ろうとして貨物列車に追突されたのだ。わずか二四歳だった。

有名な象はたくさんいるが、ジャンボは格別だろう。ジャンボは、一八六〇年一二月にアフリカのフランス領スーダン（現・マリ）に生まれた。幼い頃、ジャンボの目の前でハンターが母象を撃ち殺し、牙を切り取った。その場に居合わせたジャンボはイタリア商人に売られ、その後パリの国立自然史博物館付属の動物園で過ごした。一八六五年にロンドン動物園へ渡り、そこでスターとなりジャンボという名前がついた。

「ジャンボ」はスワヒリ語で「こんにちは」を意味し、今では英語で「巨大」を意味する言葉になっている。ロンドン動物園で人気を博し、一八八二年に「地上最大のショウ」を名乗るバーナ

図版5-1 「地上最大のショウ」を名乗るバーナム＆ベイリーサーカスの象ジャンボ

ム＆ベイリーサーカスの所有者、P・T・バーナムに売り渡され、そこでスターの座を獲得した［図版5-1］。ジャンボの非業の死は、このサーカスの移動中に起きた悲劇だった（Harding 2000）。

　ディズニーアニメーション『ダンボ』（一九四一）の背後には、ジャンボの物語が亡霊のように焼き付いている。ダンボの母が「ミセス・ジャンボ」と名乗り、ダンボのことを「ジャンボ・ジュニア」と呼ぶとき、誰もがこの世界最大の象ジャンボのことを思い出しただろう（注5-1）。

　ジャンボとダンボは、人間によって母と引き裂かれ、サーカスという見世物文化を生きた象たちである。ときは帝国主義のまっただなか。動物園やサーカスは、未知の土地、未知の動物を征服した帝国主義的な力を誇示すると同時に、動物たちを馴致させ、慈しむべき仲間へと作り替える装置として機能していった。

　だが、ダンボはジャンボとはちがう。ダンボは「世界でもっとも小さい象」であり、その「異常」に大きな耳ゆえに嘲笑され、差別され、仲間外れにされた。もちろん、ディズニー映画には、『白雪姫』の小人たちをはじめ、『ノートルダムの鐘』（一九九六）のカジモドや生まれつき右胸鰭が小さくてうまく泳げないニモなど、「健常」な身体から逸脱したキャラクターが数多く登場する。とはいえ、主人公でありながら、一言も言葉を語ることなく、これほど多くの人々に愛され続けたキャラクターはダンボの他にはいないだろう。また戦時期アメリカのヒーロー「ダンボンバー」として描き出され、アメリカ海軍の暗号になった象もダンボの他にはいないだろう。では、ダンボとはいったい何ものなのか。

本章では、『ダンボ』を、サーカスという見世物文化を生き抜く動物の物語として、また身体的差異による差別を乗り越えたヒーローの物語として、そしてテクノロジーと動物の結合をめぐる物語として、人間と動物、動物と資本主義の関係を捉え直してみたい。そのうえで、二一世紀にティム・バートンが実写化したとき、この空飛ぶ象の物語がどのような変容を遂げることになったのか、その変化は何を意味しているのかを探っていこうと思う。

「レイルウェイ・サーカス」とフリークショーの時代

『ダンボ』にも原作がある。一九三九年、ニューヨークのシラキュースに暮らすヘレン・アーバソンとハロルド・パールが書いた唯一の児童書だ。一冊一五セント、限定一〇〇〇部でロール・ア・ブック社から刊行された（Barrier 2011）。アーバソンの息子アンドゥルーによれば、この物語はアーバソン自身が若い頃に味わった苦難から生まれ、ウォルトの目に留まることによって、偶然にもダンボのように大成功を収めることになったという（Pace 1999）。

とはいえ、この作品もまたディズニー版として大胆に再構築された。たとえば、原作ではダンボの友だちはコマドリのレッド・ロビンだった。しかし、映画ではネズミのティモシーに変わっている。「象はネズミを怖がる」という、西暦七七年にローマの大プリニウスことガイウス・プリニウス・セクンドゥスが『博物誌』に書いた伝承を逆手にとって改変された。他にもダンボがコウノトリによって運ばれてくる設定や、ダンボが誤ってシャンパンを飲んで酩酊状態で見た夢に登場するピンクの象もディズニーによって考案された。

『ダンボ』は一九四〇年秋に着手され、一九四一年一〇月二三日に公開された（注5-2）。第二次世界大戦さなかのことだ。制作時、収入の四五％を占めていたヨーロッパは戦場と化し、欧州市場は閉鎖していた。『ピノキオ』（一九四〇）と『ファンタジア』（一九四〇）は、その技術的な水準の高さとは裏腹に興行的には惨敗だった。こうしたなか、徹底した経費削減のなかで制作され、にもかかわらず、『白雪姫』以来、久しぶりのヒット作となったのが『ダンボ』である。

舞台はアメリカの古き良きサーカスと鉄道の時代だ。ダンボが誕生するフロリダは、ディズニー一家が発祥した地でもあり、のちにウォルト・ディズニー・ワールドが誕生する場所でもある。さらにまた、フロリダの西海岸を下ったサラソタという町は、アメリカを代表するサーカス、リングリング・ブラザーズ・アンド・バーナム・アンド・ベイリー・サーカスが一九二七年に本拠地としていた場所でもあった。当時のサーカスは寒さをしのぐために冬はフロリダで過ごし、春の訪れとともに列車で北上していった。

まずは手短にアメリカのサーカスをはじめとする見世物文化の歴史を振り返っておこう。アメリカでサーカスが始まったのは一八世紀、建国を経てすぐのことである。当初は娯楽的な要素が強い曲馬的なサーカスと教育的意義を強調した動物園的サーカスがあった。しかし、一九世紀中葉になると、両者をもちあわせた現代的なサーカスが始まるようになる。

チャールズ・フォックスとトム・パーキンソンによれば、アメリカのサーカスはヨーロッパ、アジア、アフリカ、南米とはちがい、半ば伝説として、半ば事実として描かれ、この国の歴史と密接に結びつきながら、独自の伝統と手法を発展させていく（Fox and Parkinson 2002）。亀井俊介が『サーカスが来た！』で述べるように、アメリカのサーカスは、子どもたちが家を「脱走」して行きたい「あこがれの先」であり、「無限の可能性を持つ夢の世界」だった。「来世の偉大さを教えてくれる」のが教会なら、サーカスは「現世の素晴らしさを教えて、田舎者たちの目を世界に開いた」文化機関だった（亀井 2013：15-16）。

図版5-2　バーナムのアメリカ博物館

なかでもとりわけ重要なのが、映画『グレイテスト・ショーマン』（二〇一七）でも知られるアメリカのショーマン、P・T・バーナムがジェイムズ・ベイリーと作った「バーナム・アンド・ベイリー・サーカス」である。

若くして「バーナムの科学音楽大劇場」という小さなテント・ショーをはじめたP・T・バーナムは、言わずと知れた伝説の興行師だ。一八四二年に三一歳の若さでニューヨークに五階建ての「アメリカ博物館」を開館する［図版5-2］。上半身は猿、下半身は魚の姿をした「フィジーの人魚」をはじめ、生き

図版5-3　ヒゲ女のアニー・ジョーンズ

た野獣、ペットショー、美女パレード、ヒゲ女のアニー・ジョーンズ［図版5-3］、口唇に板を埋め込んだウバンギ族の土人、世界最大のゴリラ〈ガルガンチュア〉など、たぐいまれな造形をもった人びとからなる「フリーク・ショー」が大きな話題を呼んでいた。なかでも、シャムの双生児「エンとチャン」と生後六ヶ月で成長が止まった小人症の親指トム（本名チャールズ・ストラットン）が大ヒットし、アメリカ博物館はニューヨークでもっとも人気のある娯楽／教育の場となった［図版5-4］。

「フリーク」という言葉は、ラテン語 lusus naturae の訳語「自然の悪戯 freak of nature」の省略形からきている。「異常」であるとともに「滑稽」であるという意味をもち、さらに「性倒錯者」を指し示す場合もあった。サーカスのショーではお互いを「フリーク」と呼び合ったとしても、他人にそう呼ばれるのは好まれなかった。じっさいバーナム・アンド・ベイリー・サーカスのメンバーたちは、これに対抗して一八九八年にロンドンで抗議集会を開いたという説がある。だが、これもまたサーカス団のPRスタッフがお膳立てしたバーナムの「ペテン」ではないかとも言われている。ちなみに、当のバーナムは彼らをフリークではなく「珍奇《キュリオシティ》」という典型的なヴィクトリア朝の言葉で呼んでいたという（フィードラー 1986）。

アメリカ博物館には、こうした見世物のほかに「レクチャー・ルーム」と名づけられた劇場があり、『酔っ払い』や『アンクル・トムの小屋』が上演されていた。一八五〇年には「スウェーデンのナイチンゲール」と呼ばれた歌手ジェニー・リンドが招聘され、観客を熱狂の渦に巻きこんでいる。

さて、バーナムの躍進は留まるところを知らず、一八七一年には博物館的な見世物と曲馬的なサーカスを結合した前代未聞の大サーカス「バーナムの大博物館、動物園、キャラヴァン、曲馬場、サーカス」を、そして一八八〇年に「バーナム・アンド・ベイリー・サーカス」を始める。そこで一番の呼び物となったのが、一八八二年にロンドン動物園から買い取った象のジャンボだった。ジャンボが列車に衝突したのは、そのわずか三年後のことである。バーナムはジャンボの骨格をアメリカ自然史博物館に寄贈する一方で、その皮を剝製にし、その後数年にわたって、サーカス巡業のたびに入り口にこれを飾り多くの観客を呼び寄せた。

図版5-4　バーナムとトム・サム（1850年）

だが、バーナムは一八九一年に、ベイリーは一九〇六年にこの世を去り、「地上最大のショー」はウィスコンシン州でサーカスを経営していたリングリング兄弟に買収される。『ダンボ』のモデルとなったのは、こうして誕生した「リングリング・ブラザーズ・アンド・バーナム・アンド・ベイリー・サーカス」である。

ところで、こうしたアメリカのサーカスの歴史を語るうえで見逃すことができないのは鉄道の発達である。かつては馬車《ワゴン》で移動する「ワゴン・ショー」が中心だったが、一八六九年に最初の大陸横断鉄道が完成すると、一九世紀半ばには鉄道を使う、いわゆる「レイルロード・サーカス」が盛んになる。バーナムのサーカスも一八七二年には鉄道を使って移動していた。豪華な装飾を施された一〇〇輌におよぶ専用の列車の旅だった。しかし、その後に自動車が発達すると、一九二〇年代には「トラック・ショー」の時代へと移行することになる。『ダンボ』はアメリカを縦横無尽に駆け抜けるこの「レイルロード・サーカス」の黄金時代を舞台にしている。

ちなみに、「全員乗車済み、出発進行！」と汽笛を鳴らし、「やればできる、やっぱりできた」と鼓舞しながら峠を上り下りするケイシー・ジュニアの「ケイシー」という名前は、アメリカの鉄道史上もっとも有名な伝説の機関士ジョン・ルーサー・ジョーンズのニックネームに由来している（注5-3）。一九〇〇年、ミシシッピー州で、乗客の命を救うため、必死で旅客列車を止めるが、立ち往生する貨物列車に衝突。霧の深い、雨の日の事故だった。そこで、唯一命を落としたのが、運転手のケイシーだった。彼の死は大きな衝撃を与え、彼を称える歌や物語が相次いでつくられた。その後、彼が乗っていた蒸気機関車３８２号機は「ケイシー・ジョーンズ」という愛称で親しまれ、機関車好きのウォルトも彼を偲んで『勇敢な機関士』（一九五〇）という短編アニメーションをつくっている（有馬 2011）。

このように、『ダンボ』はサーカスの大スターにして悲劇的な死を遂げたジャンボを想起させ、

「レイルロード・サーカス」によるアメリカの古き良きサーカスの全盛期とアメリカの鉄道をめぐる伝説の出来事を想起させる物語としてスクリーンに登場したのだった。

象をめぐるフォークロア――身体的逸脱と階級闘争の顛末

ところで、「ダンボ」という名前は、ミセス・ジャンボがつけたものではない。「ダンボ」は父親の名前である「ジャンボ」と英語で「馬鹿な」「のろまな」という口語的な意味をもつ“DUMB”に“O”を組み合わせたもので、これが転じて「言葉が話せない」、そして英語がうまく話せない移民を暗示する言葉になった。映画のなかで最初に「ダンボ」と呼ぶのは、意地悪なメス象たちである。彼女たちは“FREAK”の真ん中三文字からなるアナグラムを使って「イー・エイ・アール・エス」（EARS）と陰口をたたき、ダンボとその母を除け者にする［図版5-5］。

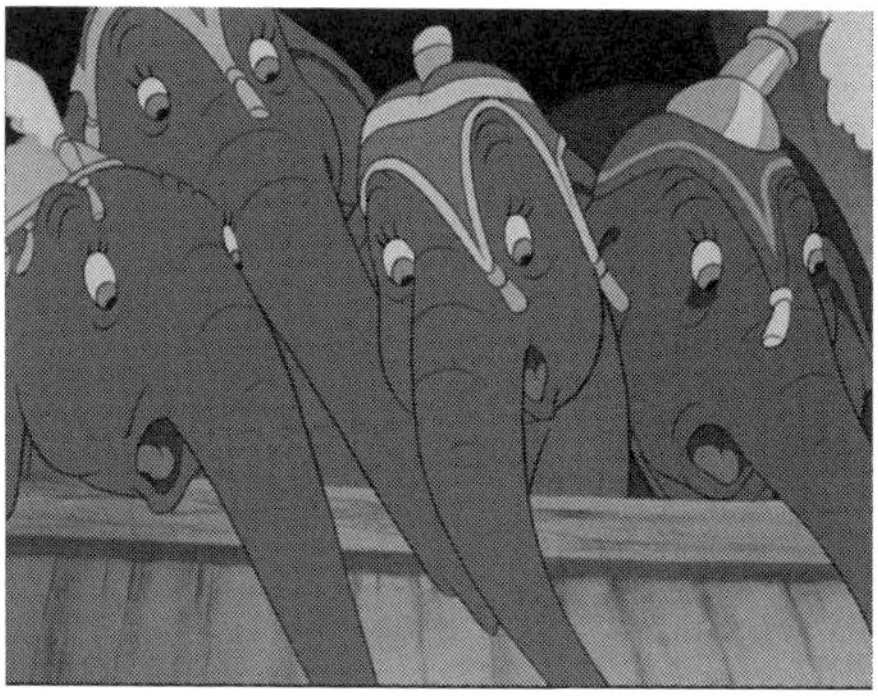
図版5-5　ダンボに驚き、からかうメス象たち

　メス象たちは目の色も肌の色も異なるが、「誇り高い自分たちの血統」にプライドをもっている。そして種に対するこの高いプライドゆえに、耳の大きなダンボを「恥さらし」として怪物扱いし、無慈悲な噂話を繰り広げる。メス象だけでなく、ダンボはサーカスに来た子どもたちからも耳を嘲笑さ

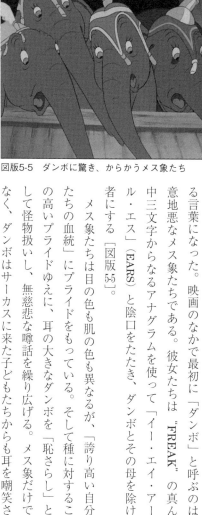

れていた。あるとき彼らを戒めようとミセス・ジャンボが大暴れし、結果、ダンボの母は「狂った象」として檻に監禁されてしまう。

映画の最大の魅力は、悲嘆にくれる臆病なダンボが、他人に馬鹿にされた耳を武器にして自由に空を飛び、ダンボを見る社会の目を変えたところにある。ダンボは、だれもが自分を個性のあるユニークな存在だと思い出させてくれる、もっともシンプルな寓話であり、友だちのティモシーが言うように、「君を落胆させていたその恥こそがまさに、君を高く高く高く羽ばたかせる！」というわけだ。

だが、ダンボは独立独歩で成長したわけではない。この寓話を可能にしたのは、ダンボとその母ミセス・ジャンボとの

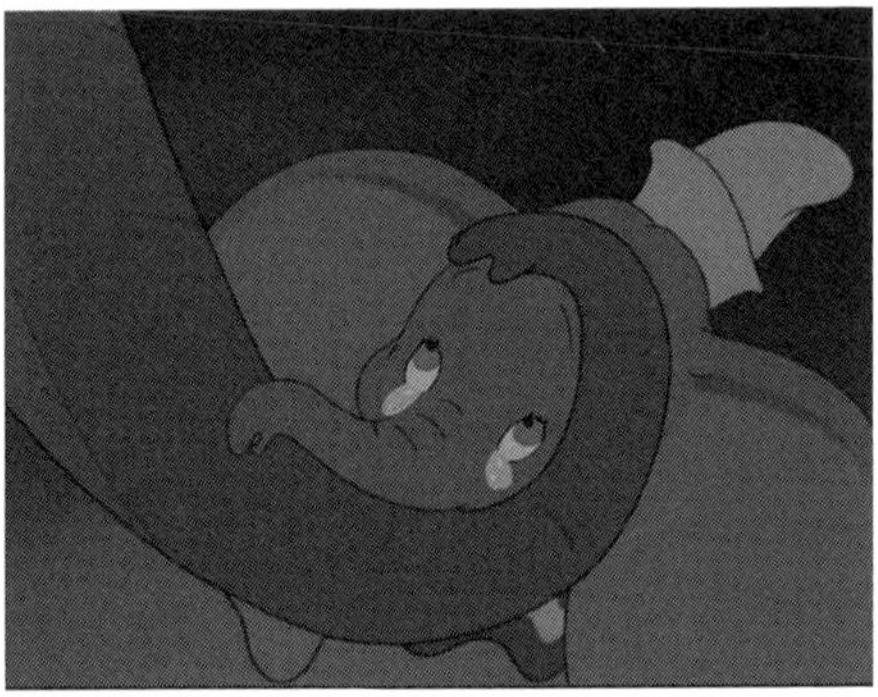

図版5-6　ダンボと檻に入れられた母との邂逅

揺るぎない愛、そしてかけがえのない仲間たちの存在である。ダンボが鉄格子に閉じこめられ、足を繋がれた母とつかの間の邂逅を果たす場面を思いだそう［図版5-6］。檻のなかに必死に鼻を伸ばす小さなダンボと鉄格子から出した鼻でダンボを抱っこするミセス・ジャンボの光景は、子守歌「ベイビー・マイン」と相まって、ディズニーならではのセンチメンタル・ナラティヴを象徴する情動的な場面となっている。観客は、ここでの鳴き声、しぐさ、カメラワークを通じてダンボが伝えようとしているものに注意を払わずにはいられない。

母と別離して悲嘆にくれ、サーカスの芸に失敗して失意に沈むダンボの境遇は、カメラワークによっても巧みに映像化されている。アメリカ文学者のハーン小路恭子は、ダンボとティモシーのように、親密な関係にあるキャラクター同士のやりとりでは低い位置にカメラが固定され、キャラクターたちが寄り添うように同一空間内に並置される点に注目する。こうした「水平的なヨコの構図」の反復によって、キャラクター同士が互いに心を通わせあうさまが強調されるからだ。他方で、ダンボを虐げ、ダンボと敵対関係にあるキャラクターたちについては、ダイナミックにアングルを交差させる切り返しを多用したタテの構図が強調されている（ハーン小路 2017）。

たとえば、ダンボが「象のピラミッド」で失態をさらす場面がそうだ。八頭の象で巨大なピラミッドをつくり、ショーの目玉としてその頂上でダンボが旗をふるというティモシーの名案は、いざ本番となると、なかなかうまくいかない。折り重なったメス象たちは空中でバランスを持ちこたえるのが精一杯で、その苦渋に満ちた象たちの巨大なピラミッドは、ダンボが見上げる視点から映し出される。この光景は、ピラミッドから見下ろされ、緊張感に震えるダンボの姿と交互に映し出されることで、ダンボへの高圧感がいっそう強調されるしくみになっている。最終的にダンボは、自分の耳に足をとられ、大玉に乗る一番下の象につっこみ、ピラミッドどころか、サーカスのテントそのものを崩壊させるという大失態を犯してしまう。身体が小さく、サーカスのヒエラルキーの底辺に位置するダンボの視点は、つねにローアングルが使われ、ダンボにとって災厄はつねに上方から降りかかってくることが示される（ハーン小路 2017 : 72-73、Wilmington 2017）。

『ダンボ』を考えるうえでもうひとつ重要なのは、この作品が人間社会を映し出す鏡の装置として機能していることである。ダンボの大きすぎる耳は、しばしば規範的な身体から逸脱するわかりやすい徴として語られてきた。だがそれは、果たして「克服」すべき何かなのだろうか。スナウラ・テイラーは『荷を引く獣たち』のなかで、動物を通して障害の問題を、障害を通して動物の問題を考え、動物の解放と障害の解放が密接に関わっていることを論証している。障害は人種、ジェンダー、階級といった差異のかたちと相互に構成的な関係にあり、それは「克服」すべきものでも「個性的」だと「甘言」されるべきものでもない。目を向けるべきは、健常者を中心とする制度、人間を中心とする倫理であり、ひるがえってこの社会が歴史的に誰を特権化し、どのような身体を許容するように設計されてきたのかということなのである（テイラー 2020 : 40）。『ダンボ』は、「障害」が「健全」な規範から逸脱した「異常」であり、「補われるべき欠落」を意味するのではなく、社会の設計のされ方によって引き起こされたものだというパラダイム・シフトを描き出す。そしてその設計を、人種、セクシュアリティ、階級、ジェンダー、そして種を越えた交差的なアプローチによって問い直すことを可能にする。

『多文化主義とネズミ』を書いたダグラス・ブロードによれば、『ダンボ』は「初めて本格的に黒人を描いた長編アニメーション映画」である（Brode 2006 : 51）。そしてアメリカ文学者の舌津智之が指摘するように、『ダンボ』には「象と黒人をつなぐオリジナルな階級的連帯」の可能性を見出すことができる（舌津 2011 : 282）。

ダンボを鼓舞する五羽の無頼漢なカラスたちは典型的な黒人英語を話し、テンポのよいおしゃべりを繰り広げている。『ダンボ』の公開はジム・クロウ法の時代でもあり、『ダンボ』に登場するリーダーらしきカラスの名がジム・クロウであるのも示唆的だ。カラスはキリスト教の世界では不吉な鳥として異端者、逸脱者を暗示するが、彼らのファッション、スタイル、そして自由奔放で絶妙な振り付けは、キャブ・キャロウェイとルイ・アームストロングの掛け合いをトレースして生み出されたもので、ここでは「ハーレム・ルネッサンス」に象徴されるポピュラーな黒人の音楽文化と共振するものとなっている［図版5-7］。

図版5-7　ダンボの仲間となるカラスたち

じつは、カラスたちの造形に対しては、黒人のステレオタイプを助長するレイシスト的なものだという批判もある。だが、それぞれのカラスは個性的であり、ここではむしろ人間と動物という種を越えて「障害と人種という異なるカテゴリーは互いに重なりあい、マイノリティの連帯を生む」存在として捉えることができるだろう（舌津 2011：279）。

この連帯の可能性は、嵐の夜、黒人の貧しい肉体労働者たちが、ダンボをはじめ、象やラクダといった一部の動物たちとともにサーカスのテントを立てる場面からも窺える。ここでは、黒人労働者たちの顔には表情が描かれていない。この描写に対して、豪雨の夜という悪天候だとしても、重苦しい曲調もあいまって「あまりにも露骨な黒人の戯画化」であるという批判がある（Schickel 1997 : 225）。

ここで唱われる「テント張りの歌（Roustabouts）」に耳を傾ければ、この描写が苛酷で劣悪な労働環境下にあった当時の彼らの境遇そのものを示唆していることがわかる。

劇中の彼らは朝から晩まで休みなく汗をかき、ろくに給料ももらえず、親方に怒鳴られながら働く様子を陽気に歌う。きつい労働であることは、「手足がしびれ　背骨がきしんでも　ベーコン・エッグを　食べれば元気」という歌詞からもよくわかる。「どんなに疲れても　眠らず働き続ける　夜通し歌いながら　ハンマー振り上げる」のだ（注5-4）。陽気さはつらさの裏返し、むしろ陽気であるほど過酷さが際立つ。

このように、重労働を担う黒人たちとサーカスの一部の動物たちの心の声は折り重なっている。じっさいサーカスの観客は圧倒的に白人だった。とすれば、ここには人種と階級をめぐる現実の不均衡な力学を読み取ることができるだろう。

一方、サーカス団で最底辺の役回りをしているピエロたちは、その語彙やアクセントから労働者階級の白人であることが想起される。しかし、彼らは楽屋で権利ばかりを要求する無能な被雇用者として描き出されている。つまり、彼らもまた、顔を過剰に装飾したピエロと化すことで、顔を失っているのだ。

トム・シートによれば、アルコールに酔ったこのピエロたちが「へへっ、昇給のために社長を吊し上げさ！」とヘラヘラと笑いながらテント越しにプラカードを突き上げるシーンは、ディズニーの子飼いのアニメーターがディズニーに楯突いたユニオン派従業員たちを戯画したものだという（シート 2014 : 197）。

じつは、こうした労働者たちの描写は、当時のアメリカのアニメーション界における労働運動の状況と深く結びついている。アメリカでは、一九三六年に映画編集者、監督のユニオンが発足した。一九三七年五月にはフライシャースタジオでアニメスタジオ初のストライキが勃発し、一九三八年にはロサンゼルスのアニメーションスタジオの社員が団結して映画漫画家組合（ＳＣＧ）を結成する。そして一九三九年には、ディズニーにユニオンが発足し、一九四一年七月に前代未聞のディズニーストライキが勃発した。

『白雪姫』を経て、ディズニーは、すでに数百人の従業員を抱える巨大企業と化し、ウォルトは夜も休日も働きずくめの社員たちから距離を置かれるようになっていた。それどころか、『ファンタジア』の惨敗により、レイオフを開始していた。にもかかわらず、ウォルトは頑なに交渉を拒否し、スタジオから共産主義者を締めだすと公言していた。従業員たちはストを脱落するか、アカと呼ばれるかの判断を迫られ、ピケにはフランス革命を模した「自由、友愛、クローズドショップ」と記された看板や、ミッキーが「ディズニーはアンフェアだ」と叫ぶプラカードを手にした参加者が集っていた［図版 5-8、5-9］。

結果として、ディズニーが従業員の大半の賃金を倍増ないしそれ以上にあげることで、スタジオは再開されることになる。だが、このストライキに辟易としていたウォルトは、この間ネルソン・ロックフェラーの招きで中南米の親善旅行に参加し、一九四一年に『ダンボ』が完成したときには南米にいた（Schickel 1997、Wasko 2001、エリオット 1994、シート 2014）。

『ダンボ』は、この大規模なストライキのただなかにディズニー社にとどまった者たちによって制作された。なかには、ウォード・キンボールやジョー・グラントのようにユニオンに理解を示しながらも、『ダンボ』が完成しないとスタジオが終わってしまうという思いからとどまった者たちもいた。

このように、『ダンボ』の世界には、資本主義社会のひずみを体現する者たち、社会から疎外され、周縁化された労働者、そして動物たちが、種を越え、人種と階級を横断して響き合う重層

図版5-8　1941年のディズニーストライキ

図版5-9　1941年のディズニーストライキ

的な声が残響する。しかし、同時にそこには、労働運動のただなかにあったディズニースタジオの緊張関係そのものが戯画化されるという、奇妙なねじれが刻印されているのである。

魔法の羽根——ピンクの象とリージョナリズム

『ダンボ』はディズニーにとって久しぶりに黒字を叩き出したヒット作だった。だが、ドイツの映画学者ジークフリート・クラカウアーは、この作品が原因と結果の論理に支配され、写実的なリアリティを模倣した世界に成り下がってしまったと厳しいコメントを寄せている（**Kracauer 1941 : 463**）。

クラカウアーによれば、一九二八年に『飛行機狂』でミッキーが登場したとき、車が飛行機に姿を変えたのは、漫画家によるペンの力だった。だが、ダンボが空を舞うという奇跡が訪れるのは、この映画がアニメーションだからではなく、ダンボの友だちがくれた「魔法の羽」による「心理的な効果」にダンボが依拠しているからであり、そこには決定的な構造的差異があるという。

ダンボがドローイングの世界に暮らすならば、いつでも自由に空を飛べるはずだ。にもかかわらず、なぜダンボは空を飛ぶために「心理的な作用」が必要なのか。ドローイングとその運動から生成するアニメーションの世界には、現実の法則や現実に根差した写実的なリアリティなどものともしないファンタジーの論理があり、そこには現実の世界に立脚した合理的な論理は必要なかったはずだ。だが、『ダンボ』を支配しているのは、象が空を飛べるはずはないという、きわめて現実的な世界を基盤とした前提である。つまり、ディズニーはかつてのファンタジーの論理を捨て、キャラクターたちを現実の論理のなかに組み込んでしまったのではないか、というわけだ（Kracauer 1941：463）。

たしかに、長編を制作するにあたり、ディズニーはエイゼンシュテインが「原形質性」と呼んだドローイングによって創出するファンタジーから、現実の論理に立脚した「可塑性」の世界へと移行していった。この点は、第三章の「姫と魔女のエコロジー」で論じた「生命の幻影」と「戯画化されたリアリズム」の議論とも重なってくる。だが、果たしてダンボの飛翔は、カラスたちがくれたこの「心理的な作用」を及ぼす「魔法の羽根」によってのみ可能になっているのだろうか。

映画研究者のマーク・ランガーは、西海岸スタイルと東海岸のニューヨークスタイルとのコントラストの巧みな描き分けにこそ、『ダンボ』の「成功」の秘密が隠されているという（Langer 1990）。西海岸スタイルとは、『白雪姫』にみる「戯画化されたリアリティ」や『バンビ』に象徴される、滑らかなナラティヴとハリウッドシネマ的な映像のリアリズムを指す。これは一九三〇年代半ばまでに、ディズニーのモダンなスタイルとなっていた。

一方、東海岸のニューヨークスタイルは、非直線的なナラティブで、カートゥーン的なスタイルを指す。アヴァンギャルドで、ゴムのように弾性のある「ラバー・アニメーション（ゴムホース・アニメーション）」と呼ばれる手法や「アニメーションならではの人工性を強調」した抑制のない自由な表現が特徴で、初期のアメリカのアニメーションに特有のスタイルである。

たとえば、映画の冒頭、コウノトリがダンボを「配達」するオープニングの場面がそうだ〔図版5-10〕。この場面はニューヨークスタイルで描き出されている。これは同時期に制作されていた『バンビ』が探求していた模倣的なスタイルのパロディとも言える。しかしこの場面に続いてすぐに映し出されるフロリダを俯瞰したパノラマ地図のショットでは、リアリスティックな西海岸スタイルが使われている。あるいは、テントを立てる黒人たちの姿が西海岸スタイルならば、それに続く、華麗なサーカスのパレードの場面はカートゥーン的なニューヨークスタイルで描き出されている。

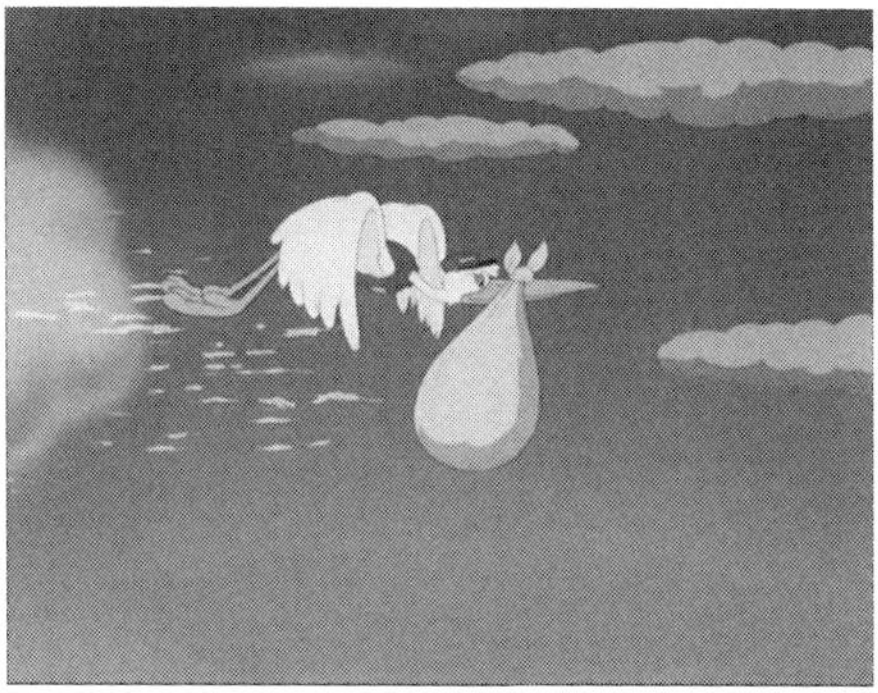
図版5-10　コウノトリに運ばれるダンボ

なぜ西海岸スタイルとニューヨークスタイルを対比させながら物語が展開していくのだろうか。この対比を考えるうえでとりわけ重要なのが、「ピンクの象のパレード」のシークエンスである〔図版5-11〕。ダンボが誤って樽に入っていたシャンパンを飲んで酔っ払ったときに見る幻覚のヴィジョンだ（注5-5）。

「ピンクの象のパレード」は、五つのセクションからなる。陽気でリズミカルな行進曲にあわせて何匹もの大小のピンクの象が現れては消え、合体し、変形し、分裂し、ダンスやスケートをはじめる。極限状態にあったダンボの心象風景を映し出したシュールなシークエンスである。

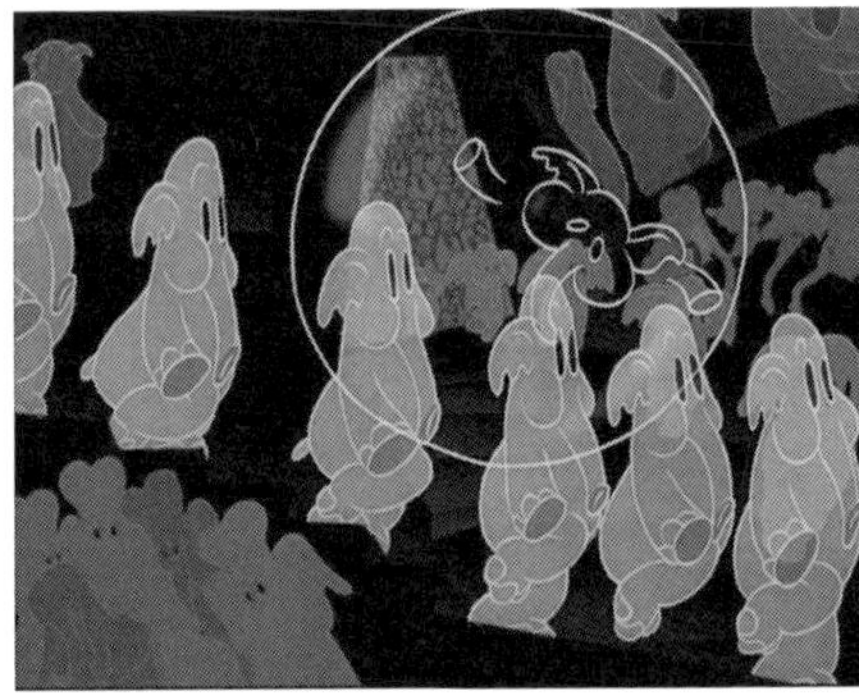

図版5-11　ピンクの象のパレード

まず確認できるのは、ピンクの象たちがダンボの不安を悪夢として可視化していることである。たとえば、サーカスの「象のピラミッド」で失敗したトラウマの反復を想起させるエジプトのピラミッド、あるいは象は「ただのゴム人形のようなもので、なんの感情もない」というサーカスのピエロたちの無慈悲な発言、俗悪さ、残酷さを連想させながら転落していくイメージの連鎖がそうだ。

この場面には、ダンボの抑圧された「クィアかつモダニスティックな欲望」が表象されているという指摘もある。たとえば夢の冒頭、「トランペットとなって脈打つように硬く伸びる象たちのピンクの鼻」、腰をくねらせてベリーダンスを踊り出す一匹の象の中性的な顔つきや体つき、唐突にペアダンスを始める大小二匹の象による性差の逆転を想起させるパフォーマンスなど、不気味でサイケデリックなトラウマ的光景が続く。こうしてピンクの象のパレードは、人種と階級のみならず、性的な意味も含めて、「すべての虐げられた心を救う」「無意識の幻灯」になっているというわけだ（舌津 2011：285-288）。

とはいえ、なぜこの一連の「ピンクの象のパレード」のシークエンスは、ニューヨークスタイルによって描き出されているのだろうか。

マーク・ランガーは、ニューヨークスタイルがつねにダンボの欲望を逆行する「人為的」な幻想を提示してきた点に注目する。たとえば、物語の大きな転換点となる、空を飛翔できるというダンボの真の才能は、ニューヨークスタイルで示唆されている。だが、空を飛べるという能力が実現し、社会的に承認され、家族や社会と一体化したいというダンボの欲望がニューヨークスタイルで達成されることはない（Langer 1990 : 317）。

ピンクの象たちは自動車、電車、モーターボートといった乗り物群に姿を変える。それらは縦横に行き交い、衝突し、爆発し、溶解する。ダンボとティモシーが目覚めるのは、このイメージがピンクの雲に変わるときである。つまり、テクノロジーによる人為的な幻想の世界から現実の自然な世界へ変容したときに夢から目覚めるのだ。

ダンボの無意識と欲望はカートゥーン的なニューヨークスタイルによって幻想として描き出される。そして、ダンボとティモシーがその幻想から目覚め、リアリスティックな西海岸スタイルによって、カートゥーンの世界から現実の世界へ移行するとき、ダンボの才能は現実のものとなり、その欲望が実現するのである。

つまり、現実の論理に即した西海岸スタイルによって、ダンボはカートゥーン的なニューヨークスタイルで描かれた悪夢的なピエロの生活から脱出し、「現実」の世界で、飛ぶ能力を実現するというわけだ［図版5-12］。ダンボの奇蹟は、ククラカウアーの論理を反転した手法によって可能になっているのである。

こうして、ダンボは世界一の大スターへと駆け上り、母との再会を果たし、社会的な居場所を獲得する。世界的な大スターとなったダンボは、最新のテクノロジーであるダンボ爆撃隊《ダンボンバー》として表象される［図版5-14］。ダンボの母は最新の流線形の鉄道車両の特等席に乗ってダンボとの再会を祝す［図版5-15］。自動車、電車、そしてモーターボートといった動物から機械への変容は、「ピンクの象のパレード」のシークエンスで予期されていたことだ。これもまたニューヨークスタイルで予期された「幻想」の実現といえる。

『ダンボ』の晴れやかな結末は、ニューヨークスタイルと西海岸スタイルとの「成功したモンタージュ」によって達成される。このハッピーエンドは、ダンボのマネージャーとしてハリウッドとの契約を手にし、「ナショナルウィークリー」誌［図版5-13］の表紙を飾るティモシーとともに迎える（注5-6）。

ただし、このエンディングはたんなるサクセス・ストーリー以上の意味をもっている。なぜなら、逸脱した身体をもつフリークとして語られていた動物のダンボが、最新のテクノロジーからなる軍用機として具現化されるとき、ダンボという動物の身体は、最新のテクノロジー兵器と一体化し、アメリカを防衛する動物＝機械としてヒーローの役割を担うことになるからだ。このときダンボは、大空を自由に飛ぶことへの純粋な憧れと、航空機の開発そのものの歴史が背負ってきた兵器としての宿命の結節点として浮かび上がる。しかしこの結末は、二一世紀を迎え、ティム・バートンとともに再来した実写版のダンボにおいて大胆な変貌を遂げることになる。最後にこの点について見ていこう。

ティム・バートンの世界

二〇一九年にティム・バートンによって制作された実写版『ダンボ』は、一九四一年のアニメ版『ダンボ』へのオマージュでありながら、さまざまな意味において大きな転回が図られている。

バートンもまた、アメリカにおけるサーカス独自の存在意義を引き継ぎ、それを実写映画『ダンボ』のなかで結実させている。彼はサーカスについてつぎのように述べている。

図版5-12　空を自由に羽ばたくダンボのニュース

図版5-13　ダンボのマネージャーとしてハリウッドと契約するティモシー

サーカスはあらゆるタイプの人々の集合体だ。つまり、みんな逃げ場を求めてサーカスへやって来るということなんだ。僕は特にそうしたいと思ったことはないけど、これはひとつのアイデアだ。世間に溶け込めないのなら、ほかの人々がなじまない場所に移動する。サーカスはそれを前向きに象徴していると思うんだ。サーカスは、どこにも行き場のないすべてのヒトにとっての居場所なんだ。つまり、人種や性別に関係なく大勢の風変わりな人々と合流することになるんだ。それに、特異な才能を持つ人々にかこまれているなんてカッコいいよね！（映画『DUMBO』パンフレット）

図版5-14　ダンボ爆撃隊《ダンボンバー》としてのダンボ

図版5-15　最新の鉄道車両の特別席のミセス・ジャンボ

バートンによれば、サーカスとは「世間に溶け込めない人びとの救いの場」であり、だからこそサーカス一座の絆を大切にしたのだという。じっさい、初期の『シザーハンズ』から近年の『ミス・ペレグリンと奇妙なこどもたち』に至るまで、バートンはつねに物語の中心にアウトサイダーのキャラクターを置き、彼らに共感をもった作品を描き出してきた。この意味で、『ダンボ』はバートンの世界観にぴったりだったと言えよう。

けれども、バートンによる実写版『ダンボ』には、ウォルトの『ダンボ』にはなかった独自の特徴があり、それによって物語も大胆にアップデートされている。

そのひとつは、動物の視点から描かれていたウォルトの『ダンボ』を人間の視点から映像化したことだ。ウォルトのダンボも言葉を話すことはなく、表情としぐさを通した非言語的コミュニケーションと巧みなカメラワークによって表現されていた。しかし実写版ではどの動物もいっさい言葉を話すことはない。

二つ目は、戦争の時代という当時の暗い影が色濃く反映されていることである。ウォルト版のアニメーションでそれが端的に現れるのは、ダンボがサーカスの人気スターとして成功を手にする、映画のラストシーンだった。一方、バートンの実写版では、メディチ・ブラザーズ・サーカス（ちなみにウォルトの『ダンボ』ではサーカスの名はワールド・ディズニー・プロダクションズを示唆するWDPとなっている）の元スターである帰還兵のホルトは、サーカスに戻るも、インフルエンザで妻を亡くし、戦場で片腕を失い、生きがいだった曲馬もできず、もはや生きる場所がない。

行き場がないのは、ホルトの子どもであるミリーとジョーも同じだ。

　三つ目は、ウォルト版でダンボとティモシーが担っていた役割が、ホルト家の父と子どもたちに分散されて投影されていることである。片腕を失ったホルトは、身体的逸脱をともなう障害者であり、母を失ったミリーとジョーは母と引き裂かれるダンボの悲しみと孤独を痛いほど感じとっている。ホルトと子どもたちは、ダンボが背負っている苛酷な条件を分有する。とりわけ、ミリーとジョーはダンボの最大の味方である。空を飛ぶというダンボの秘密の才能を発見し、その能力を活かすことで母親との再会を手助けする。この点において、彼らはティモシーの役割も担っている。科学者を目指すミリーは「人生には扉が閉まって開かないときがある。もしそんなときに出会ったら扉を想像してこれで開けなさい」と言って自分の母の形見の鍵をダンボに見せる。この鍵はお互いの母との別離の情を共有し、同時に未来への扉をともに開くためのものだ。

　そして四つ目は、ダンボが母のジャンボとともに、大自然の溢れる故郷へと帰ることである。ダンボを金儲けの道具にしようと画策し、新自由主義を地で行く腹黒い興行師V・A・ヴァンデヴァー率いるニューヨークの巨大娯楽施設「ドリームランド」(「夢の国」)は、ジャンボの処刑を指示し、メディチ・サーカスの団員全員に解雇を言い放つ。その姿は、一九四一年の『ダンボ』の製作時にレイオフを始めたウォルトを想起させ、あるいはまた二〇一九年に二〇世紀フォックスを買収し大規模なリストラを開始したディズニーを思い出さずにはいられない。とすれば、ダンボの母の奪還劇のさなかに「ドリームランド」が火の海と化して無惨に崩壊する光景はいささか皮肉でもある。「夢の国」が燃え尽きたあと、ダンボとその母は故郷の自然へと送還され、メディチ・ブラザーズ・サーカスは、野生動物がいっさい登場しない移動式の小さなサーカス一座「メディチ・ファミリー・サーカス」として再出発を遂げる。

ダンボの豊かな表情、筋肉や肌の細やかな動きには目を見張るものがある。だが、バートン版の『ダンボ』は、実際の野生動物を使っての撮影はいっさい行わず、すべて最新鋭のCG技術で製作された。バートン版『ダンボ』の製作が発表された二〇一五年は、ウォルト版『ダンボ』でサーカスのモデルとなった「リングリング・ブラザーズ・アンド・バーナム・アンド・ベイリー・サーカス」がサーカスから象を引退させることを約束した時期でもある。理由は、動物の扱いに対する世間の関心からだった。そして二〇一七年五月二一日、「リングリング・ブラザーズ・アンド・バーナム・アンド・ベイリー・サーカス」はニューヨーク公演をもって一四六年の歴史に幕を閉じた（注5-7）。

このようにみてくると、二一世紀に誕生したバートン版『ダンボ』は、一九四一年のウォルト版『ダンボ』へのオマージュであると同時に、そこからの脱却——一九四一年にダンボが手に入れたサーカスという資本主義的成功からの「脱却」、アメリカを防衛するテクノロジーとしてのダンボ爆撃隊《ダンボンバー》からの「脱却」、そして人間によって与えられたサーカスという動物の役割からの「脱却」——を描いていると言えよう。ただしそれが、人間による価値判断に基づいたうえでの「解放」であることについては改めて検討する余地があるかもしれない。しかし、それはまた資本主義社会における人間と動物の関係を再考する新たな物語の始まりでもあるのだ。

第六章

ネズミは踊り、ドイツは笑う——戦争とプロパガンダ

ドイツにおけるミッキー伝説

ミッキーマウスの映画がベルリンで初めて公開されたのは、一九三〇年二月のことだった。公開されるやいなや、各種雑誌から、その軽快なアクション、リズム、賑やかなドタバタ劇に熱いまなざしが注がれ、ミッキーは「ジャズ時代のおとぎ話」として熱狂的な興奮の渦に包まれ、ドイツでのデビューを飾った。

だが、その数年後、ナチ党のポムメルン州の機関誌「ディ・ディクタトゥーア（独裁）」に「ミッキーマウス・スキャンダル!!!」と題する記事が掲載される。

金貸しユダヤ人の意のままの、ブロンドの、進歩的なドイツのシティ・ボーイたちよ。自分を取り戻したまえ。ミッキー・マウスなんか、いままでの発明品の中じゃ、一番しみったれた、

一番惨めなアイドルなんだぞ。ミッキー・マウスは若者白痴化療法なんだ。健全な大人なら、行儀のいい女の子やまじめな男の子ひとりひとりに、当然こう言うだろう。うす汚い、泥にまみれた小害獣、動物界の偉大な伝染病媒介者を、理想動物に祭り上げることなどできはしないと。アメリカの商売上手なユダヤ人が汚い有害動物でわれわれの服を飾って、もうけようとしているのだから、もっとましなことをしたらどうだろう。ユダヤ的民族白痴化なんか糞くらえ！ 有害動物お断り！ ミッキー・マウスを追い払え！ ハーケンクロイツを打ち立てろ！

（ラクヴァ 2002 : 41）

この記事では、ミッキーはアーリア人の若者のアンチテーゼとして、また「アメリカ」の「商売上手」なユダヤ人がもたらした「有害動物」として語られている。たしかに、ネズミという齧歯動物は、「生き残る能力」、「人間との敵対関係」を象徴するものとしてしばしば語られてきた。ナチスの映画『放浪するユダヤ人』にも「ネズミが動物のなかで最低の種類であるように、ユダヤ人は人類のなかで最低の種族なのです」と語る場面がある。

しかし、この記事から一年あまりたった一九三七年七月二八日、「フィルム・クリール」誌にこれとは真逆とも言えるミッキー礼賛の論評が掲載される。そこには「ミッキーマウスを我らに！ ミッキーマウスを反イデオロギーに抵抗し、排他主義を批判し、殺人を非難する分別あるすべての人々のもっとも快活な象徴にしよう。ミッキーマウスをハーゲンクロイツと扇動に反対する目印として身につけよう」と記載され、ミッキーは反ナチスの象徴として語られている（ラクヴァ 2002 : 41)。

こうしたミッキーをめぐる相反する解釈とスキャンダルは何を示唆しているのだろうか。ディズニーが当時のドイツでいかに注目されていたのかはよくわかる。しかし同時に気になるのは、ここでしきりに語られる動物と人種の関係だ。

本章では、ドイツとアメリカを中心に、戦争とプロパガンダ、そして人種的／生物学的思考について考えてみたい。プロパガンダを発明したのはドイツだが、それをＰＲとして巧みに利用していったのはアメリカである。ディズニーもこうした歴史とけっして無関係ではない。

フランスの思想家ポール・ヴィリリオによれば、映画とはそれ自体が戦争であり、その逆もまたしかりだという。戦争は、人の眼を欺く見世物と切り離すことはできない。映画も戦争も、どちらも知覚の兵站学を動員する様式であり、敵を可視化し、視点を多様化し、人間の身体を越えた機械の目によって世界を分節化する装置だからだ（ヴィリリオ 1999)。

では、戦争はディズニーをどのように変えたのだろうか。あるいはディズニーは戦争をどのように変えたのだろうか。そしてそこでは、動物と人種の関係はどのように想像され、語られてきたのだろうか。

ドイツの映画事情と大衆文化

まずはドイツに目を向けてみよう。一九三〇年代、ミッキーはアメリカのみならず、ヨーロッパ、とりわけドイツの人びとには日常的に幅広く受け入れられていた。カルステン・ラクヴァによれば、二〇世紀初頭のドイツでは、映画のみならず、ミッキーマウス人形、ブリキ製ピンブローチから、郵便葉書、コーヒー、磨き粉、靴下、チョコレートなど、あらゆるものにディズニー商標がつけられ、玩具が製造されていた。なかにはウォルトの許可なしに、歯を見せて笑うミッキーやタバコを吸うミッキー、ボクサーのミッキー、酔っぱらいのミッキー、地面でごろ寝するミッキーなど、今では目にすることのない様々なミッキーが幅広く商品として流通していたという（ラクヴァ 2002 : 27-33）。

ディズニー映画はドイツでも絶大な支持を得ていた。一九三〇年七月一五日、ドイツで外国のアニメーション映画の上映に関する帝国法が公布され、映画の輸入管理は内務省に委任される。それまで経済的な目的で行われていた映画の輸入管理は、この頃から明確に政治的な目的をもつようになった。

だが、当初はドイツ当局も好意的だった。一九三一年一月から三二年七月までに検閲で拒否されたのは『塹壕のミッキー』のみで、この一本をのぞくと、あわせて四四本の「ミッキー・マウス」映画と「シリーシンフォニー」映画がドイツに輸出されていた。この時期にディズニーが製作した映画の半分以上はワイマール共和国で上映されており、一九三一年五月には、ディズニー映画を配給していたベルリンの南映画社《ズユート・フィルム》の短編映画プログラム「ミッキー　トーキーの奇跡」によってドイツ帝国初のミッキーマウス・ブームが到来している。

しかしその後、世界大恐慌が頂点に達し、そのあおりを受けて、一九三二年末には、南映画社は破産申請を行わざるを得ない状況に陥ってしまう。そのため一九三二年以降、ディズニーはしばらくドイツ帝国への輸出を打ち切った。南映画社の倒産後、ディズニー映画がベルリンの映画検閲所を通過するのは、それから一年以上あとのことだった。

一九三三年、ナチス・ドイツが政権を掌握すると、ドイツ国内への外国映画の輸入条件は大きく変わっていく。当時、ドイツには五〇〇〇近い映画館があり、観客数は年間のべ約二億五〇〇〇万人だった。政府は、映画を政治的プロパガンダの重要な道具として積極的に使っていこうとしていた。一九三三年三月一三日には、映画は内務省から分離され、新たに設立された「国民の啓蒙及びプロパガンダのための帝国宣伝省」の管轄下におかれることになる。

にもかかわらず、一九三四年のクリスマスには未曾有のディズニーブームが訪れ、ディズニー映画は少なくとも一九四一年まで公開されている。

なぜディズニーはナチスに妨害されることなく公に受け入れられていたのだろうか。ラクヴァはその理由としてつぎの三点をあげている。第一に、ウォルト・ディズニーがユダヤ人ではなく、さらにウォルトの母がドイツ系だったこと。第二に、ディズニー映画のほとんどが非政治的なものであったこと。第三に、ディズニーの選ぶテーマがドイツのメルヒェンの愛着に基づいていたこと。これらに加えて、ラクヴァはアドルフ・ヒトラーとヨーゼフ・ゲッベルスの個人的な愛着もまた「ディズニー神話」にさらに拍車をかけたに違いないと推測している（ラクヴァ 2002）。

じっさい、表向きアメリカ映画が禁止されてからも、ヒトラーは首相官邸の専用映写室でミッキーを見て腹を抱えて笑っていたという。もともとヒトラーはウィーンで画家を志しており、ウィーン美術アカデミーを受験したほどだ。受験には失敗するが、彼は一九〇八年から一九一四年

図版6-1　ヒトラーによる水彩画

の間だけでおよそ二千枚もの絵を描いたと言われ、二〇〇八年にも白雪姫の小人やピノキオなどヒトラーが描いたとみられる水彩画が発見され話題になった［図版6-1］。

しかし、これほどの人気を博していながら、ディズニーがそれに見合う支払いをドイツから受け取ることはなかった。一九三〇年代のドイツにおけるディズニーの絶大な人気とは裏腹に、未納金はディズニーの経営そのものを脅かすほどに膨らんでいた。そしていつしか、この膨大な借金は帳消しになっていた。当時、副社長としてディズニースタジオを導いていたウォルトの兄ロイ・ディズニーがそれに気づいたのは、一九三八年三月七日のことだった。

ドイツでは膨大な未払いが嵩み、アメリカは第二次世界大戦へ参戦、そしてディズニー・スタジオにおける労働運動が高陽し、ディズニーはしばらくヨーロッパから撤退せざるを得なくなった。

帝国・動物・「人種」

ところで、ナチスのもつ重要なテーマのひとつに「動物の保護」がある。ナチスの時代、ドイツでは、動物の飼育、保護、輸送、繁殖、屠殺、食用の魚の殺し方から甲殻類に苦痛を与えない料理法にいたるまで、動物の保護に関して、仔細にわたる厳しい法律がいくつも議会で可決された。一九三三年一一月二四日、ナチス政権下で制定された「動物保護法」（最初の動物保護法は一八二二年のイギリスのマーチン法）は、今日のドイツ及びヨーロッパにおける動物保護に関する法を語る上でも重要な役割を担っている。だが、動物に対して、これほど細かに配慮し、愛情を注いだナチスが、なぜホロコーストのような大虐殺を引き起こすことになったのだろうか。

まず確認しておきたいのは、動物に優しく、ときに人間に冷酷であるという精神構造のパラドクスは、少なくとも近代に形成されたものであるということだ（サックス 2002、ターナー 1994、トマス 1989）。たとえば、『人間と自然界』を書いたキース・トマスは、近代における人間と自然観の認識の変化についてつぎのように述べている。

都市の発達は、田園への新しい憧憬をかきたて、耕地の増大は雑草や山岳、征服されない自然への嗜好を促進した。野生動物がいまや危険でないとわかって自然状態で鳥を保護し、野生動物を保存しようとする関心が高まってきた。経済的に動物の動力に依存しなくなり、都市では農耕動物に接触しなくなったので、多くの人びとの生活に不可欠な動物の搾取を黙認しがたい——不可能ではないにしても——という情動的態度が養われてきた。以後、愛玩や瞑想の対象としての感傷的な動物観がしだいに広がってきたが、それと並んで〈害獣〉の排除や屠殺用動物の飼育が日々効率的に行われる苛酷な現実世界とが、ぶつかりあいながらもなんとか共存してきたのである。（トマス 1989 : 454）

ここに見出せるのは、動物が「支配と搾取」というテーマを表現するとともに、まさしくそれを隠蔽してくれるという二重の機能を果たしていることを明らかにしている。ハリエット・リトヴォは『階級としての動物』のなかで、動物をめぐる様々な言説について、有形の肉体を持つ動物に対しても、レトリックの領域においても、動物について語ることによって、自然に対する人間の優位性を賛美し、支配と搾取の拡大を直接的に口に出さなくても、間接的に実現することを可能にしていると指摘している（リトヴォ 2001：15）（注6-1）。

同時にここで注意したいのは、ナチスがけっして人間中心ではなかったということだ。ナチスの非情さは、むしろ苛酷で御しがたい自然、適者生存、自然淘汰の鉄則からなる「自然界の模倣」によるもので、その底流にあるのは人間と動物の区別ではなく、征服者と被征服者、主人と奴隷、喰う側と喰われる側のパラダイムだった。ボリア・サックスは『ナチスと動物』のなかでつぎのように述べている。

ナチスは自然保護とロマン的主張という伝承を継承するが、そこにはただ一点、重要な本質がひそんでいた。人間中心ではないという本質である。ナチスは、対象が人間でも、それ以外でも、平等という概念はほとんどあるいは全く持ち合わせていなかった。動物であれ、人間であれ、「個」にはほとんど価値をみとめない。（略）ナチスの運動の倫理では、民族への忠誠が種——すなわち、全人類——への忠誠にとって変わる。ナチスは人類ではなく、ゲルマン族を中心にその小宇宙を構築した。しかも、そのゲルマン族とは現に存在している実体ではなく、存在するはずと想像した幻像だった。また、そのゲルマン族には一部の動物が含まれ、多くの市民が除外されたりした。（サックス 2002：61）

動物への弛まぬ愛情とユダヤ人虐待という、一見すると矛盾するように見えるナチスの奇妙な言動は、動物への愛好が「民族的思い入れ」と結びつき、ひるがえってそれが屠殺を行うユダヤの戒律への嫌悪感へと反転し、反ユダヤ主義を強化する一つの重要な要素として機能していった（注6-2）。また、「個」にはいっさい価値を認めないという点は、ユダヤ人でありマルクス主義者であったアドルノとホルクハイマーが指摘したつぎの一節とも呼応するものだろう。

ファシストが見せる動物や自然やこどもたちへのやさしさの前提は、迫害への意志である。彼らが子供の髪や動物の毛を物憂げに撫でるとき、それが意味しているのは、この手でいつでも殺すことができる、ということなのだ。その手は一方の犠牲者を打ち殺す前に、もう一方の犠牲者を優しくさすってやる。しかもその選択は、犠牲者自身の罪とは何の関係もない。こういう愛撫がまざまざと示しているのは、権力の前では一切が同一であり、何ものも自己固有の本質を持たない、ということである。権力の血に濡れた目的にとっては、生あるものも原料にすぎない。そういうものとして指導者は罪なき人びとの世話をやき、彼らが何を為したかに関係なく、あるいは抜擢し、あるいは打ち殺す。自然は汚物である。生き残るすべを心得た悪賢い

力だけが権利を持つ。（アドルノ&ホルクハイマー 1990：401）

このように、ナチスによる人種的／生物学的思考は、自然界の生命に種としての切れ目を入れ、生物学的な領域を断片化していく、権力による生命の負担である。これは、ミシェル・フーコーが「生物的なものの国家化」と呼ぶ生権力の機能とともに展開してきたテクノロジーである。

フーコーによれば、一九世紀の政治的権利のもっとも巨大な変化の一つは、死なせ、生きるに任せることからなる「身体の規律的なテクノロジー」が、生かし死ぬに任せる「生命の調整的なテクノロジー」という新たな生命についての権力に補完されたことである（フーコー 2007）。前者の規律権力のテクノロジーが人間 - 身体に向けられるのに対し、後者の特徴は、「人口」そのもの、つまり、人間 - 種に向けられる。

重要なのは、規律的で調整的な生権力、つまり生命を対象にする権力のテクノロジーにおいて、殺す権利が行使されるときに介入してくるのが、人種主義であるということだ。人種主義とは「権力が引き受けた生命の領域に切れ目を入れる方法」である。権力は、それによって生きるべき者と死ぬべき者を分ける。人種主義は近代国家において行使され、そのなかで権力の根本的なメカニズムとして定着した。その結果、「何らかの時期に何らかの範囲内でそしてなんらかの条件下で、人種主義を経由しない国家の近代的機能などほとんど存在しない」。つまり、人種主義の機能は、まず「生物学的連続体の内部に区切りを入れ」、つぎに「生きたいのなら、死なせなければならないし、殺すことができなければならない」という「戦争的な関係」を作動させるところにある。そしてこの「戦争的な関係」は、「他者の死」が「わたしの個人的な安全を保証してくれる」だけでなく、「他者の死、劣悪種の死、劣等種（あるいは対抗者や異常者）の死」が「生命一般をより健全にしていく、より健全でより純粋なものにしていく」という「生物学的な関係」とともに打ち立てられている（フーコー 2007）。

つまり、動物への礼賛が人種主義の迂回路として機能したのは、けっして偶然ではなく、ナチスは、動物とともに、この生物学的な調整の風景を呼び出して「自然界」の名で殺戮を行ったというわけだ。

だが、この「戦争的な関係」と「生物学的な関係」はナチス・ドイツに特有のものなのだろうか。この問いについて考えるために、以下では戦時期のプロパガンダ映画のなかで動物と風景がどのように召喚されたのかを見てみよう。

ドナルドダックとプロパガンダ

ディズニー・スタジオはハリウッドで軍に占拠された唯一のスタジオである。占拠されたのは一九四一年一二月七日、真珠湾攻撃の日だ。戦時下のディズニーは財政危機に陥っており、アメリカやカナダ政府の依頼を受けて、一九四一年から一九四五年にかけて七七本の短編プロパガンダ映画を制作している。

プロパガンダとは、情報提供を目的としているように見えながら、人々を特定の思想、行動、意識へと誘導する宣伝活動を指す。『たのしいプロパガンダ』を書いた辻田真佐憲も指摘するように、プロパガンダの多くは、質の高いエンタメ作品のなかに政治的なメッセージを紛れ込ませ、「楽しさ」を目指して作られている（辻田 2015）。戦時期に敵国を非難する風刺のきいたアニメがひとつあれば、何百枚のビラをまくよりもずっと多くの打撃を与え、効果を得ることができる。政治の指導者たちがそのイメージの力に気づいたのは一九四〇年代初頭のことだった。この意味で、「複雑な情報を絵で表現することで、誰にでもわかりやすく伝えられる」というアニメーションが持つ説得力とその「活用」は、戦争を通じて発見されたと言えるかもしれない。

では、ディズニーのプロパガンダ映画とはどのようなものだったのか。ディズニーには反ナチスを強く押し出した「心理的プロパガンダ」として四つの長編映画――『空軍力の勝利』『死への教育』『理性と感情』『チキン・リトル』――があるが、最もよく知られるのは、短編カラーアニメーション『総統の顔』であり、その主役ドナルドダックだろう。

ドナルドは、戦時期を通して三六本のプロパガンダ映画に登場している。ジャック・キング監督の『ドナルドの入隊』（一九四二年五月一日）で軍に入ったドナルドは、その後、アメリカ財務長官と内国歳入長官から納税を促すよう依頼されて製作された『新しい精神』（一九四二）で「ミスター納税者」の地位を獲得し、アメリカ税制史上において類を見ないほどすみやかに納税が行われるという大成功を収めた（ロファ 2011：300）。ドナルドこそ、戦時期のアメリカのプロパガンダを代表するダーク・ヒーローなのだ。

『総統の顔』は、第二次世界大戦のただなか、一九四三年一月にドナルドダック・シリーズ第四三作として封切られ、第一五回アカデミー賞短編アニメ賞を受賞した。当初のタイトル案は『狂気の国のドナルド（*Donald in Nutzi land*）』というものだった。だが、オリヴァー・ウォレスの主題歌「総統の顔」がミリオンセラーをはじき出し、タイトルも「総統の顔」になった。

　舞台はナチランド。「ナチ」の「Nutzi」と「狂った」の「nuts」がかけられた町の風景は、樹木、雲、ベッドから時計に至るまで鉤十字があしらわれ、すべてが「ナチス化」されている。ドナルドは、朝、目が覚めると、ヒトラー、ムッソリーニ、ヒロヒトの肖像画に向かって「ハイル、ヒトラー、ハイル・ヒロヒト、ハイル・ムッソリーニ！」と敬礼する。ヒトラーへの敬礼シーンはその後に何度も出てくるが、ここには「ハイル！」が「ヘル！（くそっ）」と聞こえてしまう言葉遊びが施されている。彼はベーコンエッグの香りをふりかけたパン屑にコーヒー豆が一粒だけ入った水を飲む。『わが闘争』を読むよう強要されるが、すぐにナチスの兵士として工場労働に駆り出される。ドナルドが働くのはナチの弾薬工場だ。

図版6-2　『総統の顔』（1943）

　ドナルドは、ここではまったくダメな労働者である。ベルトコンベアの速度についていけない。弾丸に混じって流れてくるヒトラーの肖像画にも敬礼しなければならず、とにかくてんやわんやだ。なんとも滑稽なこの光景こそ、ドナルドにとって耐えがたいナチランドの日常なのである［図版6-2］。

　しかし、じつはこれは彼の悪夢だった。目が覚めたドナルドは、星条旗のパジャマを身にまとい、壁に映るヒトラー的な挙手の影を見て「ハイル・ヒトラー」と返す。しかし、この影が窓辺に置かれた自由の女神像の影であると知り、思わず自由の女神を抱きしめアメリカ合衆国への愛を表明するのだ。

『総統の顔』に見て取れるのは、ナチスに対するたんなる嘲笑と風刺ではない。注目すべきは、ここで表現される一つ一つの光景が、ナチランドとの対比によって逆説的に「自由」に満ちた民主主義国としてのアメリカを際立たせるつくりになっていることである。

たとえば、ベルトコンベアの光景は、自動車王ヘンリー・フォードが考案したフォーディズムと呼ばれる生産工程のひとつだが、豊かな資本主義社会を象徴すると同時に、そのシステムの非人間性をコミカルかつ痛烈に批判したチャップリンの『モダン・タイムス』(一九三六)を想起させる。

『総統の顔』では、ドナルドは人間に雇われた動物の労働者であり、過剰な規律を求める工場のシステムにはまったくついていけない。機械化され、規律化されていく身体から逸脱するドナルド。その姿は、資本家フォードではなく、工場労働者を演じたチャップリンに象徴される「アメリカ」のイメージとして二重化される。そして、ナチランドで激しい虚脱感を抱き、疲弊して悪夢に陥ってしまうドナルドを救うものこそ、我が国アメリカである、という構図だ。

このカラクリは『新しい精神』(一九四二)とも通じるものがある。『新しい精神』は、アメリカでは税金さえ払えば、あとは機械によって自動化された工場でミサイルが製造され、戦争に行くというイメージを喚起させることさえなく、自動的に勝利の道に導かれると言わんばかりだった。非人間化、非人格化を強要する非道なドイツに対し、アメリカは、個性溢れるドナルドのような国民を救出する。「悪」を制する「善」なる国家として描き出されていくのである。

一方、同じ敵国でも、アメリカの日本に対するプロパガンダは、ドイツに対するそれとはかなり異なっている。『ドナルドの襲撃部隊』（一九四四）で、敵の基地の全滅を命じられ、パラシュートで落下し、ゴムボートで川を下って敵地を目指すドナルドは、敵兵に見つかり慌てて脱出する。滝に落ちるがなんとか一命をとりとめ、そこで滝の水が入り込んで水風船のように膨らんだゴムボートが破裂する。しかし運良く、その水が敵地に流れ込み全滅を果たす。ここに登場する日本兵は、つねに巧妙にその姿を隠し、間違った英語を使い、お辞儀を繰り返す。日本人の滑稽な姿は、ディズニーに限らず、ワーナー・ブラザースの『トーキョー・ジョーキョー』（一九四三）や『バッグスバニーのニッポン人をやっつけろ』（一九四四）にもあてはまる。「日本人」は、釣り目、丸眼鏡、ネズミのように大きな出っ歯、下駄、文法も発音も間違った英語、そしてお辞儀を繰り返す低能な「敵」なのだ。

ポスターや宣伝文書において、どの国よりも、サル、蛭、ブタ、ヘビといった動物や虫の姿で敵を愚弄していたのはナチスだった。だが、アメリカにおいて、日本という「敵の顔」は、狡賢さと卑怯があいまった駆除すべき害虫として非人間化されている。友と敵という二分法からなる戦争ゲームは、このように挑発的で皮肉に満ちた「敵」の図像《イメージ》を生みだし流通させてきた。

隣人の図像学、文化の疫学

もうひとつ、ディズニーとプロパガンダを考えるにあたり、アメリカと南米との関係についても紹介しておこう。というのも、ディズニー・スタジオは一二月の真珠湾攻撃の日に突如として占拠されたわけではない。一九四一年四月頃から政府とスタジオのあいだでさまざまな折衝が進められていた。そこで重要な鍵を握っていたのが、ネルソン・ロックフェラーとジョン・ヘイ・ホイットニーである。

一九四〇年八月一六日、ルーズベルト大統領によって米大陸間問題調整局が設置され、ベネズエラでの石油採掘の経歴をかわれたネルソン・ロックフェラーが局長に就任する。目的は南米諸国とアメリカとの絆を強固にすることだった。ロックフェラーの母はニューヨーク近代美術館（MOMA）の設立に深く関わり、ロックフェラー自身、モダン・アートの収集家でもあった。この米大陸間問題調整局の映画部門を率いていたのが、ジョン・ヘイ・ホイットニーである。

この時期、アメリカは、ナチズムとファシズムが南半球に進出するのを怖れ、南米との絆を深めようとしていた。ホイットニーは、アニメーションというわかりやすいメディアによって、一連の直接的なプロパガンダ映画のなかで「アメリカ的様式」について真実を示してくれるだろうとディズニーに期待を寄せていた。そこで彼は、一九三〇年代以降、南米でも人気を誇っていたディズニーに、アメリカの芸術を代表すべく、ぜひ南米に行ってほしいと訴えていたのだ。

はじめはこの申し出を断っていたウォルトも、滞在に想を得た短編の制作を提案され（旅費として七万ドル援助、さらに南米周遊に想を得た短編を最低四本、可能なら五本撮影することに五万ドルの報酬を保証、ただし劇場公開して黒字になったら返済という条件付きだった）、また一九四一年夏、ディズニー・スタジオが前代未聞のストライキに突入していたこともあり、アニメーターをはじめとする一五人のグループで二ヶ月ほどラテンアメリカへ出かけることにした。

　こうしてディズニーは、ルーズベルト大統領がとった対ラテンアメリカ友好政策として知られる「善隣政策」の一環として、対外的に「デモクラシーと友好《フレンドシップ》」のメッセージを伝える最初のハリウッドの動画プロデューサーとしての役割を担うことになった。じっさい、政治戦略上、重要な役割を担って制作されたラテンアメリカ・トラベローグ――『ディズニーとゆく国境の南』『ラテン・アメリカの旅』『三人の騎士』――は、アメリカでもラテンアメリカでも大成功を収めた［図版6-3］。ここではドナルドはとにかく善良な友人として登場する。

図版6-3　『三人の騎士』（1944）

　しかし、これらの作品では、ラテンアメリカは、音楽や習俗を通じた典型的なラテン文化を素材にして「真正《オーセンティック》」でエキゾチックなスペクタクルとしてパッケージ化されている。アメリカの大衆文化を象徴する陽気な親善大使としてのドナルドは、女性化されたラテンアメリカの文化を消費する主体としてラテンアメリカの国々と「友好」を結んでいく。

ドナルドが卓越しているのは、「隣人」である南米に対し、記号化された非人間的な漫画的身体によって、他者の他者性に向き合うことなく、それを陽気に回避、中和していることだろう。ドナルドがアメリカのアレゴリーを体現することで、南米の文化はコスメチック・マルチカルチュアリズムとして記号化され、それによって「隣人」を、ヒエラルキーをともなった「同胞」に転換することに成功しているのである。

この構造は、アジェンデ政権下のチリにおいて、米国のブルジョワジーにとってもっとも望ましい世界とは、階級闘争が消滅し、第三世界には無知でお人好しで犯行など夢にも考えない「原住民」が住んでいる世界であり、だからこそディズニーの世界には生産は存在しないのだと看破したドルフマン＝マトゥラールの指摘を彷彿とさせるものでもある（ドルフマン＝マトゥラール 1984）。

ところが、ここで中和し隠蔽したはずの「隣人」の他者性は、ディズニーが同時期に米大陸間問題調整局のために制作した一八本の衛生教育映画において奇妙なかたちで出現することになる。

これらの衛生教育映画は主にラテンアメリカの文字の読み書きができない人々に向けて、衛生、栄養、育児の原理を説明するものだった。だが、そこには、友好的で陽気なトラベローグ三部作とは対照的な光景が描き出されている。

公衆衛生映画のなかでは、食事から排便にいたるまで、感染症は個人の不注意によって引き起こされるという点が繰り返し示される。病気や貧困は、企業、政府の政策、環境、経済、政治ではなく、個人の日常生活の「習慣」によるものとして語られ、健康と富は、西欧の科学的な衛生の標準とともに語られる。トラベローグ三部作とは対照的に、ここではラテンアメリカの労働者や農民の生活は、幼児を扱うように管理と規制の対象として描かれていく。

たとえば『翼のある災厄』（*The Winged Scourge*, 1943）では、マラリアの媒介者である蚊が「パブリック・エネミーNo.1」である「泥棒であり殺人者」として、女性吸血鬼の形象で描き出され、ラテンアメリカはマラリアのホットスポットと化している。そしてここには、『白雪姫』の七人の小人たちが一般市民として出演し、せっせと溝を掘って、雑草を刈っている。蚊を退治することは、おとぼけのドーピーにもできるほど簡単だというメッセージが提示される。

一方、『侵攻に対する防御』（*Defense Against Invasion*, 1943）では、人体が町にたとえられ、町＝人体は科学が提供する保護がなければ、細菌の侵攻に犯されて死滅してしまうというナラティブが展開している。病に対する不安は、アメリカというナショナルなボディが「汚れる」ことへの脅威として語られ、「隣人」を統御する必要が説かれる。さらに、細菌との闘いを国家間の戦争に喩え、科学＝武器による攻撃と防御、細菌によって破滅していく無防備な街＝人体が描かれている。

ここでは、ラテンアメリカに暮らす個々人の身体は、アメリカの国境を越えて侵入する感染症の原因として見なされている。だが、病気の感染を促進しているまさにその条件である「発展」が、アメリカのラテンアメリカにおける帝国建設、権力拡張にあるという点は隠蔽されたままだ。

トラベローグ三部作において、文化、経済＝企業、政治（ルーズベルトの善隣外交政策）の結節点として機能するのがドナルドなら、この一連の公衆衛生映画は、感染から彼らを保護するための文化のワクチンとしての役割を担っている。だが、じっさいにはそこに存在する二重性とそのパラドクスこそ、「隣人」をめぐるディズニーのプロパガンダを特徴づけていると言えよう。

とはいえ、ドナルドをはじめとしたディズニーのプロパガンダ映画とその多彩な戦略は、同時期に、敵国でありながら、ディズニーの偉大さに計り知れない憧憬を抱き、同時にミッキーと袂を分かとうとした日本のそれと比較することによって、より鮮明にその特徴と構造が浮かび上がってくるだろう。つぎにそれを見ていこう。

「戦争と平和」のレトリック

一九三四年、京都のJ・O・スタヂオは『オモチャ箱　シリーズ第3話 絵本１９３６年』という短編アニメを公開した［図版6-4］。舞台はカモメが飛び交う極楽浄土。そこに激しいプロペラ音を鳴らして戦闘機に乗ったミッキーマウスが現れ、島民――フェリックスそっくりの黒猫や人形たち――に「シマヲアケワタセ」と書いた挑戦状を投げつける。島は瞬く間に攻撃され、島民は慌てて逃げまとう。彼らに助けを求められた桃太郎は、金太郎、一寸法師、こぶとりじいさん、挽き臼など、日本の昔話に登場するあらゆるヒーローを結集し、自分の三倍はある巨大なミッキーを退治する。最後には花咲かじいさんがまいた灰でミッキーはヨボヨボの老いぼれになり、満開の桜の木の下で、みなで東京音頭を踊ってめでたしめでたし、という流れだ。

この映画は島を侵略する敵を退治するだけの物語ではない。この映画が公開された前年にあたる一九三三年、日本は国際連盟脱退を通告していた。国連が一九三一年に起きた満州事変を日本の侵略行為として断定したからである。このとき問題になっていたのは、国連から委任されていたマーシャル諸島等の南洋委任統治領の行方だった。日本が国際連盟から脱退すれば、この島を領有する国際法上の根拠はなくなる。日本の脱退発効期は一九三五年、そして翌三六年はワシントン軍縮条約の期間満了、ロンドン軍縮条約脱退の年だった。そこで当時、右翼勢力は「アメリカが皇土の内南洋に攻めてくるぞ」と盛んに一九三六年危機説なるキャンペーンを唱えていたという。この映画が一九三四年に製作されたにもかかわらず、タイトルが「一九三六年」となっているのは、こうした背景があったからだ（小松沢 1991 : 213）。

しかし、こうした緊迫した政治状況にありながら、この映画はそこはかとなくコミカルで平和的である。それどころか、「戦争と平和」という、相反する組み合わせは、意外にもアジア・太平洋戦争期の日本のアニメーションを彩る特徴でもある。ここでは、一九四五年に公開された日本初の長編アニメーション『桃太郎　海の神兵』（一九四五）をもとにその謎を探ってみたい。

図版6-4 「オモチャ箱　シリーズ 第3話 絵本 1936年」（1934）

南方戦線のオランダ領セレベス島（現在のインドネシア・スラウェシ島）・メナドにおける日本海軍陸戦隊の落下傘部隊とその戦果を描いたこの作品は、前作『桃太郎の海鷲』（芸術映画社、一九四三）以上に「本格的なものにしてくれ」という海軍からの注文もあり、合計七〇名近くのスタッフを動員し、制作期間一年二ヶ月、制作費二七万円（現在の約四億円）、セル枚数五万枚を費やして製作された。そのフィルムは、終戦直後のＧＨＱ下のＣＩＥ（民間情報教育局）政策のもとに焼却されたと思われていた。しかし、一九八三年に松竹大船スタジオの倉庫からネガが発見され、長いあいだ幻の映画として封印されていた本作はついに日の目を見ることになる。

監督は瀬尾光世。白黒七四分のフルアニメーションで、当時のアニメ技術の最高水準――マルチプレーン・カメラによる奥行き、透過光の使用、プレスコ録音など――を示す、戦時下を代表する「文化映画」である（注6-3）。

とはいえ、一般公開されたのは一九四五年四月だった。そのため、『大政翼賛会のメディアミックス』のなかで大塚英志が指摘するように、外地で上映された『桃太郎の海鷲』（一九四三）とはちがい、この映画を外地のプロパガンダとして捉えることは難しい（大塚 2018 : 292）。だが、この映画から、アジア・太平洋戦争期の日本が何をどう伝えようとしたのかを考えることは可能だろう。

当時、子どもたちの多くはすでに都会から疎開していた。こうしたなか、この映画を公開初日に大阪松竹座で見たのが手塚治虫である。手塚はこのときの感想を一九四五年四月一二日の日記につぎのように残している。

今日は工場を休んで松竹へ映画を見に行った。『桃太郎　海の神兵』がどうにも見たくてたまらなかったのである。向こうへついいたら開演は十二時十五分で、まだ充分間があった。初日というのに余りそう大して混んでいない。歌劇を見るのが目的か、女学生が非常に多い。

やがてニュース映画に続いてマンガが始まった。まず第一に感じたことは、この映画が文化映画的要素を多分に取り入れて、戦争物とは言いながら、実に平和な形式をとっている事である。熊が小鳥を籠から出して餌をやり、或いはてるてる坊主や風鈴が風に揺られている所など、あくどいおもしろさの合間々々に挟まれて何か観衆をホッとさせるものがあった。

つぎに感じたことは、マンガが非常に芸術映画化されたことである。即ち、実写のように、物体をあらゆる角度から描いてある。例えば、猿や犬が谷川に飛び込む所なぞ真に迫っていた。また映画の筋もこれまでになく判きりとしていて、マンガというよりも記録の一種であった。

（略）

大東亜の動物も大分出て来ている。日本語学校の所なぞ特に面白い。私が特に感心したのは、口の動きがトーキーとよく合っている事と、実際の動作とよく合っている事だ。これは、帽子が渓流を流れる時、熊や桃太郎が手袋をとる動作、飛行機内での所作などで肯ける。

映画中に見事な影絵を入れたのも面白いし、また私は天狗猿と手長猿と眼鏡猿が、三匹でコーラスをやるのがとても気に入った。（手塚 2008：57-58）

このように、手塚はこの時代の「文化映画的要素」を多分に感じとりながらこの作品を高く評価していた。しかし、やはりここでも手塚が最初に感じたのは、「戦争物とは言いながら、実に平和な形式をとっている事」なのだ。その理由は、たんに全巻の九〇パーセントが非戦闘場面であるというだけではない。では、「戦争と平和」という、一見すると矛盾するようにみえる、この奇妙な構造とは何なのか。

「桃太郎パラダイム」と種主義《スピーシズム》

ここで目を向けたいのが、『桃太郎　海の神兵』に登場する多種多様な動物たちである。表面的には「ディズニー的」なかわいらしい動物たちだが、ここにはいくつかの明白な差異が描き込まれている。

桃太郎の家来である日本の戦闘員——先遣部隊のウサギ、海軍所属のイヌ、キジ、サル、クマ——は、二足歩行で制服を身につけ、規律正しく軍務を遂行する日々を送っている。一九四三年に公開された『桃太郎の海鷲』はトーキーだったが、桃太郎以外だれも日本語を話すことはなかった。だが、『桃太郎　海の神兵』では、動物たちはみな日本語を習得している。とはいえ、動物同士が対等で平等かというと、そうではない。ディズニーの世界が白い手ぶくろによって二種類に分けられていたように、戦時下の動物たちは桃太郎との距離によって階層化されている。

その構造を象徴するのが、南方の小さな島に暮らす「土着」の動物たちである。ヒヒ、テングザル、鹿、ヒョウ、象、サイ、カンガルーとして描かれた彼らは、衣服をまとうことなく、四本足で肉体労働をこなしている。言語を習得しておらず、「アイウエオの歌」を通じて日本語を学ぶ。アニメーション研究者の萱間隆によれば、「アイウエオの歌」は、『桃太郎　海の神兵』のために作られたオリジナルではなく、それ以前から日本語の普及を目的に日本で制作された映画

図版6-5 『桃太郎 海の神兵』（1945）

『アイウエオの歌』が南方で上映され、広く知られていた。その一方で、「アイウエオの歌」はまたラジオ・レポートとして占領地で録音され、日本人に「大東亜共栄圏」を意識させるために日本で発表されていたという（萱間 2020：78）。彼らは明るく自由奔放だが、わがままな幼児のように御しがたい存在でもある。素直だが文明の欠如した未成熟な動物たちは、「八紘一宇」を掲げた大東亜共栄圏に暮らす人々の寓意である。

日本の動物たちは、西欧における「白人の責務」をアジアにおいて果たさんと言わんばかりに、西欧／鬼の侵略から「同胞」を救い、同時に彼らを啓蒙する「指導種族」として自身の役割を認識している。日本の象徴としての桃太郎と、彼をリーダーとして日本が欧米の侵略からアジアを守り、アジア近隣の兄弟との「共存共栄」を目指すという構図である（注6-4）。

ジョン・ダワーは『容赦なき戦争』のなかで、太平洋戦争はある種の人種戦争だったと述べている（ダワー 2001）。当時、連合国側は、敵国日本を「ヒトより下等」として猿や害虫のイメージを使って表現していた。これに対して、「鬼畜米英」という言葉に示されるように、日本は欧米人に対して「怪物、悪魔、鬼」のイメージを使っている。『桃太郎 海の神兵』のなかでは、欧米の侵略者たちは、言語を使うことなく、種ごとにみな同じ顔をした「土着」の動物たちとは異なっている。彼らは英語を話し、頭にツノをもった「人間」（ダワーの言葉を借りれば「失敗した人間」）として描かれ、桃太郎に成敗されるのだ［図版6-5］。戦時期の欧米における「白人至上主義」とアジアにおける日本の「指導民族」ないし「大和民族優越」主義は、どちらも相手の人間性を剝奪するものである。だが、それが依拠する他者のイメージはまったく異なるものだった。

『桃太郎　海の神兵』は、一見すると、「堕落した人間」である欧米の鬼に対して一致団結して同じ動物である「ぼくたち」の平和を守るという多種の協同体を描いている。つまり、西欧の帝国主義、人種主義からアジアの被支配者らを「解放」し「平和」をもたらすことがその使命として意識されている。

しかし、実のところ、ディズニータッチで描かれたアジアのかわいらしい動物たちには、明白に人種主義的な論理が温存されている。日本の動物たちは、南方の動物たちの声を聞こうとすることなく、彼らの声は動物の鳴き声としてしか描かれていない。しかも、種に基づいた確固たる序列構造は、けっして疑われることもなければ、互いがその境界線を越えることもないのだ。ここで重要なのは、このパラドクシカルな状況の成立こそが、「戦争と平和」という相矛盾する要素を両立させているということである。

メディア研究者のトーマス・ラマールは、人種を異なる種に置き換えることで、人種的偏見を動物たちに翻訳して緩和することを、リチャード・ライダーにならって、「種主義《スピーシズム》」と呼んでいる。種主義とは、人間による動物への差別を指す。ラマールは人種的差異と種的差異の融合に着目し「人種的差異が種的差異へ、種的差異が人種的差異へと絶え間なく翻訳される差別の位置形態」を意味するものへと敷衍していると指摘している。

戦時下の日本のアニメーションにおける種主義は、西欧の人種主義を乗り越えるために、一致団結したマルチナショナル、マルチエスニックな汎アジア的想像力と深く結びつきながら構成されている。しかし、この多種の思想は、「歴史的」というよりは「神話的」であり、「ある人種の優越性を標榜する理論や実践と組み合わされる限りでの「適者生存」の論理に対する代替案」なのだ（**Lamarre 2008 : 86**）。

ラマールは、手塚治虫が『桃太郎　海の神兵』に見出した、「文化映画を彷彿とさせる科学と自然への称賛」と、「多くの種が協力して平和に暮らす王国」という多種の協同体のヴィジョンこそが、戦時期の「平和」を構成しているという。なぜなら、アジアの多種主義からなる「共存共栄」は、戦争を永続することによってしか維持しえないからだ。その「共存共栄」を支えているのは、欧米への劣等感と、そうした社会進化論とは「逆方向の成長」とグールドが呼ぶ非目的論的な進化のポテンシャルからなる両義性である。言いかえれば、多種主義と戦争は表裏一体をなしており、その構造こそが、種主義をして「戦争と平和」を共立させる妙技となっているのである。

同時にここで、桃太郎そのものが戦時下に劇的な変化を遂げていることにも注目しておこう。桃太郎は、邪悪な鬼を退治して正義をもたらす若きヒーローとして、戦時下に幾度も変容を遂げながら、数々のイラストや漫画に登場している。一八八七年の文部省編の「尋常小学読本」以降、桃太郎は、検定本、国定本を通して小学校向きの国語の教科書には敗戦まで欠かさず登場していた。その間、一九三一年に日本初のプロパガンダアニメ『漫画　空の桃太郎』が上映され、一九三三年には民俗学者の柳田國男が『桃太郎の誕生』を出版している。他にも軍人に配布される本や大人向けの雑誌にも頻繁に姿を現していた。

しかし、もともと人間の姿をした神であったはずの桃太郎は、まるでミッキーがネズミから愛国的なアメリカの少年になったように、戦争を通じてあれよあれよというまに人間化し、そして低年齢化していったのである（滑川 1981、鳥越 1983）。

ジョン・ダワーは、戦時下のこの桃太郎の人間化、非神秘化を「桃太郎パラダイム」と呼び、その特徴をつぎのように述べている。

この神秘的でなくなった桃太郎は、たやすく見分けがついた。さわやかな顔立ちをした若者で、直立不動の姿勢をとって視線が定まっており、よく日の丸のハチマキをしていた。子供向け大人向け双方の雑誌の表紙を飾り、戦時中のポスターに現われ、ついにはハチマキをしめて最初で最後の重要な任務に出発する準備をしている特攻隊の若いパイロットとしてカメラに収められた。漫画のなかで桃太郎タイプは、いくつかの役割と装いをもって登場した。彼は晴れやかな顔をしたアジアの解放者だった。（ダワー 2001 : 427）

こうして桃太郎は、近代戦の若き英雄として人間化し、戦争に勝ったミッキーやドナルドとは対照的に、敗戦を迎えるやいなや「戦犯」としてしばらく世から姿を消すことになる。そして多種主義に象徴されるアジアの「共存共栄」の「夢」もまた、敗戦とともにある種のトラウマとして隠蔽され、日本はアメリカに追従する「単一民族国家」として政治的に再編されていくのだ。

このように、ディズニーを介して見えてくる戦時期の動物をめぐるプロパガンダ・アニメは、平和の透かし模様を通して知覚される戦争の構造を浮き彫りにする。動物たちは、人種的差異と種的差異を融合する種主義を通して呼び出され、政治とは「他の方法によって継続された戦争」であり、戦争とは社会を管理するテクノロジーであるというフーコーの言葉をまざまざと思い知らせるのである。

けれども、わたしたちはまた、その後に動物たちが、非人間的な視座から模倣と擬態を通して世界を語り直していくことを忘れてはならない。

一九八六年の秋、アート・スピーゲルマンの漫画『マウス』がニューヨークで出版された。アウシュヴィッツを生き延びたユダヤ人の父の体験を息子がインタビューするかたちで描いたものだ。わたしたちはそこで、本章の冒頭でみた「ミッキー・マウス・スキャンダル」の文句に再び出合うことになる。

『マウス』では、登場人物はすべて動物に置き換えられ、ユダヤ人はネズミに、ポーランド人はブタに、ナチス(ドイツ人)はネコとして描かれている。マウスを土地の名に重ね、死の収容所は「マウスヴィッツ」と称されている。

『マウス』を翻訳した小野耕世によれば、スピーゲルマンが親をはじめユダヤ人をネズミにしたのは、ナチスによって人間扱いされていなかったからであり、殺鼠剤《さつそざい》で駆除されるネズミのように殺されていったからである。そしてじっさい、スピーゲルマンの父親は隠れ家にひそんでいたときには「ネズミの穴のような秘密の通路から出入りしていた」という（『マウス』のパンフレット）。

「人間」から捨象されたユダヤ人と殺鼠剤で駆除されるネズミ。差別の位置形態は人種的差異を種的差異へ、種的差異を人種的差異へと絶え間なく翻訳する。それは、種として区分けすることで生物学的な関係にメスをいれる生権力の風景を映し出すものだ。けれども、より注目したいのは、スピーゲルマンが述べているつぎの言葉である。

もし登場するキャラクターを人間のままで描いたとすると、マンガが悪しき写実主義におちいるおそれがあった。登場人物は実際にいた本人に似ていなくちゃならないし、背景などもやたらに考証を正確にしなくてはならなくなる。すると細部にとらわれすぎて、物語の本質をいきいきと描けなくなる。動物のキャラクターに置き換えれば、表現は自由になるし、起こったことのメタファーとして描くことができる（『マウス』のパンフレット）。

つまり、漫画の記号的な動物たちは、現実に忠実であろうとする精密な写実主義が枷《かせ》になり、人間であるがゆえの表現の限界から出来事を解放するために召喚されているのである。

だが、『マウス』の動物たちは、たんに擬人化されているのではない。たとえば、ネズミに置き換えられたスピーゲルマンの両親は、地下室を横切る本物の大きなネズミを目にして悲鳴をあげる。あるいはまた、ユダヤ人であるスピーゲルマンの父はポーランド人のふりをして――ネズミの顔をした彼がブタの仮面をかぶることによって――危機を逃れる。この事実は、彼の後頭部で結ばれたブタの仮面の紐によって読者に明かされる。

動物を擬態して物語を演じるとき、ある種の距離感が設定される。この距離感は人間の通俗的な感情を付与する動物の擬人化を拒む。これは、ホロコーストという、ユーモアや諧謔《かいぎゃく》の入り込む余地のない「人間の感情のスケールを逸脱した出来事」に対して、その真実に迫るために開発された新しい叙述のレトリックなのである（今福 2001）。わたしたちは、このように、歴史的な出来事に対し、批評的な関係性を戦略的に構築する動物の可能性に、今こそ改めて目を向けるべきではないだろうか。

第七章

ディズニーとSF的想像力——冷戦とアトミック文化の展開

惨劇とノスタルジー

アメリカの批評家スーザン・ソンタグは、「惨劇のイマジネーション」というエッセイのなかで一九五〇年代のアメリカのSF映画について述べている。ソンタグによれば、その特徴は「大惨事」から着想を得た「破壊の美学」に依拠しているところにある。

ジョージ・パルの『月世界征服』(一九五〇)を皮切りに、『宇宙戦争』(一九五三)、『遊星よりの物体X』(一九五一)、『原子怪獣現る』(一九五三)や『放射能X』(一九五四)と、一九五〇年代のアメリカはSF映画の黄金時代だった。SF映画が映し出すテクノロジカルな未来社会は、世界的な不安を反映し、耐えがたい退屈な日常からわたしたちを救い出す(注7-1)。だが、最後にはハッピーエンドを迎え、危機的状況からわたしたちの心を逸らし、世界を美化/中性化するのだ(ソンタグ 1996)。

SF文化の興隆は、二〇世紀アメリカにおける科学技術の急速な発展と深く結びついている。NASAが設立され、宇宙飛行を目指すマーキュリー計画が始まり、原子力に関するさまざまな法制度や仕組みが整備されていった。映画は核の恐怖を可視化し、物語化することで、科学技術に対する文化的な不安を「正常」化し、人々の情動をある種の「不感症」へと導くことにもなった。

ディズニーが初めて手がけたSF作品は一九五四年にリチャード・フライシャーが監督した実写映画『海底二万哩《マイル》』である。『白雪姫』や『シンデレラ』といった古典的名作の映画化を手がけたディズニーが、初のSF作品にジュール・ヴェルヌの冒険小説『海底二万哩』を原作に選んだとしても不思議ではないだろう（注7-2）。そもそもベルヌは一九世紀のアメリカにこよなく魅了され、作品の舞台の多くにアメリカを選んでいる。だがディズニーが、宿敵として知られるマックス・フライシャーの長男に監督を依頼したのは、リチャード・フライシャー自身もかなり驚いたようだ（フライシャー 2009：153-154）。

ヴェルヌの小説は一九世紀を舞台とし、世間の人々が潜水艦ノーチラス号を海の怪物として「誤解」するところから物語が始まる。ノーチラス号は元インドの王子にして技術者であるネモ船長が設計し、動力はすべて電気で賄われている。物語の底流をなすのは、奴隷制と植民地主義であり、怪物と科学技術を混同するところに科学技術への文化的な不安とジレンマが描き出されていた。

一方、ディズニーは同じく一九世紀を舞台としながら、ノーチラス号を原子力潜水艦を想起させる怪物として描いた。誰もが知るベルヌの作品を取り上げることでノスタルジックな物語に仕立て、アメリカが直面していた最新の科学技術をめぐる諸問題とも折り合いをつけた家族向き映画にしたと言われている。だが、未来を描くことの多いSFというジャンルにおいて、ディズニーがあえて「過去」を選んだ理由はそれだけではなさそうだ。

というのも、ディズニーの『海底二万哩』はその三年後にABCでテレビ放映される科学番組「わが友アトム」への序奏あるいは伏線にもなっているからである。「わが友アトム」はヨーロッパでは劇場で、日本では正力松太郎を経由して日本テレビで放映され、大きな反響を呼んだ。では、自然を驚異と冒険の対象とし、科学と娯楽を交差させながらストーリーテラーとしての役割を担ってきたディズニーは、どのようにSFというジャンルに取り組んだのだろうか。本章ではディズニーが切り拓いた科学技術と未来をめぐる文化的地平について考えてみよう。

原子力時代のメディアイベント

一九四五年八月、広島、長崎に原爆が投下され、第二次世界大戦が終結を迎えるやいなや、世界は米ソ両陣営の対立構造からなる冷戦体制へと突入した。当時、両国が威信をかけて競っていたのは核兵器開発と宇宙開発である。

一九四六年八月一日、ハリー・トゥルーマン大統領が原子力法に調印し、アメリカ原子力委員会（Atomic Energy Commission）が設立される。これにより原子力開発とその問題は軍から民間企業の参入へと移行する。一九四九年八月、ソ連が初の核兵器実験に成功。一九五〇年、トゥルーマン大統領が水爆実験を指令。五二年にはアメリカが人類初の水爆実験に成功し、翌五三年にはソ連も水爆実験の成功を発表。この頃から核競争は激化していった。

ドワイト・アイゼンハワー大統領が国連総会で「核の平和利用」を銘打った「アトムズ・フォー・ピース」演説を行ったのは、一九五三年一二月八日のことである。これによりアメリカは核兵器保有国に軍縮を呼びかけ、医療や発電といった「核の平和利用」を訴えた。原子力法は一九五四年に大幅に改正されるが、原子力の開発、利用及び管理の目的は「国家防衛及び安全保障に対して最大の寄与をする」こと、これに即して「一般の福祉に対して最大の寄与をするように監督されなければならない」と宣言されている（井樋 2010：28）。

だが、一九五四年三月一日、ビキニ環礁で行われたアメリカの水爆実験により、第五福竜丸事件が勃発する。漁船の乗組員二三名は大量の死の灰を浴びて被曝し、無線長は死亡した。日本全国で原水爆反対平和運動が起き、「反米」「反原子力」の気運が一気に高まった。当時、日本への核配備を進めていたアメリカ国防総省は、ソ連と中国を核で威嚇し、東アジアにおける共産主義の拡大を阻止しようとしていた。そのため、反米世論の興隆はきわめて深刻な問題だった。

このとき、広報を担当していたアメリカ合衆国情報局の次長アボット・ウォッシュバーンは、アメリカ国民に原子力平和利用をわかりやすく解説するPR作戦を練っていた。その役割を担うべくテレビ番組を制作するよう依頼した相手こそ、ウォルト・ディズニーである。ディズニーはすでに世界中の人々の心をつかんでいたうえ、米州調整局による中南米諸国への親米プロパガンダ・キャンペーンに参加し、戦時期には軍の発注を受けて映画製作を引き受けた実績もある。

一九五五年一二月二〇日にアイゼンハワー大統領宛てに送られた手紙で、ウォッシュバーンはつぎのような文言を残している。

アメリカの映画は海外で一億九五〇〇万人の海外視聴者が毎週見ています。エリック・ジョンソンやデミル氏とは、アメリカの平和への献身をテーマにした長編映画の可能性を模索しながら、話し合いを重ねてきました。（略）わたしたちはまた（海外での圧倒的な観客動員数を誇る）ウォルト・ディズニーとも「核平和利用」のアニメーションについて友好的な事前会議を行いました。（**Langer 1995 : 71**）

ここでウォッシュバーンが言及した件のアニメーションこそ、一九五七年一月二三日に放映された「わが友アトム」である。「わが友アトム」は、テレビ番組『ディズニーランド』シリーズの「トゥモローランド」コーナーで紹介され、現在DVD『ウォルト・ディズニー・トレジャーズ：トゥモローランド』に収められている。

ディズニーとテレビとの出会いは、一九五〇年のクリスマスにさかのぼる。ディズニーは、一九五一年に公開を予定していた『ふしぎの国のアリス』のプロモーションをかねて、NBCで「ワン・アワー・イン・ワンダーランド」と題するクリスマス特別番組を制作した。番組は高視聴率を上げ、映画にも多くの観客が詰めかけた。当時、テレビをライバル扱いしていたハリウッド界において、ディズニーはいち早くその威力に気づくことになる。そこで、映画の宣伝のみならず、構想中だった世界初のテーマパーク「ディズニーランド」の資金を確保すべくテレビ業界への参入を目指し、一九五四年にＡＢＣと協定を結んだ。

テレビ番組『ディズニーランド』は、ウォルトがホストをつとめ、当時建設中だったディズニーランドの四つの王国――「ファンタジーランド」「アドベンチャーランド」「フロンティアランド」「トゥモローランド」――を柱に進行していく。毎回ティンカーベルが魔法をかけたひとつの王国をとりあげ、それに関係した内容が紹介された。ニール・ゲイブラーによれば、ウォルトはＡＢＣとの打ち合わせで「ディズニーランドそのものが、ディズニーランド・ショーのフォーマットである。視聴者がテレビ画面を観ながら、ディズニーランドにいる気分に浸れるよう構成しなければならない」と強調していたという（ゲイブラー 2007 : 451-454）。

じっさいテレビ番組『ディズニーランド』は高視聴率を獲得した。テレビは、映画という二次元の世界で繰り広げられていたディズニーの世界が三次元のディズニーランドとして現実に出現するプロセスを見せる魔法の鏡のような役割を担っていた。こうしてウォルトは、テレビという新しいメディアを通じて人々のリビングルームに登場し、「アメリカの偉大な国民的おじさん、アンクル・ウォルト」の座を獲得することになった。

魔神をめぐるファンタジー――『海底二万哩』から「わが友アトム」へ

さて、「わが友アトム」は、神秘的な海底を探険する潜水艦の光景とともに始まる。宇宙の壮大な力を発見し、それを潜水艦に装備して深海を旅する男は、この力を未熟な人類に明け渡すことを怖れ、自ら破壊することを選ぶ。潜水艦は巨大な飛沫をあげて大海原で爆発し、「だが、希望はある。神により、よきときに、このエネルギーは人々のよりよい生活のために人間のもとを訪れるだろう」という語りが残響する。

するとと画面はスタジオに切り替わり、「今日その物語は現実のものとなった」とウォルトが語る。そして「アトムは私たちの未来だ」という言葉とともに、ディズニーのヒット作『海底二万哩』の一場面とアメリカが誇る世界初の原子力潜水艦ノーチラス号（SSN-571）の模型が映し出される［図版7-1］。

図版7-1　「わが友アトム」（1957）

一九五七年のアメリカにおいて、ノーチラス号はもはやたんにベルヌの小説やディズニーのSF映画を想起させるだけの潜水艦ではなかった。一九五四年一月、アメリカの原子力企業ジェネラル・ダイナミクス社のもとコネチカット州グロートンで世界初の原子力潜水艦が完成する。ジェネラル・ダイナミクス社はベルヌの小説にちなんでこの原子力潜水艦に「ノーチラス号」（USS Nautilus、SSN-571）と名づけた。一九五七年には、ノーチラス号は初めて原子力を有益に使った平和利用の事例として広く宣伝されていたのである（有馬 2008）。

ウォルトとともに「わが友アトム」でナレーターとして重要な役割を担うのが、ドイツの科学者ハインツ・ハーバー博士である（注

7-3）。彼はこの番組とともに刊行されたガイドブック『わが友アトム』の著者であり、ディズニーの学術顧問を担当していた。科学者として「知」を象徴するヨーロッパのハーバー博士とアメリカを代表するエンターテイナーとしてのウォルト。このコンビにより、「わが友アトム」はアメリカ主導のもとで原子力をめぐる「科学」の世界を語っていくことになる。

図版7-2 「わが友アトム」での魔神ジーニー

ハーバー博士はアニメーション化された『漁師とジーニー』の寓話を語り始める。あるとき漁師が海に投げ込んだ網のなかに銅製のボトルを見つけ、蓋を開けると、『アラジンと魔法のランプ』さながら、原子力の魔神ジーニーが登場する［図版7-2］。彼は何世紀ものあいだそこに閉じこめられており、蓋を開けた者が誰であろうとそいつを殺してこの怒りを鎮めたいと思っている。漁師は驚いたふりをして、「あなたのような大きなひとがどうやってこの小さな容器のなかに入っていたのか」と問う。ジーニーはそれを証明すべくボトルのなかに舞い戻り、漁師はここぞとばかりに栓をしめ、海に投げ返そうとする。慌てたジーニーは、蓋をあけてくれたら三つの願いを何でも叶えよう、と約束する。

その後、アニメーションと実写を交えて、古代ギリシアの哲学者デモクリトス、ベクレル、キュリー夫人、ラザフォード、アインシュタインといった原子力にまつわる先人を紹介しながら、原子力エネルギーの歴史をめぐる壮大な物語が展開していく。そこでは、難解な原子力のしくみは、一般家庭になじみのある道具に見立てられ、わかりやすく語られていく。たとえば、原子炉はかまどに、原子の連鎖反応はピンポン球とネズミ取りに喩えられるといった具合だ。それにより原子力に対する人々の不安は和らぎ、科学技術との折り合いが図られていくことになる。

ジーニーへのひとつめの願いは、船、潜水艦、飛行機のジェットエンジンの動力、石油や石炭に変わる「クリーン」なエネルギーとしての電力など、文明の発展のために、二つめの願いは、農作物の生長促進や薬、放射線治療といった食糧と健康のためのものだ。そして最後の三つめの願いとして、巨大な破壊力と創造力をもつジーニーが永遠にわたしたちの友であり続けることがあげられる。多くの知恵を授けてくれた先人たちは、その遺産が破壊のために使われるとは考えていなかった。だからこそ、この三つめの願いはわたしたち自身の手にかかっており、先人たちの教えでもってこの力を使えば、アトムは真の友だちになるだろう、というわけだ。

こうして未知のエネルギーの可能性を秘めた原子力は、『アラジンと魔法のランプ』さながら、大自然の彼方から発見された魔神として可視化され、科学技術がもたらす幸せな未来への展望とセットで語られる。

ここで目を向けたいのは、『漁師とジーニー』の寓話において、原子力という巨大なエネルギーを技術によって支配するのは、あくまで人間であるということだ。主人／魔神として示唆される人間／原子力の関係は、原子力を人間にとって都合のよい制御可能な対象として描き出し、人間の自然に対する優位性を示唆している。

図7-3　リチャード・ニクソン副大統領家族とウォルト・ディズニー

とはいえ、「わが友アトム」は国内外の子どもたちの知的好奇心をかき立て、アメリカの科学技術と明るい未来を実現する道具として原子力をアピールすることに見事に成功した。その実績は、一九五七年に第五回スクリーン・プロデューサーズ・ギルドのマイルストーン賞を受賞していることからも明らかだ。さらに、「わが友アトム」が世界的に好評を得たことから、アメリカ海軍とジェネラル・ダイナミクス社の協力によって、ディズニーランドにアトラクション「サブマリン・ヴォヤッジ」が製作されることになった（有馬 2008、Langer 1995）。

一九五九年六月一四日、ディズニーランドの「トゥモローランド」には八隻の原子力潜水艦の艦隊が登場する。マーク・ランガーによれば、その日、何百万人の人びとがＡＢＣテレビの前で目にしたのは、リチャード・ニクソン副大統領とその家族が、アメリカ海軍のチャールズ・カークパトリック少将、そしてウォルト・ディズニーとともに、ディズニーの潜水艦隊によって魔法の王国から船旅に出る光景だった（Langer 1998）［図版7-3］。

こうして映画、テレビ、テーマパーク、出版、軍事産業、そして国家が相互に提携してビジネスとして広告装置を築き上げる巨大なメディア帝国への第一歩が築かれた。メディアイベントとして科学と未来を物語る重要な舞台となったのは、テレビとテーマパークという二つの「ディズニーランド」だった。一連のアトミック文化をめぐる光景は、たんに科学と娯楽の遭遇、あるいはディズニーによる冷戦プロパガンダの一例を示すだけではなく、ディズニーとそのSF的想像力が、多様なネットワークのなかで、ユートピアとディストピアを交差させる文化装置として機能していったことを示している。

魔法の王国――「懐かしい未来」の構造

ところで、一九五五年に「地球上でもっとも幸せな場所」というキャッチフレーズとともにカリフォルニアに誕生したディズニーランドは、ディズニーが構想する「未来」を考えるうえで重要な鍵を握っている。

本家アナハイムのディズニーランドに開園当初から存在するのは、「メインストリートUSA」、そして「ファンタジーランド」、「フロンティアランド」、「アドベンチャーランド」、「トゥモローランド」の四つの王国である。ちなみに開園日にテレビ放送でレポーターを務めたのは俳優時代のロナルド・レーガンだった。

「ファンタジーランド」がディズニーのコンテンツをもとにディズニー映画のセットの中にいるようなリアルさを追求し、「フロンティアランド」が古き良きアメリカを再現したのに対し、科学技術が切り開く明るい未来をテーマにした「トゥモローランド」には、ディズニーが参照できる自前のコンテンツはほとんどなかった。「トゥモローランド」には原子のロゴが使われているが、コンテンツとして可能なのは、一九五五年にテレビ番組『ディズニーランド』で放映された「宇宙における人類（Man in Space）」くらいだった。しばしば言われるように、ディズニーランドは、「荒廃ぶりと安っぽさ」からなるかつての遊園地の陳腐なわずらわしさを取り除き、過去の世界をファンタジーとしてノスタルジックに演出することには長けていた。しかし、未来への要素はカラッポだったのだ（トマス 2010 : 218、高橋 2017 : 154-159）。

ディズニーランドが開園したとき、「トゥモローランド」にあったモノレールはモックアップにすぎなかった。「トゥモローランド」の目玉になったのは、「ＴＷＡムーンライナー」と呼ばれる全高約二三メートルのロケットのモニュメントとそのすぐそばにあった「ロケット・トゥ・ザ・ムーン」というドーム型のシアタータイプのアトラクション、そしてゴーカートを走らせるアトラクション「オートピア」くらいだった（高橋 2017）。今から考えると、いささか貧相で寂しくも感じるが、それでも当時のゲストにとっては科学技術の進展と未来の夢を感じさせるのに十分だった。とはいえ、ウォルト自身が皮肉を込めて「トゥデイランド」と呼んだように、「トゥモローランド」は目覚ましい科学技術の発展により、またたくまに「明日」ではなくありふれた「現在」と化し、だからこそつねに完成することなく変化していくことになる。

ニューヨーク万博とイマジニアの誕生

興味深いことに、ディズニーが「未来」の夢として輝きを放つのは、一九六四‐六五年のニューヨーク万博においてである。そこではディズニーランドを実現するさいに手がけた数々の技術的挑戦が大きく実を結んだ。

　一九六四年の万博は、一九三九年に次いでニューヨークで開催された。会場も一九三九年と同じフラッシング・メドー・パークだった。一九六四年のテーマは〈理解を通じての平和〉である。博覧会の責任者を務めたのは、アメリカ土木建築界の帝王として知られ、自動車優先の機能的な都市計画によってニューヨークを大改造したロバート・モーゼスである。とはいえ、モーゼスは、六ヶ月以内の開催、出展社の会場費は無料にするという万博条約を拒否し、民間資金による営利事業として取り組んだ。そのため、ニューヨーク万博は博覧会国際事務局（**Bureau International des Expositions**、ＢＩＥ）から公認を受けることなく開催された（海野 2013）。

　じつは、この万博でモーゼスの右腕となって舞台を演出した人物こそ、ウォルト・ディズニーである。「豊かさ」と「未来」への大衆的欲望をかきたて、アメリカが世界の中心であることを誇示したニューヨーク万博は、ディズニーランドのアミューズメント・スタイルをモデルにし、その後のテーマパークの出発点となる（海野 2013 : 184-185、吉見 1992）。

　ニューヨーク万博でディズニーがプロデュースしたのは、ゼネラル・エレクトリック館の「カルーセル・オブ・プログレス」、フォード館の「マジック・スカイウェイ」、ペプシ・コーラ館の「イッツ・ア・スモールワールド」、イリノイ州館の「ミスター・リンカーンとの偉大なひととき」の四つだ。これらはどれも万博の目玉として人気を独占することになった。

　ニューヨーク万博とディズニーについては、ハミルトン・ラスクとウォード・キンボールがコンビを組んで製作した「ディズニーランド世界博覧会へ行く」（一九六四年五月一四日放送、現在

DVD『ディズニーランドシークレットストーリー&マジック限定保存版』所収)に詳しいので、これをもとに振り返ってみよう。

「ディズニーランド世界博覧会へ行く」は、ウォルトが「ペットに小さな恐竜はいかが?」とヒューイ、デューイ、ルーイと名づけた三体の恐竜ロボットを紹介する場面から始まる。恐竜たちに語りかけるウォルトの姿は、かつて『恐竜ガーティ』で芸を披露したウィンザー・マッケイさながらだ。ニューヨーク万博で最新技術を披露するために、一億年以上さかのぼって恐竜たちを現在に蘇らせたというわけである。続いて太古の洞窟の壁画のなかに博覧会《フェア》の起源を探り、人々が集い食物やモノを交換する公平《フェア》で平和的な営みと過去の万博の魅力を紹介していく。その後、ディズニーが最先端の科学技術を駆使して手がけた万博の舞台裏が明らかにされる。

まずはフォード館の「マジック・スカイウェイ」を見てみよう。これは、フォードの新型車コンヴァーチブルに乗って石器時代から宇宙時代まで人類の進歩をタイムトラベルするアミューズメントである。ここでは先史時代のティラノサウルスやプテロダクティルスといった恐竜のロボット、そしてナイロンの毛が縫い付けられたマンモスの3Dキャラクターが目玉として登場する。こうした絶滅したはずの動物の再現は、映画『海底二万哩』で潜水艦を破壊する二トンの巨大イカやディズニーランドの「アドベンチャーランド」に加わったゾウ、そして「フロンティアランド」に仲間入りしたクマやヘラジカの製作経験を経て初めて実現できたという。

なかでも、とりわけ注目すべきは、ディズニーが開発したオーディオ・アニマトロニクスである。オーディオ・アニマトロニクスは、オーディオ、アニメーション、エレクトロニクスを組み合わせた造語で、「生きているような動き」を可能にすることを目的とした、音と動きを同調させる制御システムである。その起源は主に一八世紀ヨーロッパの機械仕掛けの人形オートマタにまでさかのぼる。だが、オートマタとは異なり、オーディオ・アニマトロニクスの中枢部には人形の動きや会話を可能にする機械が仕組まれている。テープに記録された会話、眉の動きひとつまで正確に動作をとらえたプログラムが、デジタル信号を各種の機構に送り、複雑な人形の動きを作り出す。それにより「生きているような」錯覚を生み出すのだ。この意味で、オーディオ・アニマトロニクスは、ディズニーが二次元のアニメーションを制作するなかで獲得した「生命の幻影」の美学を、三次元の世界に拡張した「生命の創造」のファンタジー装置なのである。

じっさいニール・ゲイブラーによれば、ウォルトの関心は歴史よりもむしろ生命を創造することにあり、人間のロボットの製作に関心を抱いていた。ウォルトはディズニーランドにチャイナタウンを建設する計画を進めていた。そこに開かれるレストランでは、ロボットの孔子が客の質問に拡声器で答える仕掛けを考案していた。アブ・アイワークスが孔子の頭をつくり、口をきくように工夫していたが、ゴムの皮膚が破れ、チャイナタウン計画が実現することはなかったという（ゲイブラー 2007 : 519）。

オーディオ・アニマトロニクスのきっかけはウォルトが旅先のヨーロッパ（ニューオリンズという説もある）で購入した機械仕掛けの鳥のおもちゃだった。この仕組みに興味をもったウォルトは、機械工場のロジャー・ブロギーと美術監督のケン・アンダーソンと協力し、この鳥を「解剖」したのち、その動きの原理をもとに人造人間をつくった。第一号はアメリカの俳優バディ・

図版7-4　イリノイ州館「ミスター・リンカーンとの偉大なひととき」

イプセンである。タップダンスを踊る彼の動きを撮影し、それをもとにケーブルとカムを使って高さ二〇センチほどの「踊る人形」のオーディオ・アニマトロニクスが誕生した。

当初は単純な反復操作しかできなかったが、すぐに技術に磨きがかかり、一九六三年には歌ってしゃべる鳥としてディズニーランドのアトラクション「魅惑のチキンルーム」が幕開けする。このオーディオ・アニマトロニクスの技術がフル活用され、迫真に迫るリアリティが獲得されるのが、一九六四年のニューヨーク万博だった。

オーディオ・アニマトロニクスとミニチュアの美学

ニューヨーク万博で、ウォルトが何よりも実現したかったのは、彼が子ども時代から尊敬し、南北戦争下のアメリカを統率したエイブラハム・リンカーンの生命を蘇らせることだった。いわば、死者の復活である。それが、イリノイ州館の「リンカーン大統領の偉大なひととき」だ。オーディオ・アニマトロニクスの模型を教会の牧師に見せると、牧師は「おとぎ話に生命を与え、人間のようなネズミをつくることはよしとしても、人間をつくろうというのは、神への冒瀆です」と諌めた。だが、これに対し、ウォルトは「ロボットのリンカーンだけが最もリンカーンらしく見え、リンカーンらしく振る舞える」と反論したという（ゲイブラー 2007 : 520）。

リンカーンの顔は、ある彫刻家が一八六〇年にかたどったリンカーン本人のライフマスク（大統領就任以前のものであるため髭もない）の複製をもとにした。彫刻家ブレイン・ギブソンが瓜二つの像をつくり、のちの「イマジニア」（「イマジネーション」と「エンジニア」を組み合わせたディズニーの造語）とともに、手、口、目、声色、些細なしぐさにいたるまで徹底的な研究を重ね、あたかもリンカーンが息をしているかのような精巧なリアルさでもって再現された。万博会場では、そのリンカーンが椅子から立ち上がり、聴衆に向かって自由の意味について演説を繰り広げた［図版7-4］（テロッテ 2009 : 225、Watts 1997 : 417-418、Imagineers 2010 : 118）。

一方、民族衣装をまとった七〇〇体以上の少年少女のオーディオ・アニマトロニクスがオリジナル曲「小さな世界」を途切れることなく歌い続けるのがペプシ・コーラ館の「イッツ・ア・スモールワールド」である。観客は、スカンジナビアの国から出発し、一〇〇ヶ国以上の国々をボートでめぐる旅に出る。テーマは子どもたちが暮らす、戦争のない「平和な世界」だ。デザインは、南米独自の多彩な色彩感覚で『ピーター・パン』や『ふしぎの国のアリス』のコンセプト・ドローイングを手掛けたメアリー・ブレア、音楽はシャーマン兄弟が担当した。

「イッツ・ア・スモールワールド」には、オーディオ・アニマトロニクスの技術のみならず、ミニチュアの美学と呼びうるものを見てとることができる。哲学者アガンベンがレヴィ゠ストロースをもとに論じるところによれば、ミニチュア化とは「歴史の暗号」である。ミニチュア化された遊び道具は、「かつては……であった」と「いまはもう……でない」とのあいだの純粋な格差やずれそのものを現在化して手に触れることができるようにする。ミニチュア化はそのなかに含まれている時間性をつかまえ享受することを可能にするというわけだ（アガンベン 2007 : 128-129）。

知られるように、鉄道マニアだったウォルトは自宅に全長八〇〇メートルの鉄道を敷き、自ら機関士帽をかぶって、招待した著名人をこの列車に乗せて歓迎していた。ウォルトはのちにマーセリンをミニチュア化したジオラマにも取り組んだ。彼の鉄道熱はカンザスとシカゴを結ぶ少年時代のサンタフェ鉄道の思い出そのものであり、開拓時代のアメリカを象徴するものでもあった。ちなみにウォルトはこの鉄道で車内販売のアルバイトをしたこともある。このようにウォルトにとってミニチュア化とは、「歴史の暗号」としてアメリカとウォルトの古き良き過去そのものに含まれる時間性をつかまえることだった。

ディズニーランドが過去の古き良き記憶の選別から実装化されたハイパー・ノスタルジー・マシーンだとすれば、ニューヨーク万博はそれを都市へ、そして世界へと拡張する実験場だった。ニューヨーク万博において、最新の科学技術を用いて召喚されたのは、絶滅した恐竜や原始人といった太古に存在していたものたちであり、リンカーンという死した英雄であり、そして異国の「他者」だった。それらがどれも時間的、空間的に「安全」な他者として復活しているのも、このミニチュアの美学のロジックがその根幹にあるからではないだろうか。

もうひとつ忘れてはならないのが、ゼネラル・エレクトリック館の「カルーセル・オブ・プログレス」である。これは、円形のステージの周りを観客が廻る、いわゆる回転式劇場の模型である。アメリカで起きたエレクトロニクス技術の進展とともに、電化製品のなかった一八八〇年代、掃除機、冷蔵庫、ラジオのある一九二〇年代、テレビや食器洗浄機が登場する一九四〇年代、そしてボタン一つで何でもできる一九五〇年代当時の四つの生活風景がアメリカ人家族とともにユーモアに富んだ仕方——新たな電化製品の使い方を間違えて夕食を焦がし、ヒューズを飛ばすというお決まりのギャグも含まれている——で展示された。

ここで注目したいのは、テクノロジーによる「進歩」だけでなく、最新の技術を取り入れたライフスタイルがアメリカの中流階級の家族の軌跡として提示されていること、そして、万博という未来を描く舞台装置に居住しているのが、新聞を読み、家電を使いこなし、事前に録音された台詞に唇の動きをあわせて独特の演技をこなすオーディオ・アニマトロニクスであるということだ。

ステファン・フィエルマンは『ウォルト・ディズニー・ワールドとアメリカ』のなかで、ディズニーランドとディズニーワールドのアトラクションは第何幕第何場といった「映画の短編」の場面として描かれ、「映画的メタ物語」のひとつとして巧みに「編集」されているという。そこには売店での買い物さえもこの「大きな作品のワンシーン」として機能する「居住感覚」があると言うのだ（Fjellman 1992）。つまり、ディズニーランドとは一種の「居住空間」であり、ゲストは最新のテクノロジーによるハイパー・ノスタルジー・マシーンのなかでディズニーランド物語の「新たなタイプの作品《テクスト》」に「配役」され、「パフォーマティブな自己呈示」を演じる機会を得るというわけだ。

じつは、「イッツ・ア・スモールワールド」とリンカーンのオーディオ・アニマトロニクスは、ニューヨーク万博後に、ディズニーランドに移設されている。ディズニーランドは二次元の映画の世界を三次元の現実で実現したものだと言われる。だが、この「居住感覚」が示すのは、ディズニーランドは三次元の「現実」の身体感覚を二次元の「映画」の世界のそれに書き換えていく情動装置としてのメディアであるということではないだろうか。ゲストが身体的に「没入《イマージョン》」できるその空間は、逆にいえば、ゲストをイメージの幻想空間に閉じこめる「没入空間」でもある（Grau 2004 : 3-4）。そして、ニューヨーク万博で手がけられたこの新境地は、その後、文字通り「居住可能な作品《テクスト》」としてＥＰＣＯＴ（Experimental Prototype Community of Tomorrow）構想へと進展していくことになる。

メディア帝国の都市計画――ショッピングモールとディズニー的公共性

ウォルトがニューヨーク万博に関わった理由は三つあった。ひとつは、ディズニーランドにアトラクションを持ち込みたかったこと、二つめは、ディズニーランドが東海岸でも通用することを証明したかったこと、そして三つめがこのＥＰＣＯＴである（Singh 2012）。

ＥＰＣＯＴとは「実験的プロトタイプ未来コミュニティ」を指す。それは、白黒のサイレント映画からカラー長編アニメーション、そして実写映画やテーマパークへと空想を現実に変え、教育と娯楽を融合させ、想像上の世界から現実を創造していくという、ウォルトがこれまで行ってきたことの集大成とも言えるプロジェクトである。

ニューヨーク万博のさなか、ウォルトはすでにフロリダに二万七〇〇〇エーカーの広大な土地を購入していた。ひそかに着手していたEPCOT計画を思い描いてのことだ。ウォルトは世界が直面している重大問題はクリエイティヴな人々によって解決できるという信念をもっており、その夢がEPCOTだった。

ウォルトはかつて自分のスタジオにディズニーのキャラクターを使い、鉄道が走る「ミッキーマウスパーク」を建設しようとしていたが、ヨーロッパで戦争が始まり、また鉄道に対して行政から許可が下りずに断念したことがある。そこでEPCOTでは、フロリダ州議会をはじめ、地元の自治体とも手を組んで、州政府から電力、ガス、上下水道、消防、建築基準、道路建設など、警察権と司法権以外の都市のインフラのほとんどを独自に運営するという例外的な特権を手に入れた（速水 2012 : 90-91）。

図7-5　オリジナルE.P.C.O.T 構想映画（1966）

一九六六年一〇月二六日、ウォルトとディズニーの伝説のイマジニアであるマーティ・スクラーは、「エプコット」計画の詳細を示す短い映画を制作した。残念ながら、ウォルトはその八週間後に肺がんでこの世を去り、この夢が実現することはなかった。けれども実験的未来都市を建造しようというこの壮大な計画は、ディズニーの科学技術と未来のヴィジョンを知るうえで欠くことができないものである。

このオリジナルのEPCOT構想映画によると、EPCOTは中心から車輪のように放射線状に拡がり、気候制御された中心部には世界中の企業、会議場、研究開発地区、巨大商業地区が集い、それを取り囲むように緑豊かなレクリエーション地区、そしてその外周に人々の居住地区が設計されている［図版7-5］。

それぞれの地区はモノレールで結ばれ、地上での移動はモノレールとピープルムーバー（ニューヨーク万博で出展された電動式の移動運行システム）で行われた。そのためEPCOTには渋滞がない。また人々が散策する区画と車道も明確に区切られているので交通事故の危険も少ない。二酸化炭素を排出する自動車やゴミ収集車はバックヤードたる地下に追いやられ、EPCOTと他の都市を結ぶ唯一の移動手段は中心部の空港に発着するジェット機のみという、独自のこだわりからなる交通システムだった。

この構想にはディズニーランドを手がけたウォルトならではの独創的な特徴がある。ディズニーランドでは、テーマパークの世界観に関係のない裏側の仕掛けはゲストの目に触れないようにバックヤードに覆い隠す配慮がなされている。環境を完全にコントロールすることで、テーマパークとしてひとつの世界観を貫くためだ。ディズニーランドとはちがい、EPCOTはひとつの都市として構想されたが、同じように環境をコントロールすることで理想的な未来都市を実現しようとしたのである（注7-4）。ここでいうコントロールは、中心部の気候の制御であり、そしてまた人々の出入りの制限だった。他の都市とはジェット機でしか行き来できないということは、EPCOTに出入りできる住民の多くはジェット機を使用できる階層の者たちに限られる。

速水健朗が『都市と消費とディズニーの夢』で詳述するように、こうした未来都市構想の背後には一九五〇年代のアメリカが抱えていた都市問題がある。都市問題とは、都心のスプロール化と移民をめぐる諸問題である。当時、アメリカの都市中心部は荒廃し、都市は幹線道路沿いに際限なく拡散していた。都市部の衰退を受けて、中流階級の人々は清潔で治安のよい郊外のニュータウンへと流出していった。いわゆる「モータ―ライゼーション」が本格化するなかで、彼らは郊外に家を購入し、青々と茂る芝生とバーベキューを楽しめる豊かなライフスタイルを、ある種のユートピアとして享受しようとしていた。

この新しい消費者層をターゲットにして設計されたのが、郊外型巨大ショッピングモールである。スクラーによれば、ウォルトはニューヨーク万博の期間中、ショッピングモールの父であり、都市計画家にして歩行者天国の考案者でもあるビクター・グルーエンの『私たちの都市の心：都市の危機、診断と治療法』（*The Heart of Our Cities : The Urban Crisis, Diagnosis and Cure*,1964）をつねに手にしていたという（Singh 2012）。

じっさいウォルトはグルーエンが設計したショッピングモールを視察していた。ここで興味深いのは、グルーエンが、たんなる消費空間としてではなく、人々が遊歩し、座ってくつろげる公園があり、ショッピングを楽しみ、レストランで食事に興じる、かつての都心がもっていた公共空間としてショッピングモールを考案していたことである。つまり、ショッピングモールは「郊外につくられた新しいダウンタウン」として、かつての古き良きコミュニティ感覚を取り戻すための試みでもあったのだ（Patches 2015、速水 2012）。

ＥＰＣＯＴは、このショッピングモール構想に、一九世紀のイギリス都市計画家／社会改良家エベネザー・ハワードが提唱した「田園都市」と呼ばれる都市計画を融合してアップデートするかたちで構想された。田園都市は、「都市と農村の結婚」というフレーズで知られ、三万人程度に限定された職住近接型の都市である。住宅は公園や緑に囲まれ、農作業をするスペースもあり、自給自足が可能だった。貧富を問わず、多様な家庭の賃貸住宅があり、住民によるコミュニティ形成を目指す都市計画だ。

けれども、ＥＰＣＯＴはきわめて制御された自然、選別された消費者たる居住者、そして効率的な交通システムからなり、その「住民」には投票権をはじめとする統治機構もなかった。この未来都市は、資本と家族から構成され、最先端のテクノロジーによってあらゆる無駄を省いた効率的な世界として設計されていた。ウォルトが抱いた未来は、片足を過去に、もう片方を未来につっこみながら、最新のテクノロジーを駆使した合理的なライフスタイルと、美化された過去の記憶が復活しうる舞台として構想された。いわば、「管理と排除」によって犯罪も渋滞もない「安全」な都市を目指そうとしたわけだ。

しかし、このすべてが計算された快適なはずの世界は、皮肉にも欲望と偶然性に満ちた生々しい出来事からなる人間社会の「現実」によって打ち砕かれることになってしまった。

アメリカの郊外住宅には、初期モデル「ラドバーン」（一九二九）をはじめ、ある種のユートピア的なコミュニティの場として、ニュータウン「ウッドブリッジ」（一九七八）、伝統的なスモールタウン「シーサイド」（一九八二）、そしてディズニーがフロリダのディズニーワールドに隣接して開発した理想郷「セレブレーション」（一九九六）にいたる歴史がある。だが、二〇一〇年には「セレブレーション」で初の殺人事件が発生し、また同年の後半、三歳児の父親が自宅にバリケードを張り、警察に発砲してから頭を撃ち抜くという事件が起きた。それは、ランディ・ムーア監督が映画『エスケープ・フロム・トゥモロー』において、「人為的な完全性という幻想」による「非日常を装った日常」を揶揄し、ディズニーの世界――あるいは暴力やセックスを取り除いた「ディズニフィケーション」の世界――を徹底して「黒い」夢で塗り替えていったように、自己疎外の末路としてユートピアがディストピアへと転じた瞬間でもあった。

ウォルトの夢の跡に

EPCOT計画は、しかし、ウォルトがこの世を去るとともに中断した。ウォルトを失い、しばらく方向性を見失ったまま時間だけが流れていった。

だが、EPCOTという名前は一九八二年にフロリダに開園するウォルト・ディズニー・ワールド・リゾートに引き継がれることになる。「二一世紀は一九八二年一〇月一日に始まる」と言祝がれ、フューチャーランド（未来都市）をテーマに、「新しいディズニー時代の幕開け」として誕生した今日のEPCOTは、ウォルト亡き後、ロイとWEDエンタープライズのイマジニアたち、そしてアメリカ産業界のリーダーとのコラボレーションによって、「フロリダ・プロジェクト」として再始動することになった。

その第一段階は、一九七一年一〇月に開園したウォルト・ディズニー・ワールドの「マジック・キングダム」である。その後、一九七五年にイマジニアのペギー・ファリスにより、エネルギー（一九七三年の石油危機の直後）、食糧生産、通信、海洋学、交通、国際問題など、その時代の最も重要なトピックを探求すべく前代未聞の会議が開催された。のちに「エプコット・フォーラム」として知られるこの会議には、ＳＦ作家レイ・ブラッドベリを筆頭に、ナショナルジオグラフィックの元部長メルビル・ベル・グロブナー、海洋学者ロバート・バラード、アリゾナ大学の研究者、ゼネラルモーターズのチーフサイエンティストらが参加した。興味深いことに、彼らはみな産業界も政府も信用していなかったが、ミッキーマウスだけは信用していたという（Singh 2012）。

アトラクション「スペースシップ・アース」を先導したブラッドベリは、コミュニケーションがいかに強力な道具《ツール》なのかを伝えたかったと力説し、当時を振り返ってつぎのように述べている。

> 私はいつも万国博覧会を作ることを夢見てきました。一二歳の時にシカゴで開催された「一九三三年」の万国博覧会に行き、未来に恋したのです。（略）気が狂いそうになりました。感情が爆発していたんです！　万博から家に帰ると、未来に向けて心の準備をし、未来について書きました。未来を変えるために、です。ＥＰＣＯＴは他の人々にも同じように愛と感情を爆発させ、未来を変えるよう鼓舞したことでしょう。（Singh 2012）

このコメントからも、ブラッドベリがこのプロジェクトにかけた未来への熱い思いが窺える。

今日のＥＰＣＯＴは、ブラッドベリらが提唱したワールドフェアに着想を得た世界各国の展示場

「ウォルト・ディズニー・ワールド・ショーケース」と、科学技術を駆使した「EPCOTフューチャー・ワールド・テーマセンター」が基本構造をなし、複数のテーマパークとホテルからなる大型複合リゾートとなっている。

じっさいには、ウォルトが構想していたEPCOTとはかなり異なるものだ。というのも、理想的な実験的未来都市をつくるというウォルトの構想は一九七八年に却下されていた。その理由は、一元管理によって人々の私生活までディズニーがコントロールすることはできないというものだった。代わりにインタラクティヴなアトラクションを製作し、展示というかたちでウォルトの意思を実現することで、現在のかたちへと軌道修正を図ることになった。

ウォルトの未来観を忠実に継承しているのは、むしろ二〇一五年に公開された映画『トゥモローランド』かもしれない。これについては高橋ヨシキ『暗黒ディズニー入門』に詳述されているので、ぜひ参照されたい。一九六四年のニューヨーク万博から始まるこの映画は、ウォルト・ディズニー社の保管庫に眠っていた「ウォルトの夢」とも言える膨大な資料に遺されたEPCOTの最初のプランをもとに製作された。しかし、皮肉なことに、そこに描かれる異次元の未知の都市〈トゥモローランド〉は思いのほか非人間的で悪夢的な世界なのである。

〈トゥモローランド〉を設立したのは、一八八九年のパリ万博のさなか、エッフェル塔のなかで結成された秘密結社「プルス・ウルトラ」だった。設立メンバーは発明王エジソン、エッフェル塔の生みの親ギュスターヴ・エッフェル、空想冒険作家ジュール・ヴェルヌ、そしてエジソンのライバルたるニコラ・テスラ。彼らは戦争、環境破壊、食糧危機といった社会のダークサイドを切り離したユートピアを建造しようとした。そのために万博や発明コンテストを機に現代に暮らす優れた人々を〈トゥモローランド〉にリクルートしていた。だが、いつしか〈トゥモローランド〉は、選ばれた者たちからなる「エリートの避難所」と化していた。当初は、人類の未来に危機が迫っていることを知らせようと、現代の人々にディストピア的未来像を「送信」していた。だが、誰もそれに対処することなく、すでに手遅れになってしまったという。

ところが、主人公の女子高生ケイシーが偶然にも「T」のバッジを手にし、この暗い未来像の送信こそが人々を破滅に導く未来を受信させていることに気づく。明るい未来を志向し、強い希望をもつ彼女が、この「アンテナ」を破壊し、才能のあるエリート主義者ばかりでなく、「明るい未来を信じる」人々をリクルートして〈トゥモローランド〉を再建しようとするところで、映画は終わる。〈トゥモローランド〉に招待される「T」のバッジは世界のさまざまな人々の手に渡り、いわば、わたしたちだれもが「夢」をもつ人々としてともに明るい未来を築いていこう、というわけだ。

このメッセージを、ソンタグが一九五〇年代のアメリカのSF映画に読み取った「科学の変質的な悪用」と、「正しいあるいは人間的な善用」との対立を、「信じていれば、夢は叶う」というディズニーの論理によって乗り越えていく、ある種の「希望」として読み取ることはできるだろう。

けれども、その異次元のハイテクな世界へ行く「T」バッジを手にするのもまた選ばれた者たちのみである。とすれば、ここにもまた、テクノロジーの生みの親である「プルス・ウルトラ」

と同じように、知と科学技術を手にした人間への不信感と恐怖が密かに残存しているように思われる。

脱ディズニー化と懐古趣味的未来《レトロフューチャー》の行方

SF映画は近代のテクノロジーが引き起こす社会的変化を描き、それがはらむ諸問題を批評的な視座から暴いてきた。ディズニーもまた「起こりうる未来」に対し、独自の構想を映像的スペクタクルとして、そしてまた現実の時空間のなかに提示してきた。その過程で、ディズニーの世界そのものもまた、大きな地殻変動を引き起こしてきたと言えよう。とはいえ、そのなかで一貫して追求され、更新されてきたのは、テクノロジーによるリアリティの擬装である。

だが、テーマパークの原理が社会に蔓延し、「ディズニー化」がインストールされた「テーマパーク化した地球」を生きる二一世紀のディズニー・チルドレンたちにとって、かつてウォルトが構想した未来の世界は、アニメーションの「原作」を離れて読者が自らの楽しみのために別の物語を紡いでいく「二次創作」のように、当初のウォルトの期待とはまったく異なる仕方で現実の生活のなかに組み込まれているようだ。

日本の場合、ディズニーの受容は世代によって大きく異なっている。有馬哲夫は『ディズニーとは何か』のなかで、ディズニーは世代を分ける指標のようなものであり、ディズニーを短編映画としてとらえる戦前世代、テレビ番組としてとらえる団塊世代、そしてテーマパークとしてとらえる団塊世代ジュニア世代がいるという（有馬 2001 : 160-161）。

戦前の世代が映画館で堪能した「非日常性」は、戦後世代にとってはテレビという「日常」のなかに浸透し、その「非日常性」は喪失された。しかしそれらがスクリーンの壁を越えてディズニーランドとして出現したとき、ディズニーは再び「非日常性」を獲得して回帰することになる。しかし今日、その「非日常性」は、舞台と観客を分け、「物語」と「現実」を分けていた「第四の壁」を失い、改めて現実の日常的なものとなっている。このことは、日頃、学生と話すなかで、わたし自身ひしひしと感じることだ。いわば第四世代と呼びうる今日のディズニー・チルドレンたちは、もはやディズニーランドを「非日常」とすることなく、むしろ拡張された日常として、これまでとはまったく異なる新しい過ごし方を創出しているのである。

社会学者の新井克弥は、だれもがそれぞれの欲望に基づいてディズニーランドから個々の物語を読み取るようになったこの変化を「脱ディズニー化」と呼び、つぎのように述べている。

もはや彼らはディズニーによる支配から脱却している。そのような心性からすれば、自由に個別の物語を作っても最終的にはウォルト主義という一元的で大きな物語のもとにおかれてしまうパターナリズム（父権主義）的なディズニーランドの環境は、むしろ押し付けがましいものでしかない。つまり、かつては「親しげにこちらに語りかけてくるウォルトおじさん」に思えた存在が「説教好きの頑固な親父」に映る（新井 2016：168）。

つまり、ゲストによる物語の多様化が可能になり、もはやウォルト主義的なディズニーの世界は「マンスプレイニング」に過ぎなくなったというわけだ。そして、この個別の欲望にうまく対応したのが東京ディズニーランドなのである。そこでは、「ウォルト主義による一元的に管理された世界」は破壊され、ゲストないしDヲタのニーズに応える「ごった煮的＝ドンキ的な空間」が作り上げられ、気づけば、そこには「ウォルトの世界とはまったく別の環境」が構築され、もはやウォルトのいない、ウォルト抜きのディズニーランドが誕生していたというわけだ（新井 **2016 : 169**）。

とはいえ、それはミッキーというキャラクターの消滅を意味するわけではない。それどころか、その存在は「ディズニーという空間を示すロゴ＝トレードマーク」としてよりいっそう重要な位置を占めるようになった。つまり、「ウォルト的なミッキー」に代わって、ディズニーの世界であることを保証する「印籠」として、ミッキーは重宝されることになったというわけだ（新井 **2016 : 169**）。それはもはやミッキーであって、ミッキーではない。人々に換骨奪胎され、新たな息吹を吹き込まれた新しいミッキーである。

二一世紀の「未来」に出現していたのは、ウォルトが期待したシナリオからより自由かつ大胆に観客《ゲスト》自らが新しくディズニーの世界と出会いなおし、創造していく世界だった。しかし、だからこそ、ディズニーはこれまでにない新たな生命力を獲得することができたのだと言えよう。そしてまた、終章でみていくように、じつはウォルト亡きあと、ディズニーそのものもウォルトの築きあげた世界を継承しつつ、それを再帰的にパロディ化し、そこからの脱却を図ることで「ポストディズニー」と呼びうる、新しいディズニーの世界を創り上げていったのである。

第八章

文化と所有——くまのプーさんと著作権論争

クマのプーさんの立役者たち

くまのプーさん（以下プー）はハチミツを心から愛する無職のスクウォッターである。ディズニーアニメーションのなかでも、かなりラディカルな生き方を貫いている。だが、「働かない」、「怠ける権利」、「怠惰への賛歌」を地で行く「何もしないをする」このくまは、そのスタイルとは真逆をいく資本主義社会において争奪戦のターゲットとなり、数々の骨肉の争いを引き起こしてきた。

本章では、ディズニーのなかでも一、二を争う人気キャラクターであるプーをもとにその魅力とそれが引き起こした数々の事件簿——とりわけ著作権論争——を見ていきたい。それによりディズニーの著作権をめぐる一連の出来事に目を向け、そこから現代社会におけるディズニー文化と所有の諸問題を探ってみよう。

図版8-1　クリストファー・ロビン・ミルンとプー

まずはプーの生い立ちを振り返っておきたい。

原作者はイギリスの作家アラン・アレクサンダー・ミルン（一八八二－一九五六）である。ミルンはケンブリッジ大学時代から学内誌「グランタ」に戯曲やライト・ヴァースを寄稿し、卒業後は若くして風刺雑誌「パンチ」の編集助手となり、劇作家としても活躍していた。

「クマのプーさん」シリーズは二冊の詩集と二冊の物語からなる。一冊目の『ぼくたちがとてもちいさかったころ』（一九二四）と三冊目の『ぼくたちは六歳』（一九二七）が詩集、そして二冊目の『クマのプーさん』（一九二六）と四冊目の『プー横丁にたった家』（一九二八）がクマのぬいぐるみ「プー」と彼が暮らす森の仲間たちが繰り広げる物語だ。物語のほうは各章がそれぞれ独立した一〇編の短編から構成されている。

ミルンとプー。ことのはじまりは、一九二一年八月二一日、息子クリストファー・ロビンの一歳の誕生日に妻ダフネがハロッズで購入した一匹のエドワード・ベアのぬいぐるみである［図版8-1］。このクマの名前が「ウィニー・ザ・プー」になったいきさつについては、『クマのプーさん』の「はじめに」で説明されている。

ミルンによれば、「プー」というのはもともとクリストファー・ロビンが白鳥につけた名前である。ところが、クリストファーは白鳥にはその名前はもういらないだろうと考え、プーという名前だけをもちかえる。すると今度は、このクマがじぶんだけの名前をほしいと言い出した。そこでクリストファーが口にしたのが「プーのウィニー」だった。こうしてクマの名前は「プーのウィニー」になったというわけだ（ミルン 2003：3-6）。

ウィニーというのは、当時、ロンドン動物園にいたクマの名前である。一九一四年八月、カナダに駐屯するイギリス陸軍のハリー・コルバーン中尉がハンターによって母親を殺された小さな黒い雌の子グマを二〇ドルで購入（スウェイト 2000：45）。小グマはウィニペグという街の名前にちなんで「ウィニー」と名づけられた。ウィニーは軍隊とともにイギリスに渡り、彼らのマスコットとして兵隊たちにこよなく愛されていた［図版8-2］。だが、しばらくして第一次世界大戦が勃発すると、コルバーン中尉はフランスに進駐することになり、ウィニーをロンドン動物園に預けた。その後、ウィニーは正式にロンドン動物園の住民となり、人びとの人気者となった。クリストファーがつけた「プーのウィニー」の「ウィニー」は、彼がロンドン動物園で見たこのクマのウィニーからきている。

図版8-2　ハリー・コルバーンとウィニー（1914）

ところで、ミルンの『クマのプーさん』の世界になくてはならないのは、E・H・シェパードの挿絵だろう。シェパードは『ピーターラビット』で知られるベアトリクス・ポターと比較されることも多い人気の画家である。一九〇六

図版8-3　E.H. シェパードの挿絵

年から定期的に「パンチ」に挿絵や漫画を寄稿し、画家として活躍していた。一九二一年に念願の「パンチ」に入社。ケネス・グレアムの『楽しい川辺』をはじめ、数多くの擬人化した動物たちを描き、風刺の効いた独自の輝きを放っていた。鉛筆ならではの柔らかなタッチで描かれ、素朴でコロコロとしたシェパードのプーは、今日ではディズニーのプーと区別して「クラシック・プー」と呼ばれ、ディズニー・プーとともに不動の人気を獲得している。

シェパードはプーの挿絵を担当することが決まると、ミルンの家を幾度となく訪れ、クリストファーの子ども部屋に並ぶぬいぐるみをモデルに、膨大な数のスケッチを描き始める［図版8-3］。プーのモデルは、最初はクリストファーのぬいぐるみだったが、このクマは骨張って、顎もがっしりしており、どうもしっくりこない。そこでシェパードは自分の息子グレアムのおもちゃ箱にあったシュタイフ社のグロウラー（動かすと「グーグー」とうなり声を出すテディ・ベア）からインスピレーションを得て、伝説のクマであるあのプーを創り出した。じつはシェパードのこのプーが最初に登場するのは一九二四年二月一三日の「パンチ」に単独で掲載された「テディ・ベア」というミルンの詩の挿絵である。そしてこのテディ・ベアのモデルになったクマこそ、のちにプーとして知られるグレアムのグロウラーだった（ビルクロウ&ロウズ 2019：28）。

こうしてプーと個性あふれる多彩な仲間たち――イーヨー、コブタ、カンガとルー、そしてティガー――からなる心温まる牧歌的な世界は、クリストファーが遊んだアッシュダウンの森を舞台に幕を開けた。シェパードは一九七六年に九六歳でこの世を去るまで、つねに新しいプーの挿絵や彩色画を描き続けた。

「くまのプーさん」の誕生

一九二八年、ミルンの『クマのプーさん』の初の翻訳書がドイツ語で刊行される。今日、プーの物語は、日本語のほかにラテン語、フランス語、イタリア語、中国語、スロヴェニア語、ギリシア語、ヘブライ語、タイ語、エスペラント語など三〇を越える多数の言語に翻訳され、世界中の人びとに読み継がれている。とはいえ、『クマのプーさん』のキャラクターは一九二〇年代からカレンダーや便箋、バースデーブックとしてグッズ化され、第二次世界大戦前にはチャットバリー社からぬいぐるみも登場していた（安達 2002：270、スウェイト 2000：185）。

一九三一年、ミルンはアメリカとカナダにおけるプー関連の商品化権をスティーヴン・スレシンジャーに売却する（注8-1）。スレシンジャーはアメリカの映画、ラジオの制作を手がけ、ライセンス・ビジネスの父として知られる人物である（キャンベル 2018：108）。彼はオリジナル・キ

図版8-4　フョードル・ヒートルーク監督『ヴィンニー＝プーフ』（1969）

ャラクターをもとに、おもちゃ、衣類、家庭用品など、さまざまな商品を開発していた。権利を獲得してから三〇年にわたってプーを売り出し、プーのおもちゃは大西洋を越えてイギリスに逆輸入され、さらにそこから遠くへ輸出されるようになった。

ウォルトは、娘のダイアンが喜んで読んでいた『クマのプーさん』をぜひアニメーション化したいと考えていた。一九三八年に原作者ミルンに連絡すると、ミルンもディズニー映画のファンであることが判明する。だが、その頃は『ピノキオ』と『ファンタジア』の製作のただなかにあり、じっさいに取り組むのはしばらくしてからのことになる。

一九五三年にスレシンジャーが、一九五六年にA・A・ミルンがこの世を去ると、スティーヴンの妻シャーリー・スレシンジャーと娘のパティがプーの権利を継承した。その後一九六一年にディズニーからの熱い要望により、シャーリーとミルンの妻ダフネがディズニーとのあいだでプーの使用許可契約を結ぶ（注8-2）。このときディズニーはWinnie-the-Poohをハイフンなしの Winnie the Poohにした。これをふまえ、日本ではミルンの作品は「クマのプーさん」と「クマ」をカタカナで、ディズニーの作品は「くまのプーさん」と「くま」をひらがなで表記するようになった。

ところで、意外に思うかも知れないが、「クマのプーさん」は旧ソビエト連邦時代のソ連でもソユーズムリトフィルムというアニメーション制作会社が「ヴィンニー＝プーフ（Vinni Pukh）」と題して短編映画の三部作を制作している［図版8-4］。

ミルンの『クマのプーさん』は、一九六〇年代に児童文学作家のボリス・ザホデルがロシア語に翻訳し、G・カリノーフスキーとB・ディオドロフの挿絵によって広く知られていた。これをもとに、一九六九年にフョードル・ヒートルーク監督が短編第一作をアニメーション化する。プーの声を担当したのはソ連時代の人気俳優エフゲニー・レオーノフである。その後一九七一年に第二作「ヴィンニー＝プーフ　お客になる」、一九七二年に第三作「ヴィンニー＝プーフと忙しい一日」が発表された。

だが、「ヴィンニー＝プーフ」は独得のタッチで描かれ、ディズニーの「くまのプーさん」とはかなり異なっている。そもそもザホデルの翻訳本にはミルンの原作には存在しない場面がいくつか加えられていた（Pugachevsky 2013）。さらにアニメーション化するにあたって、大胆なアレンジがなされた。プーフはハチミツをこよなく愛しているが、タヌキのような茶色のクマだ。「何故この世にはハチミツがあるのか？　僕が食べるためだ！　そう思う！」と自問自答し、まるで哲学者のようである。またロシア語の「フクロウ」が女性名詞のため、フクロはロシア語版ではお年寄りの女性に様変わりしている（注8-3）。さらにピグレットたるピタチョークが第一話から登場し、クリストファー・ロビンの役割を兼任している。驚くべきは、クリストファー・ロビンが登場せず、仲間の動物たちもぬいぐるみではないということだ。だが、ロシアではこのアニメをもとにしたキャラクターグッズも販売され、ディズニーの『くまのプーさん』を凌いで親しまれているという。

では、そもそもディズニーはどのように『クマのプーさん』をアニメーション化していったのだろうか。すでに述べたように、ミッキーはもともと手に負えない腕白者でサディスト的雰囲気すら漂わせる残酷なキャラクターだった。彼は時を重ねるにつれ穏和な優等生になり、造形も幼児化《ネオテニー》していった。またディズニー界の動物たちは、擬人化された動物と動物のままの動物が共存し、動物が人間化するときには、その皮膚を覆う白い手袋が不可欠だった。

だが、プーはぬいぐるみである。ぬいぐるみは、擬人化された動物でも動物のままの動物でもない。プーははじめからディズニー界では奇妙な位置を占めた「よそもの」なのだ。しかし、だからこそ、プーは国民的シンボルとして変貌を遂げたミッキーとは対照的に、制作当初から「ぬいぐるみらしさ」を強調することに主眼がおかれた。もともとはシェパードの挿絵をもとに描かれていたが、やがてそれを活かしつつディズニー独自のプーに仕上がっていく。プーの作画について、フランク・トーマスとオーリー・ジョンストンはつぎのように述べている。

クマのプーさんの目は、ミッキーほど問題にはならなかった。プーさんはぬいぐるみで、目が動かなくて当然だからである。「視線」の方向に顔を向けるのは、ぬいぐるみにふさわしい動きだし、それどころか少し垢抜けない感じがでて、「頭の足りないクマ」という個性にぴったりだった。プーさんの場合、目は表情を形作る他の要素と連動させることができた。口と頬を動かすときは、小さなボタンの目も形を変える。〈潰し〉と〈伸ばし〉の効果を用いれば、そのアクションを生き生きと見せることができる。微妙な表現はかなりあきらめなくてはならなかったが、プーさんの気持ちを表現するには、何の支障もなかった。（トーマス&ジョンストン 2002 : 452）

しかし、プーを特徴づけているのは、こうしたぬいぐるみらしさだけではない。ディズニーのプーをプーならしめているのは、批評家の石岡良治が指摘するように、何よりも「はちみつ色の身体と赤い上着からなるカラーリング」による視覚的特性であり、「木から落下」したり「風船につかまり浮遊」する姿、そして「ウサギの穴にはまる」といった原作を引き継ぎつつもディズニー独自の展開による「身振りの定式」によってプーが「ぬいぐるみのぬいぐるみ」と化していることだろう。

ディズニーのプーの赤い上着は、ミルンの原作では雪の日の寒さを凌ぐ「コブタ」の防寒具として『クマのプーさん』の第三章と『プー横丁にたった家』の第一章にわずか二度描かれているにすぎない。だが、この赤い上着はディズニーによってプーの「衣服」としてトレードマークと化した視覚的特性を帯びるようになる。こうしてプーは「テディ・ベア」というたんなるクマのぬいぐるみ一般とは区別され、物語のなかのさまざまな「経験」を通して「身振りの定式」を変形させ、独自のキャラクターを獲得することになった（石岡 2015）。

じっさいプーは自分がぬいぐるみであることをよく理解している。健康には気をつけているようだが、じつのところ体操をするのはハチミツを食べるためにおなかを空かせるためだ。

目が覚めるとまず鏡に向かい、自分でつくった歌にあわせて体操に取り組む。「体操をするといい気分　体操をすると欲しくなる　食べ物が　僕はズングリ　ムクムクしてるから　体操すると食欲が増すのさ」と屈伸すると、その瞬間に背中の縫い目がビリッとほつれる［図版8-5］。だが、そんなことは気にしない。器用に縫い直して、それでおしまいだ（注8-4）。

図版8-5　「プーさんとはちみつ」（1966）

同じことは、おっとりとした年老いたロバのぬいぐるみ、イーヨーにもあてはまる。イーヨーのしっぽがとれやすいのは釘で打ちつけられているからである。またおなかのポケットに子どものルーを入れ、ボタンをかけて出かけるカンガルーの母カンガもそうだ。彼らはみな「ぬいぐるみ」という、死なない身体を獲得し、ぬいぐるみであることを自覚してファンタジーの森のなかに暮らしているのである（小野 2020）。

『白雪姫』や『シンデレラ』、あるいは『眠れる森の美女』のように、ディズニーのおとぎ話の多くは、本の実写映像ではじまり、ページを繰りながらアニメーションの世界が幕を開ける。だが、ことプーに関しては、実写の子ども部屋から絵本の世界に入りこんでいく。じっさい、クリストファーやプーとその仲間たちが過ごす魔法の森とは、この絵本の世界である。じっさい、ディズニーアニメーションでは、ページをめくる効果を組み込み、それぞれのチャプターへの移行を示すことで、彼らが絵本の世界に暮らしていることをたえず想起させるつくりになっている。たとえば、ふいに登場するナレーターはキャラクターたちと言葉を交わす。風に吹き飛ばされたプーはページを越えて飛んでいく。木から下りられなくなったティガーは絵本をヨコに向けることで、活字の上を階段のように歩いて地上に降りてくるといった具合だ［図版8-6］。

図版8-6「プーさんとティガー」(1974)

こうしてプーは、一九六六年二月四日に映画『プーさんとハチミツ』によってどこかまぬけな「頭の足りないクマ」としてスクリーンデビューを果たす。二一世紀にはその体型が中国の習近平総書記と類似していると指摘され、「中国で最も危険なクマ」として物議を醸すことにもなった。だが、プーはまるまるとしたクマのぬいぐるみであるというより、むしろ「ぬいぐるみ」のクマ、正確には、「ぬいぐるみのクマのぬいぐるみ」であるゆえに、はじめからズングリむくむくとした幼児体型とどこかぎこちない動きをいとも簡単に手にいれてディズニーの世界に登場することができたのである。

世界に羽ばたくプーとその仲間たちの試練

ウォルフガング・ライザーマン監督によるプーの第一作「プーさんとはちみつ」は一九六六年に二〇分の短編映画として公開さ

れた。その後、一九六八年にピグレットが登場する短編第二作「プーさんと大あらし」が、そして一九七四年に短編第三作「プーさんとティガー」が発表され、一九七七年にこれら三つにいくつかの場面とエンディングが追加されて長編アニメーション『くまのプーさん　完全保存版』として劇場で公開される（注8-5）。

ミルンの妻ダフネはディズニーを信頼して映画化の権利を売却した。だが、完成するまではかなり心配していたようだ。アン・スウェイトの『クマのプーさん　スクラップブック』によれば、ダフネは「ウーマン」誌のなかでつぎのように述べている。

去年の八月のある晩、わたしはロンドンの住まいでテレビのスイッチを入れて、ウォルト・ディズニー映画の番組の合間に流れるプーの漫画映画の予告をみました。緊張しました。このプー映画が気にいらなければ、がっかりして傷つきますもの。プーはわたしの人生の一部です、わたしの大切な思い出なのです。身をのりだしました。画面には子ども部屋の場面と、子どものクリストファー・ロビンの姿がちらっと映りました。つぎには百エーカーの森の木にハチがブンブンうなり、プーが風船につかまって、好物のハチミツを探しに上方に浮かんでいきました。（略）緊張がとけました。だいじょうぶ。気になることはありませんでした。ほっとしました（スウェイト 2000 : 209）。

だが、じっさいに最初のディズニーアニメーション「プーさんとはちみつ」がイギリスで公開されると、厳しい批判にさらされることになる。E・H・シェパードの評価は「まったくのくわせもの」という冷酷なものだった。スウェイトによれば、イギリスでは、アニメーションのキャラクターたちがアメリカ中西部のアクセントで話していること、ミルンの童謡ではなく、シャーマン兄弟の楽曲が原作の雰囲気を損なっていること、そしてプーの親友であるコブタのピグレットの代わりにディズニーのオリジナルのキャラクターであるジリスのゴーファーが登場していることへの批判が相次ぎ、映画評論家フィリックス・バーガーを筆頭にクリストファー・ロビンの英語を「標準的なイギリス南部」のものにするようキャンペーンが展開された（スウェイト 2000 : 208-211）。

『デイリーメール』紙は「一〇〇エーカーの森の大虐殺……あるいはウォルトはこうしてプーにフンといった」と題する記事でこの動向を掲載し、イギリスではミルンのプーをディズニーの脅威から守ろうとする動きが高まった。この記事の記者であるイアン・スミスとジェリー・ルブランはウォウルガング・ライザーマン監督に対する質疑応答も掲載している。

たとえば、「なぜコブタの代わりにジリスがいるのか？」、「なぜほとんどの動物が中西部のアクセントで話すのか？」、「なぜクリストファー・ロビンはアメリカ化されたのか？」といった問いだ。これに対するライザーマン監督の応えは「ジリスには「生粋のアメリカ的な」イメージがあるから」、「中西部のアクセントがアメリカ全土で受け入れられる標準アクセントだから」、「クリストファー・ロビンは少し「女々しい」ので髪を短くしてまともな服を着せたまで」というものだった。だが、クリストファー・ロビン自身もこのキャンペーンを支援し、その結果、ディズニーはクリストファーの声をイギリスのアクセントをもつ声優に差し替えることでこれらの批判に応じることになった（スウェイト 2000 : 211）。

その後、一九八三年に短編第四作「プーさんとイーヨーの一日」が公開されると、以後は原作とは異なるディズニー独自のストーリーがつくられ、着ぐるみの実写によるディズニー・チャンネル『Welcome to Pooh Corner』（1983-1986）やテレビアニメシリーズ、幼児向け人形番組、3Dアニメーション、テレビゲーム版をはじめ、ほかにも幼児、児童向けにさまざまな教育ソフトやインタラクティヴ絵本が販売されるようになる。こうしてプーは、メディアミックスを通して多くの流通回路を獲得し、だれもが知るディズニーきっての不動の人気キャラクターになった。

一連の訴訟事件が起きたのは、こうした人気絶頂のさなかのことだった。

「くまのプーさん」訴訟事件

一九九一年、アメリカ、カリフォルニア州のロサンゼルス連邦裁判所。「クマのプーさん」グッズのロイヤルティ（特許権使用料／著作権使用料）をめぐってある訴訟が幕を開けた（清水 2004）。ロイヤルティとは、特定の権利を利用する利用者が権利を持つ者に支払う対価のことで、主に特許権、商標権、著作権などの知的財産権の利用に対する対価を指す。この裁判はプーのロイヤルティをめぐるスレシンジャー対ディズニーの対決だった。スレシンジャーはプーがメジャーになればなるほど、ディズニーからの会計報告に不信感を抱くようになっていた。目の前のプーの絶大な人気に対し、このロイヤルティはあまりに低額ではないか、というわけだ。

一九八三年、ディズニーはスレシンジャーとのトラブルを避けるために、和解金として七五〇万ドルを支払い、さらに全世界におけるプーのグッズの売り上げからその二・五パーセントをスレシンジャーに支払うことを約束した。一度は納得したスレシンジャーだったが、スレシンジャー側はこのときの契約でプーのビデオ・カセットやビデオ・ゲームの売り上げからもロイヤルティを支払うことを約束したはずだった。というのも、スレシンジャーによれば、一九八三年以降、未払いのロイヤルティはグッズ販売だけで三五〇〇万ドル、ビデオは三億ドルにのぼるはずだった。そこで一九九一年、ついにスレシンジャーがLA裁判所にディズニーのロイヤルティ支払いを求めて提訴したというわけである（注8-6）。

米国で映像ビジネス、著作権保護を専門として活躍する弁護士ミドル・モールによれば、この訴訟の争点は二つある。ひとつはロイヤルティの金額が正確か否か、そしてもう一つは一九八三年の契約にプー関連のビデオやゲームソフトが含まれるかどうか、という点である。というのも、そもそも八三年当時、スレシンジャーと契約交渉にあたったディズニー幹部はすでに他界していた。それどころか、スレシンジャーはプーに関する映画の権利は持っていなかった。そのため、もしプーのビデオが映画の利用権の延長として考えられた場合、ビデオからのロイヤルティは含まれないと解釈されることになる。こうして双方の主張は平行線をたどることになった。

さらに、この裁判に拍車をかけるかのように、一九九二年から一九九八年にわたって、ディズニーがプーのグッズのライセンス書類、会計書類等、一連の訴訟に関係する書類を含む四〇箱以上の書類をシュレッダーにかけて隠滅していたことが発覚した。

ディズニー側は、破棄した書類には訴訟に関するものは含まれていないと反論した。だが、アメリカでは裁判中に証拠書類を意図的に破棄すると制裁が加えられる。そのため、結果としてディズニーは罰金を支払うことになった。

二〇〇三年六月、裁判所はスレシンジャーの主張を認め、独立した会計士によってロイヤルティの計算を行うことを決定し、これまでの会計報告をやり直すようディズニーに命じた。この裁判はその後、二〇〇四年五月にロサンゼルス上級裁がスレシンジャー社の訴えを棄却、ディズニー側が勝訴するという結末を迎えた（Meg 2007）。

ところが、プーをめぐるスレシンジャーとの裁判はこの一件だけではない。じつは、ロイヤルティのみならず、スレシンジャーの「くまのプーさん」に関する権利を破棄するよう請求する裁判もまた、原作者、挿絵画家の子孫とディズニー対スレシンジャーのあいだで進行していたからである。

米国では一九九八年一〇月二七日、米国コピーライト法の大規模な改正が行われ、ソニー・ボノ著作権期間延長法が成立した。いわゆる「ミッキーマウス保護法」である。この新しいコピーライト法により、一九七八年以降に創作された作品は著作者の死後七〇年間保護されることになり、また一九七八年以前に創作、発行された著作物の保護期間は公表後最大七五年から九五年へ延長されることになった。それにより、一九二八年に『蒸気船ウィリー』で誕生したミッキーマウスの著作権は二〇二三年までディズニーに帰属することになった。またこの法の下では、たとえ無期の契約であったとしても、著者とその後継者はそのライセンスを打ち切ることができるようになった。プーの著作権をめぐる裁判は、この法の改正と深く関わっている。

ミルンによってプーの最初の物語が発表されたのは一九二六年のことであり、一九〇九年法にならってすでに七〇年以上たっている。そこで二〇〇二年一一月、プーの著作権の相続人であるミルンの孫娘クレア・ミルンと挿絵家E・H・シェパードの孫娘ミネット・ハントは、スレシンジャーと交わしていたプーの商品化の権利契約を二〇〇四年で打ち切り、二〇〇四年一一月からは、世界におけるプーの商品化の権利を新たにディズニーに認めるという合意を交わしたと発表した。

しかし、アメリカでは一九七八年以前に発行された著作物に関しては、かつての一九〇九年法が適用される。そのため、創作者の死とは無関係に、最初の保護期間は二八年、更新すれば追加で四七年に、さらに二〇年自動的に延長され、最長で九五年の保護を受けることができる。

こうしてこの裁判は二〇〇三年の五月に暫定的な判決がくだされ、相続人とディズニー側の敗訴によってひとまず結末を迎えた。その後二〇〇三年一〇月末にLA裁判所判事によってミルンの孫娘らに再びチャンスがめぐってくるが、最終的には、二〇〇六年六月二六日に米国最高裁判所が原告の訴えを棄却し、ディズニー側の敗訴が確定する。またディズニー社の後押しを受けてシェパードの孫もスレシンジャー社から著作権を取り戻すべく一九九一年に提訴した。だが、連邦地裁は二〇〇七年二月に原告の訴えを退ける判決を下した。

さらにまた、プーをめぐってはほかにも事例がある。一九九〇年にクマのプーさん七五周年を祝してカナダのオンタリオ州ホワイトリヴァーで約五メートルのプーの銅像を建てる計画がもちあがった。そのさい、これに対してディズニーが警告を出すという出来事があった。ミルンの『クマのプーさん』のモデルになったロンドン動物園のクマはもともとカナダ出身である。カナダはいわばプーの故郷でもあり、このときは、町長のオリー・チャップマンのもとに世界各地から激励の手紙が集まった。そこでディズニー側も原作者ミルンの挿絵にあったプーをモデルにするのなら、と譲歩したのだ（有馬 2001：235-238）。

A・A・ミルンのプー、スレシンジャーのプー、ディズニーのプー。プーをめぐる一連の所有のドタバタ劇が示すのは、商品としてのプーとその交換が市場で展開されればされるほど、プーはその生き方とは無縁な資本主義のゲームに巻き込まれていくという皮肉な事態である。もっとも資本主義とはかけ離れたコピーレフトな世界に生きているかのようなプーが、こうしたメディア帝国の「大人の世界」のゲームに巻きこまれ、コピーライトの対象になってしまうというパラドクス。今日のプーの人気とその流通は、まさしくこのパラドクスによって支えられているのである。

ミッキーマウス法の行方

ところで、さきのソニー・ボノ法に対しては、一九九九年に大学教授ら三名の市民から違憲訴訟を起こしている。この法律が成立した背景には、ディズニーをはじめとするハリウッドや主要なレコード業界関係者による活発なロビー活動があり、じっさいこの法はその賜だといわれている。福井健策の『改訂版　著作権とは何か――文化と創造のゆくえ』によれば、アメリカには著作権の保護について「著作権・特許条項」（第一条第八節第八項）という憲法上の規定があり、それによると「議会は、限られた期間中（for limited times）、作家と発明家に対して著作や発明に対する独占権を与えることができる」と明記されている。原告側が訴えたのは、ソニー・ボノ法によりさらに二〇年延長するのは半永久的でもありこの「限られた独占期間」を遥かに凌駕しているという点だった（福井 2020：192）。

著作権のあり方をめぐり、二〇〇一年に「クリエイティブ・コモンズ」を設立したアメリカの法学者ローレンス・レッシグもソニー・ボノ法の違憲訴訟を起こした三名のうちのひとりである。彼はつぎのような警告を発している。

1・創造とイノベーションはつねに過去の上に築かれる。
2・過去はつねにその上に創造されるものを支配しようとする。
3・自由な社会はこの過去の力を制限することで未来を可能にする。
4・われわれの社会は日々、自由を失っていく。

ここでいう「自由」について考えるために、「フリー文化」という発想をミームとして紹介するレッシグの著書『FREE CULTURE』の一節を見てみよう。

自由《フリー》な文化とは、財産のない社会じゃない——自由《フリー》市場が財産のない市場じゃないし、自由《フリー》な言論の権利を守る社会が、誰でもマスコミで勝手なことが言えるような社会ではないのと同じことだ。むしろ自由《フリー》な文化とは、著作権の重要で本質的なインセンティブを、同じく重要で本質的な社会の機会——文化を使い、それを変換する機会——とバランスをとらせる社会だ。そしていまの議論にとってもっとも重要なこととして、自由《フリー》な文化は技術が変わり著作権のもたらすバランスが変わるにつれて、そのバランスを最新の状態に保つ。（レッシグ2004）

このようにレッシグは著作権やそれに関する法の目的を根本的に検討し、行きすぎた著作権保護の現状を再考するよう呼びかけた。

ミッキーマウスが誕生した一九二八年は、バスター・キートンの映画『キートンの蒸気船』（原題は『蒸気船ビル・ジュニア』）が誕生した年でもある。ミッキーの『蒸気船ウィリー』はこのキートンをパロディ化したアニメーションである。レッシグが述べるように、こうした「拝借」は業界ではけっして珍しいことではない。ディズニーの成功は、そうした先人の業績への「手の入れ方の見事さ」にあった。

『白雪姫』、『ファンタジア』、『ダンボ』、『バンビ』、『南部の唄』、『シンデレラ』、『ふしぎの国のアリス』、『ピーター・パン』、『眠れる森の美女』、『ジャングル・ブック』、『ムーラン』など、どれもそうだ。これらのアニメーション化が可能になったのは、一七九〇年から一九七八年まで平均的な著作権の保護期間がおよそ三〇年くらいだったからである。この保護期間が終わると作品は「弁護士無用ゾーン」と言われるパブリック・ドメインに入る。いわば、ディズニーの世界はパブリック・ドメインによってこそ実現したものなのである。にもかかわらず、ひとたびディズニーが商標登録するとディズニーに似てはならないという非常に困難な壁にぶつかることになってしまう。

レッシグはそうした「身の回りの文化の上に構築され、それを何か別のものにする表現と才能の形態」を「ウォルト・ディズニー的創造性」と呼び、ディズニーに対してつぎのように批判している。「ディズニー（またはディズニー社）は身の回りの文化から創造性をむしりとってきて、それを自分の傑出した才能と混ぜ合わせて、その混ぜた結果を自分の文化の核心に焼き付けた。むしって、まぜて、焼き付ける（Rip, mix, burn）」（レッシグ 2004）。

じっさいディズニーの著作権の厳しさについては、すでにいくつもの都市伝説が登場している。よく知られているのは、大津の小学校で子どもたちが卒業記念にプールの底にミッキーとミニーの絵を描き、これを知った新聞社が美談として報道したところ、それを見たウォルト・ディズニー・プロダクションが絵を消すよう学校に求め、子どもたちの絵が抹消されたという出来事だ。ちなみにディズニーはその後、この小学生らをディズニーパークに招待したともいわれている（注8-7）。

とはいえ、アニメーションの歴史を振り返ると、意外にも、ディズニーこそが最初の著作権訴訟の被害者であることがわかる。一九二〇年代にウォルトが製作した「アリス・コメディ」シリーズに登場する黒ネコのジュリアスを思いだそう。この時期、アニメーションには多くの動物たちが登場し、そのほとんどが黒い身体をもっていた。ジュリアスも例外ではない。しかし、このジュリアスは当時大人気のキャラクターであるフィリックスの制作会社「パット・サリヴァン」に著作権侵害で訴えられたのだ。この時、ディズニーはキャラクターの版権をもっていなかった。しかし、一九一九年にフィリックス・ザ・キャットを生んだこの会社は、すでにアニメのキャラクター・ビジネスを手がけていたのである。

こうしてジュリアスはスクリーンから抹消され、そしてつぎに誕生したのが「しあわせウサギのオズワルド」だった。オズワルドは耳の長い黒ウサギであり、猫のフィリックスとは似ていない。だが、ここでもまた、ウォルトはこのウサギを手放さなくてはならなくなる。

一九二八年二月、オズワルドの所有権をめぐって配給元のユニバーサル・ピクチャーズとの交渉が決裂する。所有権はユニバーサル・ピクチャーズと、ディズニーとユニバーサルを仲介していたチャールズ・ミンツにあった。オズワルドを使って自由に作品を制作することは、ディズニーには許されていなかった。そのうえ、ミンツはアブ・アイワークスを除く有能な従業員をウォルトに秘密裏に現場から引き抜いていた。こうしてウォルトはオズワルドも手放さざるを得なくなったのである。

すでに第二章で述べたように、この絶望の淵から誕生したのがミッキーマウスだった。ちなみにオズワルドの諸権利は、二〇〇六年にユニバーサルからウォルト・ディズニー・カンパニーに里帰りすることになった。だが、初期短編全二六作品のうちいくつかは行方不明になり、現在収録されているのは一三作品のみだ。こうした背景もあって、ディズニーはキャラクターの使用権を認める代わりにライセンス料を得るというビジネスモデルをつくりあげた。

じつは、『バンビ』もまたこうした著作権をめぐる事件に巻きこまれている。第四章で見たように、『バンビ』の原作はオーストリアの作家フェリックス・ザルテンが一九二三年にドイツで出版した小説である。しかし、ザルテンと出版社は、コピーライトの頭文字を丸で囲った著作権表示「©」をつけ忘れてしまった。ミドリ・モールによれば、当時ドイツの著作権法では、著作権表示がなくても権利が消滅することはなかった。だが、アメリカの著作権法（一九〇九年法）では、著作権なしで出版すると、その場で権利が消滅しパブリックドメイン入りすることになっていた。これに気づいたザルテンは、一九二六年にドイツ語版のオリジナル『バンビ』に著作権表示を付けてドイツで再出版し、翌年アメリカの著作権局でも著作権の登録を行った。

ディズニーが『バンビ』の映画化権を取得したのは一九三七年のことである。ディズニーはすでに『バンビ』の映画化権を取得していた映画監督のシドニー・フランクリンから三五〇〇ドルでそれを取得し、一九四二年に劇場公開した。一九三八年にナチスがオーストリアを併合すると、ユダヤ系作家のザルテンはスイスに亡命するが、一九四五年にはこの世を去った。

ザルテンの死後、『バンビ』の著作権は遺族である娘のアンナ・ザルテン・ワイラーの手に渡った。彼女はアメリカにおける『バンビ』の著作権更新手続きを行い、一九五八年にザルテンが留保していた『バンビ』の著作権をディズニーに売った。しかし、アンナは一九七七年に亡くなり、『バンビ』に関する権利はすべて一九九三年に遺族からツイン・ブックスという出版社へ譲渡された。問題が生じたのはここからだ。

アンナの遺族から『バンビ』の権利を取得したツイン・ブックスはザルテンからフランクリン

経由で『バンビ』の権利を手にしたディズニーに対し、映画の再放映などを止めるように求め、著作権侵害でディズニーを訴えた。というのも、『バンビ』は一九二六年に著作権表示をつけて出版されていたので、アメリカで保護を受けるには一九〇九年法に従わなくてはならない。ヒッチコックの『裏窓』訴訟がそうであったように、一九〇九年法が適用される場合、映画化権など著作権にふくまれるすべての使用権は、もう一度新たに権利者と交渉しなければならなかったのだ。モールによれば、ディズニーは一九五八年に更新したさい、出版権だけを買い取り、もともともっていた映画化権などは再契約を行っていなかったのである。

ここでディズニーが注目したのは、そもそも一九二三年に『バンビ』が出版されたときに著作権表示がなく、少なくともその事実はアメリカでは『バンビ』がパブリック・ドメインになっているという点である。それでは、なぜわざわざ映画化権を取得していたのかという問題も残る。しかし、矛盾を抱えつつも、第一審ではディズニーの主張が認められることになった。

もちろん、ツイン・ブックスは上訴した。一九二三年の『バンビ』がそうだったとしても、ザルテンは一九二六年に改めて著作権表示をつけて出版し、アメリカの著作権局に登録されている。それゆえ、ザルテンの遺族が亡くなった以上、ディズニーは（一九〇九年法にしたがって一九二六年の二八年後にあたる）一九五四年に新たに遺族から『バンビ』の権利を譲渡されたツイン・ブックスと著作権を交渉すべきだったというわけだ。上訴審である第九巡回上訴裁判所の判決は、一審のディズニーの主張を覆すことになった。この裁判はその後、最高裁までいくことなく、一九九七年にディズニーはツイン・ブックスと和解し、『バンビ』に関する権利を買い取った。それにより、訴訟は取り下げとなった（モール 2001：41-45）。

このように、ディズニーにとって、著作権の問題はつねに喫緊の課題であり、いわば呪いのように取り憑かれた悩みの種であった。

もちろん、著作者／製作者の権利を守ることは重要である。だが、著作権が切れ、パブリック・ドメインに入ろうとするたびに著作権が延長されるとなれば、文化を「保護」するという名のもとで、文化を「所有」し、創造性を規制する強力なシステムとして法が拡張されているように見えるのも否定しがたい。

さらに現行の法律では、作品は著作者の死後、相続人全員の共有になるため、ひとりでも同意が得られないと利活用することはできない。にもかかわらず、権利者が不明の場合も多く、そうなると、作品はいわゆる「孤児著作物」として死蔵されるしかなくなってしまう（注8-8）。今日、EUにおける二〇一二年の「孤児著作物指令」の採択やアメリカにおける「二〇〇八年孤児作品法案」の検討再開など、こうした孤児著作物に対する対策はさまざまなかたちで取り組まれている。

「魔法をかけられた場所」と出会い直すために

日本で『クマのプーさん』の著作権が切れ、プーが「パブリック・ドメイン」入りを果たしたのは、二〇一七年五月のことである。A・A・ミルンがこの世を去ったのは一九五六年のことだ。原則では「著作者の生前全期間及び死亡の翌年から五〇年」、つまり二〇〇六年には保護が終焉するはずだった。しかし、いわゆる「戦時加算」ルール――サンフランシスコ講和条約に基づいて日本が連合国に負った義務――により、戦前、戦中の連合国の作品については、日本での保護期間は戦争期間分上乗せされる。そのため、戦前の作品であるプーは、最大の三七九四日（一〇年五ヶ月弱）を加算された（福井 2017）。

こうして、ついに『クマのプーさん』の新しい翻訳、映像化、漫画化といった二次創作が解禁されることになった。ただし、現在パブリック・ドメイン入りしているのは、あくまでミルンの原作の文章に限られている。つまり、シェパードの挿絵も、ディズニーの絵柄もパブリック・ドメインではない。それゆえ、新たな翻訳とともに、今後はこれまで見たことのない新しいプーのイメージが誕生し、新しいプーの造型がつぎつぎと増殖していくことになるだろう。

ここでひとつ心に留めておきたいのは、福井が指摘するように、この背景にあったTPP（環太平洋経済連携協定）をめぐる複雑な状況である。というのも、米国が「著作権期間の二〇年の大幅延長」の要求をTPPに組み込んでいたからだ。現在『くまのプーさん』はディズニーが権利を管理しており、プーは年五〇〇〇億円のキャラクター収入を生み出す稼ぎ頭となっている。

ところが当時のトランプ元大統領は公約通りＴＰＰからの離脱を選択した。それにより、少なくとも『くまのプーさん』にかぎっては、日本でパブリック・ドメイン入りを果たすことが可能になったというわけだ（福井 2017）。

もちろん、今後また著作権保護期間の延長を求める動きがでてくるかもしれない。著作権を保護することはたしかに重要である。しかし同時に、延長を懸念する声にも目を向けておくべきだろう。そのひとつは、ディズニーやハリウッドなど息の長いドル箱が多いアメリカに対し、海外で人気の高い日本のアニメ、漫画、ゲームはどれも新しく、昔の作品ではほとんど収入を望むことができないという見解だ。そしてもうひとつは、シェイクスピアやヴィクトル・ユーゴーの『レ・ミゼラブル』をはじめ歌舞伎や落語にいたるまで、古い作品をもとにした舞台、映画化といった二次創作によって新たなファンを獲得し、原作のファンも増大するというこれまでの文化の力学をふまえると、著作権の延長はこうした二次創作の源泉を枯らしてしまい、ひるがえって文化を貧しくしてしまうのではないか、といった懸念の声である（福井 2013）。

日本の著作権法においても、第一条は「著作物並びに実演、レコード、放送及び有線放送に関し著作者の権利及びこれに隣接する権利を定め、これらの文化的所産の公正な利用に留意しつつ、著作者等の権利の保護を図り、もつて文化の発展に寄与することを目的とする」と記載されている。つまり、著作権法の目的は「文化の発展に寄与」することであり、「著作物等の公正な利用に留意しつつ、著作者等の権利の保護を図る」ことはその目的達成のための手段として規定されているのである。こうした観点からどのように「フリー文化」を築いていけるのかは、今後のわたしたちの自由《フリー》な文化をめぐる見解そのものにかかっていると言えよう。
最後に、こうして一人歩きしはじめたプーが、原作者のA・A・ミルンとその一人息子クリストファー・ロビンのその後の人生に呪いのように取り憑いていくことになったことにもふれておきたい。ミルンが書いた『クマのプーさん』のモデルとなったクリストファー・ロビンは、大人になり、父の死後二〇年経ってから、自身の複雑な胸のうちを自伝『クマのプーさんと魔法の森』（一九七四）のなかでつぎのように語っている。

もしプーの四冊が、他の多くの本のようであったら――今年出版され、つぎの年には忘れられてしまうような本であったら――何の問題もなかったろう。また私が、ちがった種類の人間であったら、問題はなかったろう。ところが、不幸にも、フィクションの上のクリストファー・ロビンは死ぬことを拒み、彼と彼の生きている同名人は、いつもうまくいくというわけにはいかなかった。いま挙げた不幸――不幸と、あるときには思えたのである――のうち、前のほうのものにたいしては、父をとがめなければならない。あとのほうのは、私がわるいのである。
（C・R・ミルン 1977：270）

クリストファー・ロビンのポーズをとる少年時代の自分と、その後にプーの物語の外の世界で成長し大人になった自分。プーの物語のなかに暮らす少年時代の自分と、その外に出て暮らしてきた大人になった自分。過去と現在。虚構と現実。『クマのプーさんと魔法の森』のなかで、クリストファー・ロビンは「二重の姿」となって描き出されている。

クリストファーは、神話化され一人歩きしはじめたプーの世界によって、森を去ったあとの自分の人生をのっとられてしまったかのような苦悩に苛まれていた。物語のなかのもうひとりの「クリストファー・ロビン」に取り憑かれ、疲弊していたクリストファーは父に対して愛憎と嫉妬を抱いた。そして父との「確執」が長く続いた。のちにクリストファーが執筆した二つの自伝――父、プー、そして自らの少年時代を振り返った『クマのプーさんと魔法の森』と、プーと決別して一九五一年にダートマスで本屋を始める自らの人生を語ったもうひとつの自伝『クリストファー・ロビンの本屋』――は、彼自身が自らの少年時代と出会いなおし、父との関係を再構築するための旅路の軌跡であると言えよう。

のちにクリストファーは、父のミルンもまた自分と同じように「内に闘うべきものをもっていた」のではないかと察している。クリストファーが父に嫉妬したとすれば、父もまたおなじくらい自分自身に嫉妬していたのではないか、自分が「クリストファー・ロビン」から逃れたいと思ったとすれば、父もまたそうだったのではないか。そう思い起こし、彼は自伝のなかでつぎのように父の言葉を回想している。

イギリスでは、名声を得るほうが(と、父は書いている)失うよりもやさしい。私は、子どもの本を四冊書いた。全体で七万語はあったろうか――一冊のおとなの小説としたら、平均的な語数である。七万語で、その四冊とは別れを告げ、私に関する限り、あのような形式はもう流行おくれであると考えて、子どもの本を書くことはやめた。まえに「パンチ」から逃げ出したいと思ったように——それまでもいつも、何かから逃げ出したいと考えていたように——私は子どもの本から逃げ出したかった。ところが、そうはいかなかった（略）ある明敏な批評家が指摘したように、私の最近の劇の主人公は、ああ、なんたることぞ、「クリストファー・ロビンが大きくなったにすぎない。」こうして、子どもの本を書くことをやめたあとでも、私は執拗に、かつて子どもであった人間について書いているということになるのだ。私にとって、子どもとは何と取りついてははなれないものになってしまったのだろう！（C・R・ミルン 1977：276）

A・A・ミルンもまた、一九二八年に『プー横丁にたった家』を刊行してから、二度とプーの物語を描くことはなかった。一九三九年、ミルンが自伝『今からでは遅すぎる』を刊行したのは五六歳のことである。クリストファー・ロビンも言うように、これは自伝というより、じっさいには「ひとりの少年の話」である。そしてまたクリストファー・ロビンが言うように、おそらくミルンにとっては、四六歳のときに出版された『プー横丁にたった家』が作家人生の頂点だったのだろう。その後、ライトヴァースに戻り「パンチ」に返り咲き、大戦後は短編を発表したりもしたが、ミルンの読者は彼から離れていってしまったとクリストファーは言う。自分も父も「私たちは、二人とも、ひとにはい用のない人間だった」。だからこそ、「父は少年時代——彼のインスピレーションのすべての源であった少年時代——に帰る機会を得るために自伝を書いたのであった」、と（ミルン 1977：276）。

ミルンとクリストファーの二人がそろって自伝という形式を選択して、自身の人生を、とりわけ少年時代を語り直したのは、「何もしない」はずのプーの物語によって構築された「イノセンス」という文化的神話の呪縛を自身の手で解体し、自身の「少年時代」を取り戻す必要があったからではないだろうか。

二人の自伝は、プーをめぐる文化と所有の交錯点に位置する世界であり、彼らが個人的なものと社会的なものの関係を結び直し、旧友たるプーと「魔法をかけられた場所」で出会い直すためのひとつの儀式でもあったのだ。

終　章

ポストディズニーの時代——プリンセス・動物・イノセンス

ディズニーミームとは何か

本書では、ウォルト・ディズニーの時代を中心に、その舞台裏を探り、そこにどのような文化的文脈があるのか、そのメカニズムを解明し、それらの作品が現代において持つ意味について考えてきた。わたしたちにとって子どもの頃からなじみのあるディズニーの世界は、二〇世紀という時代に特有の思想、政治、文化の力学のなかで、テクノロジーの進歩や、時代に特有の観客のあり方と深く結びついて、現実を深いところで支えてきた。

二一世紀のディズニーは、ウォルト時代に生産されたアニメーションを根底的に見直し、数々のメディアを横断して、再帰的に自己パロディ化し、大胆にアダプテーションしながら、さまざまな変奏を加え、新たな変革に挑んでいる。

本章では、ウォルト亡き後、新しいメディアの登場と、メディアミックスを通じて増殖し変貌を遂げてきたディズニーの世界を「ポストディズニー」と呼びたい。キーワードは、多様性、フェミニズム、再帰的パロディ、メディアミックス、そしてテクノロジーによる革新だ。ポストディズニーの「ポスト」とは、たんに「ウォルト以後」という意味ではない。この「ポスト」は、ウォルト時代の遺産《レガシー》に向き合った上で、「ディズニー」がどのように脱構築され新たに機能し始めているのかを批判的に検討していくための言葉である。

第七章で論じたように、すでにわたしたちは、ウォルト時代の「原作」を離れ、ウォルトの期待とは別のかたちで読者や観客《ゲスト》が自身のディズニーの世界を紡いでいく脱ディズニー化のただなかにいる。また「ディズニー化」がインストールされ「テーマパーク化した地球」は、ポストフォーディズム／新自由主義がすみずみまで浸透した世界でもある。そこにおいて、ディズニーはグローバルなメディア企業として、観客の複数性にどう向き合っていこうとしたのだろうか。そこで本章では、ポストディズニーを特徴づけるいくつかの契機となった、プリンセスと魔女、そして動物たちに目を向けながら今後のディズニーの展望を探ってみたい。

躍進するプリンセス

一九六六年一二月一五日、ウォルトがこの世を去ったのち、ディズニーはしばらく道を見失ったかのように低迷していた。再び息を吹き返すのは、一九八四年にマイケル・アイズナーがディズニーのＣＥＯに就任してからのことだ。なかでも注目すべきは、数々の変容と多様化を遂げて刷新されたプリンセスたちだろう。

その幕開けとなったのは、『眠れる森の美女』(一九五九)以来、三〇年ぶりに制作されたプリンセス映画『リトル・マーメイド』(一九八九)である。これを機にプリンセスたちは時代に応じて古いイメージを脱却し、独自の仕方でルールを破る自律したキャラクターとして造形されるようになる(注9-1)。『リトル・マーメイド』は、ウォルト時代の白雪姫、シンデレラ、オーロラ姫に比べると、明確な意思をもって冒険に挑み、自ら夢をつかみとるポストフェミニズム的ヒロインの幕開けだった。

ディズニールネッサンスと呼ばれる第二次黄金期の作品群——『リトル・マーメイド』、『美女と野獣』、『アラジン』、『ポカホンタス』、『ムーラン』——は、舞台を人魚の暮らす海の世界、中東、アジアへと広げ、西洋の人間中心的な価値観とは異なる異端同士の恋を繰り広げていく。さらにその後のいわゆるニューエイジには、黒人初のプリンセスにして「脱プリンセス」へと脱却したティアナ、エルサとアナ姉妹の絆、親の決めた結婚を拒否し、求婚者全員をはねつけるメリダ、個性的でたくましい身体造形をもち、故郷の島を救うべく大海原の冒険に乗り出すモアナといったプリンセスが誕生している。

一方、『リトル・マーメイド』がウォルト時代のプリンセスからの脱却なら、アニメーションと実写の世界を横断しながらこれまでのプリンセスの約束事を模倣しつつ、それをパロディによって解体し、プリンセス像を再構築していったのが二〇〇七年の『魔法にかけられて』である。

アニメーションのおとぎの国の世界に暮らす主人公のジゼルは、エドワード王子と婚約するが、継母の企みで現代のニューヨークへ送り込まれてしまう。資本主義のメッカともいえるニューヨークは「永遠の幸せなどない」実写の世界だ。ジゼルはもちろん家事が得意で、歌も上手い。動物ともコミュニケーションがとれる。だが、おとぎの国のファンタジーはニューヨークでは通用しない。ジゼルは現実社会の暴力性にふれ、初めて「怒り」の感情を得て闘うプリンセスに変貌する。しかし同時にまた、彼女の天真爛漫なキャラクターとその歌声の魅力によってニューヨークに暮らす逼迫した人々に「幸せ」をもたらす。

アニメーション研究者の土居伸彰は『魔法にかけられて』が現実の実写世界を「アニメーション化」することで「不完全な現実を補強し、「永遠の幸せ」の実現可能な場所へと作り替えていく点に注目する。ディズニーによるアニメーションの超《ハイパー》現実化について、土居はつぎのように述べている。

『魔法にかけられて』が行うのは、現実の不完全性はアニメーションの原理をもちこめば克服可能だという宣言である。現実はアニメーションのドーピングにより、超《ハイパー》現実へとビルドアップされる。この作品は、セルフ・パロディであるからこそ、現実の不完全さの克服こそ、ディズニーが行ってきた行為だと雄弁に物語っている。すべてがあるべき場所へと収まり、その世界にいる万人がみな同じ世界観を共有し、幸せな状態になること。異質なものや違和感を取り去り、観客とアニメーション世界の距離を無化し、シンクロさせることによって作り上げられた「信じうる」世界は、私たちの生きる世界に反抗するのではなく、現実の欠点が埋め合わせられた理想的な超現実となることによって、私たちの生きる世界の上位に立つ。現実では決

してありえない「永遠の幸せ」が可能な、より完璧な現実となることで。（土居 2016：126）

『魔法にかけられて』はおとぎの国のプリンセスが現実の世界で「おかしな女」と化し、おとぎの国の限界を示唆するようでありながら、じっさいには、おとぎの国から抜け出ることで、おとぎの国の世界観を更新／拡張し、現実世界をエンパワーメントしていくというわけだ。

さらに、ここでもうひとつ注目したいのは、二一世紀に誕生する「ディズニープリンセス」と呼ばれるブランドである。ディズニープリンセスは、自分が出演した映画のキャラクターを引き受けつつ、これまであてがわれてきた受け身のディズニーのプリンセス像から脱却し、より多様で、より批判的な視点をもった自立した女のロールモデルとして自身をアピールしていく。『プリンセス願望には危険がいっぱい』の著者ペギー・オレンスタインによれば、ディズニー・プリンセスの発端は、二〇〇〇年にディズニーに加わったナイキの前役員アンディ・ムーニーが「ディズニー・オン・アイス」ショーの実情を調査しようとフェニックスに飛んだときのことである。会場にいたのは、小さな女の子たちだった。彼女たちはみな見よう見まねで母親たちがつくったプリンセス衣装をまとっていた。これに着想を得て誕生したのが、このディズニープリンセスというブランドである。

それ以前、ディズニーでは、映画の封切りと関係なくキャラクターを発売することはなかった。ましてやロイ・ディズニーのような古株にとって、別々の物語のキャラクターが一緒に登場するなどもってのほかだった。今となっては考えられないが、たとえ登場したとしても、お互い気づかないかのように、けっして目を合わせることはなかったという（オレンスタイン 2012：18-19）。ディズニーキャラクターの子孫たちが織りなす『ディセンダント』やゲームの世界に歴代のディズニープリンセスが登場する『シュガー・ラッシュ：オンライン』の世界はありえないというわけだ（注9-2）。だが、このブランドは予想を越えて売れに売れ、当時経営難に陥っていたコンシュマープロダクツ部門を救済することになった。

こうしてプリンセスは目覚ましい変貌を遂げていく。そしてプリンセスが変われば、王子も変わり、自然も変わる。プリンセスの変化は、「女らしさ」の更新のみならず、こじれた「男らしさ」を浮き彫りにし、西欧の男性中心的、人間中心的な物語世界そのものに地殻変動を引き起こした。その変化の背後には、新自由主義／ポストフォーディズム社会に適応する柔軟な主体の要請と労働の女性化がある。それは一方で、「ガラスの天井」を打ち破るポストフォーディズム下の女たちを生みだした。しかし他方で、既存の価値観に基づいた「成功」に疑問を投げかける動きを増幅することにもなった（ペリー 2019）。

ここで注目したいのが、資本主義社会におけるこの社会的配置の変動が男と女、文化と自然、理性と感情、人間と動物といった二元論そのものを問い直しながら編み出していった新しい物語である。人間による自然界の理不尽な支配と採取――自然を名づけ、所有し、使い果たすことで経済的利益を得る人間の活動――に対し、新たな思考を問うていくこと。二〇世紀後半には、レイチェル・カーソンの『沈黙の春』（一九六二）をはじめ、自然のイメージ――熱帯林や絶滅危惧種――はすっかり後退し、取り返しのつかないダメージが広がっているという環境への意識が高まっていた。スクリーンでは、一方で『ブレードランナー』や『ターミネーター』『マッドマックス』のようにアポカリプス的、暴力的に自然との断裂を感じさせ、この亀裂を分節化する物語が繰り広げられ、他方でヒューマニティと自然の亀裂が救出される償いのファンタジーが描き出されるようになる。こうしたなか、つねにプリンセスとその伴侶種として登場していた動物たちとの関係も、また『バンビ』や『ダンボ』をはじめ、ディズニーの長い歴史を彩ってきた動物たちをめぐる物語も大胆にアップデートされていく。

では、この新たな条件下で、ウォルト・ディズニーの「ミーム」はいかに継承され、あるいは変容していったのだろうか。以下では、本書におけるこれまでの議論を振り返りつつ、ジェンダー、自然、動物、「ウィルダネス」をめぐってディズニーがどのように人間と自然、人間と動物の関係を更新してきたのか、その変遷のなかで継承され、更新されつつも、絶え間なく底流しているエートスとは何なのか、その一端を探っていきたい。まずは、ウォルト時代とは異なる伝統を築く転機となった『リトル・マーメイド』から見ていこう。

少女が変われば、自然も変わる――人魚から「人間」へ

人間に恋し、人間の足と引き換えに声を失い、恋は実ることなく海の泡と化してしまう、人魚の話。誰もが思い起こすのは、一九世紀にアンデルセンが描いた『人魚姫』（一八三七）だろう。長きにわたり、人間にあって人魚にないものは、不死の魂だとされてきた。一〇〇年と生きられない人間には不死の魂があり、三〇〇年生きられる人魚には不死の魂はない。人魚は死して海の

泡と化すからだ。

古今東西『人魚姫』に範をとった物語は、小説、映画、演劇まで数多くの類型を生みだしてきた。たとえば、日本でよく知られるのは、人魚の肉を食べれば長生きするという伝説である。もともと人魚は、食用にもなる「魚」として流布していた。だが、アンデルセンの物語が広まると、人魚は「魚」から「女性」へ、そして「宿命の女」へと変化をとげていく（平石2016）。またオスカー・ワイルドの「漁師とその魂」のように、『人魚姫』に同性愛の主題を読みとり、人魚に恋した漁夫が魂を追い出す物語も語られるようになる。

原作では、人魚は魔女に舌を切られ、声を失う。歩くたびに激痛が走り、血の流れる足と引き換えに、人間である王子と結ばれ、不死の魂を望む。彼女の恋は叶わず、海の泡と化す。しかしその結末は、彼女が「空気の娘たち」となって不死の魂を得るところで幕を閉じる。そして、文字通り、この「空気の精《エアリエル》」を意味する「アリエル」という名のヒロインを通して描き直されるのが、ディズニーの『リトル・マーメイド』である。

アリエルは人間が暮らす地上の世界に憧れ、明るく好奇心旺盛な女の子だ。地上の世界をタブーとする「父の法」に挑み、王子の愛を獲得して人間になる。アンデルセンが現実社会の痛ましい階級意識を地上と海の世界に見立てたとすれば、ディズニーはこの二つの世界をジェンダーと異種をめぐる物語として描き直した。

フェミニズム批評家のローラ・セルズによれば、『リトル・マーメイド』は白人男性を中心としたシステムへの参入を求め、海の生き物たちの世界から地上の人間の世界へと階級上昇を目指すブルジョワ・フェミニストの寓話である。現状の体制を乗り越え、エンパワーメントと抵抗の可能性を示唆するフェミニズムの物語であるというわけだ（Sells 1995）。

なるほど、アリエルは海の底から見上げていた「ガラスの天井」を突き破り、陸の世界へ踏み出す。またドラァグクイーンをモデルにしていると言われるヴィランズのアースラも、海の世界をのっとろうとする権力欲に満ちている。歌をうたい始めた初のヴィランズが口ずさむのは「好まれるのは黙ってうなずき、男の後ろを歩く。分かった？　要するに会話は無駄。紳士たちに嫌われる」という古びた「女らしさ」への辛辣な皮肉である。

アースラがアリエルと取り交わす魔法の条件は、アリエルの美声と引き換えに、三日間だけ人間となり、そのあいだにエリック王子とキスを交わせば人間のままでいられるというものだ。失敗すればアリエルの身柄はアースラのものとなる。地上の人間世界は物質的な商品社会からなりたっている。そこではアリエルの美声こそが、コモディティ価値をもつことをアースラはよくわかっている。

ここで第三章の『白雪姫と七人の小人』で見た「ワイルド・センチメント」のロジックを思いだそう。『リトル・マーメイド』でも、女性の表象は善と悪に分断され、アリエルは海の仲間たちと言葉を交わし、コミュニケーションをとることができる。人間に姿を変え、アリエルから声を奪ったヴァネッサ（アースラ）がエリック王子と結婚しようとすると、鳥や魚たちは必死にそれを妨害する。ヒロインは動物とコミュニケーションを交わす純粋無垢な存在として描かれ、資本主義的な労働倫理を促進しながら自然を征服する人間社会へと足を踏み入れていく。

『リトル・マーメイド』では、「男は文化であり、女は自然である」という伝統的な公式は陸と海という生息環境を通じて再生産されている。また、女性と自然はともに手つかずで純真無垢《イノセンス》な処女性からなる善と、そうではない手垢にまみれた悪に二分されている。女性と自然を重ね合わせながら展開する文化／自然、文明／未開、人間／非人間といった二元論的思考は、帝国主義的拡張を正当化していくときに働くロジックと共振するものだ。

さらに、地上の人間と海の住人は、食べる／食べられるという関係によって描き出されている。物語は文明と野蛮とを対立項とした設定のもとで進んでいく。ただし、そのロジックは、人間と海の住人とで反転している。

海の世界のロジックはこうだ。海の世界は、地上の人間界よりもずっと自然との近親性に富んでいる。珍しい草木が生え、森があり、王宮の庭には花壇もあり、多彩な魚が海中を舞う。アリエルとともに地上の人間界に渡ったカニのセバスチャンを思い出そう。地上の人間界において、海の生き物たちの存在は、食卓に並べる料理の対象でしかない。コックから必死に逃げ回るセバスチャンにとって、地上とは、自分たちを焼き、ゆで、揚げ、食べてしまう「野蛮」な世界である。海の世界は地上に比べて遥かに豊かで幸せな世界なのだ。

資本主義のロジックによってコミカルに描き出されるその光景は、人間と海の住人との自然に対する関係性の決定的な違いを示している。その違いとは、マルクスが述べたように人間が目的をもった「労働」を介して自然との物質代謝を行っているということだ。セバスチャンが歌う『アンダー・ザ・シー』は、それを端的に物語っている。彼らは、カリブの海の世界の豊かさのなかで、歌って踊って楽しく暮らす。そこには自然の豊かさを吸い尽くし、「労働」を介して「商品」を生み出すシステムは存在しない。

だが、そもそもここでいう自然とはなんだろうか。アメリカの詩人ゲーリー・スナイダーは『野性の実践』のなかで、「自然」という言葉には二つの異なる意味があると述べている。ひとつは、「野外《アウトドア》」、つまり文明や人間の意図とはかけ離れた規範を指し、もうひとつはさらに広い意味で、人間の行為や意思を含めた物質界――ニューヨークも毒ガスも原子力もこの世で経験するすべてのこと――を指す。そしてこの自然の秩序がもたらす「生と死」の教えに支えられているのが「ウィルダネスの文化」なのである。

「ウィルダネス」とは「多種多様な生物や非生物が、それぞれの法則にしたがって存在」し、そこにある野性が十分に活かされた「野性のシステム」の場である。言いかえれば、偶発的で、不確定で、文脈に依拠した絶え間ない差異のプロセスが実演される場所なのだ。そこは、崇拝される手つかずの「自然」でも、環境保護自体を目的とし人間の存在を否定する「ディープエコロジー」の行きつく先でもない（スナイダー 2000）。

環境文学者のパトリック・マーフィは、ディズニー映画が描いているのは、この動的な「野性」の否定であり、それによって確立された安定した静的なシステムであるという。そして、じつはこの安定性こそ、ディズニーが時代を超越した現代の「古典」として繰り返し放映され、新しい世代を魅了し、不動の地位を築く戦略のひとつになっているのだと述べている（**Murphy 1995 : 125**）。

もっとも『リトル・マーメイド』では、魔女のアースラは破滅し、姫のアリエルが恋を成就する。けれども、アリエルの夢が実現するのは、彼女がヴィランズから「声」を取り戻し、身体を造形して脱自然化し、「野生のシステム」から脱却することによってである。果たして、地上で人間として暮らすアリエルはどこまで自らの足で歩いて行くことができるのだろうか。入浴、着替え、食事のマナーを何一つ身につけていないアリエルは、人間が築いた「文明」からかけ離れた「野蛮」で「未開」な姫であり、エリック王子の庇護なしに生きていくのは難しそうだ。

そしてまた、海の世界と人間の世界は明確に棲み分けされたままである。海か、陸か。この「選択の自由」は、生まれか、種属かの選択が迫られる『ジャングル・ブック』（一九六七）にも見て取れる。この「選択の自由」に囚われない自由が叶うのは、アリエルがエリック王子とともに人間の世界になじみ、娘のメロディが海と陸の壁を取り払う『リトル・マーメイドII』（二〇〇〇）や実写版『ジャングル・ブック』（二〇一六）が登場する二〇〇〇年代まで待たなければならない。この時点では、アリエルは海の世界の住人に別れをつげて人間の世界へと「越境」することで自身の「幸せ」を手にするのである。

アリエルにとって「人間になる」ということは、互いに異なる「文明」と「野蛮」のシステムを受け入れ、かつて人魚であった記憶を人間の女として身体にとどめながら、身体を変容させ、脱自然化していくことだった。この脱自然化は、ディズニールネッサンスならではの「ワイルド・センチメント」の更新と言えよう。ただし、その手法にはいくつものヴァリエーションがある。そこでつぎに、人間界への「越境」を通じて恋を叶える『リトル・マーメイド』に対し、王子が動物へと姿を変え、そして再び人間に戻る『美女と野獣』(一九九一)を見ていこう。

「野性」を飼い馴らす美女、あるいは獣と主権者

『美女と野獣』は、神話「アモールとプシュケー」をもとに、一七四〇年にガブリエル゠シュザンヌ・ド・ヴィルヌーヴ(ヴィルヌーヴ夫人)が執筆したフランスの異類婚姻譚である。一七五六年にジャンヌ゠マリー・ルプランス・ド・ボーモン(ボーモン夫人)が子ども向けに書き下ろし、以来、翻訳、映画、ミュージカルと数多くのアダプテーションが誕生し、広く知られるようになった。物語の教訓は、外見にまどわされずに真実を見通すこと、怪物とはそれを見る者の視覚の産物であると認識することだ。

だが、この物語には別のメッセージも織り込まれている。たとえば、マリーナ・ウォーナーは、ボーモン夫人がフランスのサロンではなく、イギリスの家庭における子ども部屋という場へと語りの場を移した点に注目し、この物語に「男性の性欲や動物的な本能を飼い馴らすのが義務」とされる「ヴィクトリア朝時代の家庭の天使の兆し」を読みとっている(ウォーナー 2004 : 243)。

一方、ジャック・ザイプスは、出版当時、ロンドンで家庭教師をし、少女たちにさまざまな教訓を語っていたボーモン夫人にとって、この物語が掲げる「正しい考え」とは、「父親の誤ちのために自己犠牲を払う」、「醜い野獣であっても親切で行儀がよければ愛せるようになる」、そして「どのような結果が待ち受けていようとも野獣との約束を守る」という考えであり、「勇敢にも父親のために自己犠牲の道を選ぶという、ヒロインの高潔な行為を褒め称えること」だったと

指摘する。ザイプスはつぎのように述べている。

美女は無私であり、おそらくは、そのために彼女は名前をもっていないのだ。彼女は名なしである。処女は誰でも「美女」になれる。つまり無私で名なしになれる。美徳を表す美女には、偽りの力が与えられている。その偽りの力は、ここでは妖精の形をとっているが、それがどのようなものであれ、自己犠牲を払う者に申し分のない夫をごほうびとして与えるというのである。(ザイプス 1999 : 58)

ザイプスによれば、ボーモン夫人の『美女と野獣』は、「エディプス神話を再生産し、女の従属と男の支配というテーマを強化し続けてきた」というわけだ(ザイプス 1999 : 70)。

こうして『美女と野獣』は、おとぎ話として制度化されるなかで、いくつもの解釈とイメージの変遷を遂げながら、その後三〇〇年にわたって語り継がれ、広く読み継がれてきた(注9-3)。

一九九一年にアニメーション化したディズニーもボーモン夫人の物語をもとに製作された。だが、ディズニーはいくつもの変更を加えることで、独自の仕方で物語を更新している。

まずは、王子が野獣になった理由である。ヴィルヌーヴ版では、王子を野獣に変えたのは、王子に恋し、求婚を断られた老いた妖精の怒りだった。いわば、王子は犠牲者であり、野獣という仮面の牢獄のなかに幽閉されたというわけだ。しかも、妖精が王子にかけた呪いは、「素性を隠し、才気を隠し、醜く愚かな獣の状態で、若く美しい娘から愛され求婚されること」だった。それゆえ、美貌も肩書きも失って野獣となった王子は、ただ「善良さ」によってのみベルを振り向かせなければならなかった。

一七世紀以降、「野獣（bête）」とは、理性を欠いた動物、人間以外のあらゆる生き物を意味し、そこから「自分の快楽しか求めないヒト」、「本能的な性質、獣性」を、さらには「知性 esprit を持たない愚かな人」という比喩的な意味へと転じた。『美女と野獣』において、野獣が「獣」を意味するだけでなく、「愚か者」でもあるのは、彼が積極的に知を発することを奪われ、何一つ気の利いた飾り気のない愚鈍なコミュニケーションしかとることが許されないからである（藤原 2007 : 57-62、藤原 2016 : 167）。いわば、彼はコミュニケーション能力が欠如した存在に変えられてしまったのだ。そしてこの点は、ディズニーアニメーションにも通じるところである。

だが、ディズニーアニメーションでは、王子が野獣に変えられたのは、醜い老婆が一輪のバラを手に一晩だけ城に泊めてほしいと懇願したにもかかわらず、見た目の醜さゆえに王子が追い返そうとしたからである。老婆は魔女で、彼女は人を外見で判断する冷酷な王子とその召使い、そして城全体に呪いをかける。呪いが解ける条件は、バラの花びらがすべて落ちる前までに王子が愛した相手から愛される「真実の愛」を見つけることだった。

このように、ディズニー版では、何よりも野獣の改心がひとつのポイントとなっている（注94）。この意味で、ディズニーの『美女と野獣』は、ベルの物語というより、野獣が自らをどう見出し、どう変化していくのかを描く野獣の物語なのである。では、野獣は具体的に何を見出し、どう改心するのだろうか。

ここで注目したいのが、ベルの存在と「男らしさ」の変容である。ディズニーアニメーションでは、ベルは一人娘で父と二人で暮らしている。ちなみにヴィルヌーヴ版では六人の息子と六人の娘、ボーモン版では三人の息子と三人の娘からなる家族だった。そしてまたベルの父モーリスの職業もお金持ちの商人から、しがない発明家に変更されている。発明家といっても、型破りな薪割り機が自慢の貧しく夢見がちな存在で、村人からはバカにされている。だが、発明家であるからこそ、彼は城のなかで出会う、話すモノと化した者たち――時計のコグスワース、ティーポットのポット夫人とその息子チップ、ろうそく付きの燭台ルミエール、洋服ダンスのワードローブ――との出会いを恐怖よりも好奇心でもって迎えたのではないか。魔女が城にかけた呪いとは、動物、植物、モノが生を受けたアニミズム的空間を反転した擬人化ならぬ擬物化によって創出された世界であり、人間だけが必ずしもこの世の主人ではないことを示唆する呪いだった。

さて、一人娘のベルは家事もこなしているようだが、白雪姫やシンデレラのように家庭的な少女として可視化されることはない。むしろ一八世紀にジャン・オノレ・フラゴナールが描いた「読書する娘」を想起させ、一見すると小さな村のなかで文字の読める「知性のある女」という点が強調されているように思われる。しかし、一八世紀には、「男性の読書」とは対照的に、「女性読者」とは「小説を読んでいたずらに感情を高ぶらせている存在」であり、「女性の読書」は女性の「美徳」にとって有害な「堕落」を意味していた（宇野木 2017）。だからこそ、町の住民たちから「ごらん、あの娘はいつでも少し風変わり、夢見る瞳、本を読みふける、なぞめいた娘だよ、ベルは」と歌われ、忌避されるのだ。

では、ベルは何を読んでいるのか。アニメーションでは『ジャックと豆の木』を、またエマ・ワトソン主演の実写版ではシェイクスピアの『ヴェローナの二紳士』を読み、『ロミオとジュリエット』の一節を暗唱している。とはいえ、彼女が歌う「朝の風景」によれば、「一番のお気に入り」は、遠く離れた場所を舞台に、大胆な剣の決闘が繰り広げられ、魔法の呪文が唱えられ、姿を変えて変装した王子が登場する物語だ。つまり、それはベル自身がこれから体験する世界なのである。こうしてベルは、自らが夢見る物語の世界を切り拓くヒロインと化す。

ここで重要なのは、ディズニー映画において、自然の征服と結びついた旧来のマッチョな「男らしさ」が否定されていることだろう。ベルがガストン（ちなみにガストンは原作には登場しない）に「あなたこそ野獣だ」と言い放つとき、ガストンに憧れる町の娘たちとは対照的に、彼女は粗暴で自惚れの強いガストンを、強くてデカいだけの時代錯誤なナルシストとして一蹴する。狩りが得意なガストンは動物を殺す（そして野獣を殺そうとする）。だが、ディズニー版では、狩りの腕前を誇示するトロフィや悪趣味な陳列品は、自然を征したガストンの優位性ではなく、彼が死んだ自然やそれを変容させたグロテスクな商品世界に取り囲まれていることを示唆している（Whitley 2012：47）。

つまり、野性＝自然に対する人間の征服は、旧来の「男らしさ」とセットになって、ガストンへの風刺を通して否定的に表現されているのである。ガストンとは、粗野な野獣さからなる人間中心的、男性中心的な「男らしさ」に呪縛された人物であり、その行く末は、自然の成敗たる転落死というわけだ。

では、美女《ベル》は何を欲していたのか。そもそもベルと野獣の関係は、クラシック・ディズニーのプリンセスとも『リトル・マーメイド』とも一線を画している。ベルは野獣に一目惚れするわけではなく、ベルが野獣に惹かれていくのは、粗野な野蛮さではなく、野獣の優しさであり脆弱さである。

ただし、ディズニーの野獣は七種の動物のキメラとして登場している。野獣を描いたアニメーターのグレン・キーンによれば、頭部と長く延びた角はバッファロー、腕と身体はクマ、眉毛はゴリラ、顎と歯、そしてたてがみはライオン、牙はイノシシ、脚と尻尾はオオカミ、そして微かに人間としての痕跡が留まっているのが、そのブルーの瞳だった。

なるほど、キメラであるこの野獣は、あらゆるカテゴリーから逸脱したモンスターである。しかし、同時にこの野獣がアメリカン・バッファローという、まさしくアメリカにおいて「失われたイノセンス」としての野性を持ち合わせた存在であることを忘れてはならない。つまり、コミュ障のこの野獣は、アメリカにおける「失われたイノセンス」としての「野性」の形象であり、この「野性」がヒロインとの関係性を通して変容を遂げることで「人間」に戻るというわけだ。

さらに注目すべきは、野獣がベルとの暮らしのなかで、食事のマナーを学び、入浴して身体を洗い、白雪姫に登場する小人たちのように衛生文化を身につけて文明化していくことである。つまり、ベルは、ウィットリーが「野性の礼節 wild civility」と呼ぶ、矛盾をはらんだ儀礼を通して、野獣を飼いならしていくのだ。ただし、この「飼いならし」は理想的な「良き母」あるいは「家庭の天使」の変奏版というより、むしろアリス・ロバーツが言うように、飼いならす＝飼いならされる関係として異種のあいだで互いに自己変容を遂げていく交歓のプロセスと言えよう。

そしてもうひとつ重要なのは、この野獣が、オオカミに襲われそうになったベルを守り、ガストンとの闘いに勝利をおさめる勇士でもあるということだ。つまり、時代を先取りした知的で勇敢なベルへの応答として登場した野獣の「野性」と「男性性」は、旧来的な男性性とは異なる、「失われたイノセンス」を具現化した「助力者としての男性」としてだけではなく、愛するものを「守る」という「強さ」をもちあわせたものとして描き出されているのである。

このように、『美女と野獣』において、野性は再び独自の仕方で更新されることになる。王子という法の適用の例外として位置づけられる存在は、野獣という法の外におかれた例外的存在として、人間の対蹠点《たいせきてん》として規定される生を経由することで、はじめて「人間の条件」をクリアし、ベルの愛を獲得する。ここでは、人間社会から疎外され、法の外におかれた動物の生とその経験は、人間としての責任＝資格を培うための通過儀礼となっている。つまり人間の枠組の外の世界を生きる例外的経験を経て、はじめて人間になる／昇格することができるというわけだ。一方、ガストンのように、その責任が果たせないものは、死を迎え、物語の世界からは駆逐されていく。

とはいえ、なぜ『リトル・マーメイド』も『美女と野獣』も、人間の身体を獲得し、人間になることによってハッピーエンドを迎えるのだろうか。この帰結は、その後の『プリンセスと魔法のキス』（二〇〇九）においても継承されている。ディズニー映画では、どれだけ「野性」が更新されようと、文化と自然、文明と野蛮、人間と非人間という二元論的思考はたえず再構築されながら、維持されていく。それを支えているのは、ブルーノ・ラトゥールが「大いなる分岐」と呼ぶものから生み出された「人間」にとっての「他者たち」の生をめぐる思考と表現形式であり、そこには、ディズニーならではの「人間の条件」がある。

けれども、ここで同時にふまえておきたいのは、ディズニー映画においては、「人間」にとって他者となるキャラクターの多くが、ドナルド・クラフトンのいう「体現的パフォーマンス」と呼ばれる表現形式——動物、植物、モノが演技する個人主義的な行為主体として可視化されるアニメーションの動き（注9-5）——によって描き出され、それらがディズニー特有のイノセンスを持ち合わせているということである。では、そのイノセンスとは何だろうか。

ディズニーと「イノセンス」の政治学

アメリカの教育学者ヘンリー・ジルーはディズニーとイノセンスの終焉についてつぎのように述べている。

ディズニーを理解するのは、単純な作業でも、とるに足らない作業でもない。他の多くの巨大企業と同様に、ポピュラー文化に焦点をあて、利用可能なあらゆるプラットフォームに届けるために製品やサービスを継続的に拡大している。だが、ディズニーのユニークなところは、批判を完全に打ち負かすとは言わないまでも、あらゆる場面で批判を逸らすことができるチタンクラッドのようなブランド・イメージ——子ども時代のイノセンスと健全なエンターテインメント——にある。このイメージによって、ディズニーは自身への批判を全面的に切り捨てられないとしても、あらゆる場面で批判をかわすことができるのである（Giroux 2010）。

ジルーによれば、ディズニーには、戦略的にイノセンスを訴えてきた長い歴史がある。ディズニーキャラクターはその歴史によって公共の記憶を形成し、それによって権力の網の目から逃れることで、ディズニーのイメージを浄化《サニタイズ》してきた。つまり、ディズニーは、イノセンスの提供者として、イノセントで幸せな子ども時代を求める人々の幻想のために、政治的な監視から自身の身を保護してきたというわけだ（Giroux 2010 : 30）。

ここでのイノセンスは、ウィリアム・ブレイクが唱えたロマン派のイノセンスや、失われた子ども時代へのノスタルジーの美化、あるいはジャクリーン・ローズが暴いたように、永遠の少年たるピーター・パンのごとく、大人の欲望によって捏造された子どものイノセンスのイメージとはいささか異なるものである。

では、ディズニーならではの「子ども時代のイノセンス」とは何だろうか。社会学者のディック・ヘブディッジは、ディズニーの世界にインストールされた子ども時代とイノセンスを「ディズノーシス **Dis-gnosis**〔*diz-'nosis*〕」という新しい造語によって読み解いている（Hebdige 2003）。ヘブディッジによれば、ディズノーシスとは、ギリシア語で「知識、認識、叡智」を意味するグノーシスに反し、積極的に叡智を欠くことを意味する。たとえば、ディズノーシスは、「知らない」という意味の「イグノランス」とは異なる。「イグノランス」が「調理」されていない「ナマ」の知であるとすれば、ディズノーシスは、すでに真空パックのコンビニ・フードのごとく「調理」された知であり、知の反対語というわけではない。

また、ディズノーシスは、罪の反対語である「イノセンス」とも区別されなくてはならない。「罪がない」という意味のラテン語から発した「イノセント」という語は、そもそも英語では「無害な harmless」、「非難にあたいする罪がない blameless」という意味であり、一四世紀後半になって「単純、率直 simplicity」、「狡猾さがない lack of cunning」という意味合いを帯びるようになった。「イノセンス」が、高潔な残忍さ、非の打ち所のない畏敬や精神的な驚き、幼稚な単純さ、子どものような純真性といった概念と結びつくようになるのは、その後の欧米のロマンティシズムを経てからのことだ。ヘブディッジは、こうしたイノセンスの系譜に、ディズニーならではのグノーシスという意味をこめて、シミュレートされたイノセンスとして「ディズノーシス」という言葉を提示している。

ディズニー映画において、このディズノーシスは、本来、西欧の進化やテクノロジー、生物をめぐる語りのなかでつねに「攪乱的な位置」を占めてきたはずの無垢ならざる「奇妙な境界線上の生き物たち」と人間とがふたたび融和を感じられる親和性を生み出すための装置として機能している。

ディズノーシスが浸潤しているのは、スクリーンの世界だけではない。ヘブディッジがその一例としてあげるのが、カリフォルニア美術大学から数マイルのところにあるバレンシアタウン・センターである。ここは、一九九二年にロサンゼルスから約一時間半のオレンジカウンティーの南端にあるサンタクラリタ地区に建設されたエンクローズ型のリージョナル・ショッピングセンター（RSC）で、そこには比較的豊かなアッパーミドルの白人たちが暮らしている。世界最初のショッピングモールを創案したヴィクター・グルーエンが一九六〇年代半ばにデザインした場所であり、等身大の理想的なバレンシア人たちのキャスト＝ブロンズ像がいくつも建っている。彼らは、あたかも何か大惨事が起きて、買い物の最中に動きを止められてしまったポンペイの住人のように石化して静止している。サンタクラリタの「シグナル」紙の投書欄によれば、地元の小学生のあいだではある噂がながれているという。銅像は夜になると息を吹き返し、近所の子どもたちの血を呑もうとバタバタ足を踏みならしているというのだ。

当時、モールには、ディズニーランドのメインストリートのようなストリート網があり、ブロンズ像の少年が、IMAXシアター前の噴水のそばで空の水バケツを姉らしき年上の女の子に向かって放り投げるポーズをとっていた。こうした振る舞いはアニメート・ゾーンでは禁止されていた。またバレンシアではゼロ・トレランス政策がとられており、生きていようが死んでいようがどんな動物もセンターへの持ち込みは禁止されていたという（注9-6）。いわば、バレンシアタウン・センターは、生の息吹をシミュレートし、それを凍結することで誕生した無害でセキュリティの高いショッピング空間なのである。

この都市空間は、かつてウォルトが構想したEPCOTを思わせ、ディズニーは「つねに、清潔《クリーン》な世界だけを見せてきた」というリチャード・シッケルの指摘とも響き合う。では、こうしたディズノーシスが浸潤したクリーンな世界において、人間／動物たちはどのように描き出され、「イノセンス」と「野性」はどこに向かっていくのだろうか。あるいは、そのような「善良さ」

に満ちた世界では、他者との共約可能性の創出にともなう、ある種の暴力性はどこに向かうのだろうか。それをもっとも端的に描き出したディズニーアニメーションとして、最後に『ズートピア』（二〇一六）を見ていこう。

『ズートピア』と楽園の論理――「野性」の行方、「正義」のややこしさ

肉食動物と草食動物が仲良く共存し、高度なテクノロジーが発達した文明社会。『ズートピア』は、「誰もが何にでもなれる」というスローガンを掲げた、「動物たちの、動物たちによる、動物たちのための楽園」である。これまでのディズニーアニメーションの王道をいく作品でありながら、これまでとの大きな違いは、夢が叶ったあとのことを描いている点だろう。

主人公は田舎からやってきた活発で正義感の強いウサギの女の子ジュディ。彼女の夢は、「世界をよりよくするために、あこがれのズートピアで最高の警察官になる」ことだ。ジュディにとって警察官になることは、世界の平和を希求する正義のヒーロー／ヒロインを意味する。ウサギは田舎でニンジン作りに励むものだ、というステレオタイプを打ち破り、ウサギ史上初の警察官となってズートピアへ旅立つ。動物とはいえ、ガラスの天井を打破するジュディもまたポストフェミニズムの系譜を歩んでいると言えよう。

だが、一見すると、「野生」の近代化を遂げ、高度に文明化された「動物たちのユートピア（Zoo + Utopia）」は、深い闇を隠しもっている。あるとき肉食動物たちが次々と姿を消す不可解な失踪事件が起きる。物語は、偶然にもジュディが出会ったキツネの詐欺師ニック・ワイルドと

ズートピア最大のこの謎に挑む、いわば犬猿の仲ともいえるウサギとキツネのバディムービーである(注9-7)。

まず確認しておきたいのは、たしかにズートピアはいくつもの点で「進歩」しているということだ。たとえば、ズートピアの住民は、種ごとに異なる動物の特性を失うことなく、かつ人間のように言葉を話し、二本足で行動し、スマートフォンを使いこなし、アイスを食べ、録音機能付きの「ニンジン型のペン」を活用し、自動車を乗りこなす。それどころか、ヌーディスト集団も存在し、他の動物の裸体に驚く一面をもちあわせている。ズートピアに犬や猫といった人間のペットを思わせる動物が存在しないのは、彼らが、擬人化を戦略的にわがものにした動物であるという意味で、自立したハイパーヴァーチャルな「進化」形の動物たちだからだ。

動物たちのリアリティの擬装はかなり徹底している。ズートピアの動物たちは、現実の動物のサイズ感にこだわってすべてがデザインされている。動物のサイズ、体重、動き方の違いは、動物たちが水たまりを走るときにあがる水しぶきのあがり方の違いにいたるまで注意が払われている。ヤーコプ・フォン・ユクスキュルの環世界さながら、それぞれの動物の視点にたった世界のサイズ感とスケールが再現され、入念にリサーチされた動物たちの習性がそれぞれの動物固有の「動き」――たとえばレーダーのように敏感に反応するジュディの耳――によってパフォーマンスとして表現されている(注9-8)。

何より驚くべきは、五〇種の動物たちのリアルな「毛並み」だろう。ふわふわとしたヒツジの毛、硬いナマケモノの毛、そして透明なホッキョクグマの毛。動物たちの毛は、毛並みの向き、成形、光の当て方に加え、新たに開発されたソフトウェア「iGroom」により、「仮想レイヤー」を使って見えない部分の毛まで入念に考慮されている。こうして動物たちは、セル画に描かれた絵画的リアリティとは異なるリアルな動物性を獲得し、しかし同時に性別、年齢、学歴、出身地、見た目の違いから偏見を抱える人間とその社会を映し出すことで、人間／非人間の境界を危うくし、新たな批評的関係性をつくり出す可能性を示唆する。

もうひとつ注目すべき進歩は、テクノロジーによって実装された動物版ＥＰＣＯＴともいえる架空のハイテク都市だ。ズートピアは、リアルな「都市計画」に基づいて設計され、テクノロジーによって完全にバリアフリーが行き届いている。ここでは、動物たちは住み分けし、それぞれが理想的で快適な生息環境に暮らしながら共生している。つまり、種族間の格差はテクノロジーが埋め、それが民主主義の土台となっているというわけだ。

たとえば、川から吸水して湿気を生み出す人工樹林から高温多湿の環境をつくった熱帯雨林エリア。頂上のスプリンクラーから雨が散布されるレインフォレスト地区。そして、ネズミのような小さな動物たちが暮らすミニチュアサイズのかわいい街リトル・ローデンシア。この地区は高いフェンスで囲まれ、大きな動物たちが侵入しないよう「配慮」されている。ホッキョクグマやトナカイは降雪装置によって雪の量や天候が調節された極寒のツンドラ・タウンに暮らし、この街を冷やすエアコンの排気がサハラ・スクエアに送られ、砂漠の街を暑くしているという効率的な工夫がなされている。さらにキリン用の背の高いクルマ、「小さい動物用」と「大きい動物用」に使いやすく分けられた列車の扉など、動物たちの「多様性」への「配慮」が、マルチスケールな都市設計のいたるところで演出されている。

では、この完璧に実装された進歩的な未来都市が抱える闇とは何か。それは、すでに「進化」して乗り越えたはずの社会的不平等と偏見である。ただし、それはけっして剝き出しになっているわけではない。というのも、ズートピアでは、その問題はすでに解決済みで、予め相互理解していることが前提とされているからだ。このことは、映画の冒頭でジュディたちが演じる幼年時代の学校劇で示される。しかしそれは、互いの事情にはふみこまず、いわば、理解を放棄することで規範を内面化しているという意味で、「進歩」を遂げた社会なのである。

その一端は、たとえば、初出勤したジュディに「かわいいね」と声をかける受付のチーターのクロウハウザーに対し、「ウサギ同士ならかわいいって言われてもいいけど、他の動物に言われるのはちょっと……」と返すジュディ、あるいは「(副市長というのは)名前だけ、じっさいは秘書なの。選挙でヒツジの票を集めるためよ」と口にするベルウェザーのふとした一面に、悪意のない「善良さ」をまとって現れる。とはいえ、かくいうジュディも、親からもらったコンスプレー(キツネ撃退用のスプレー)を携帯しているのだ。

ズートピアでは、肉食動物と草食動物、捕食者と被捕食者という生物学的な差異に二分された弱肉強食の暗い歴史はすでに乗り越えたはずだった。にもかかわらず、そこには、「わたしはとてもよくわかっている。しかし、それでも……」というロジックが深く根を下ろし、ジュディをはじめとする動物たちの主体は明らかに分裂している。このロジックを駆動させているのは、潜在的な脅威から引き起こされた不安と結びついた情動である。ジュディはトガリネズミのMr.ビーンに問う。優しいカワウソのオッタートンが突然凶暴化したのはなぜか、と。答えはこうだ。「お嬢さん、我々は進化したが、今も身体の奥底に野性が眠ってるんだ（中身は今も獣のままだ）」と。この脅威と不安は、肉食動物たちが進化して克服したはずの「本能」に目覚めて、わたしを食い殺すかもしれないという恐怖から来ている。

事態が思わぬ方向へと一転するのは、捜査から分かったのは肉食動物だけが凶暴化していることだと公言したジュディの記者会見によってである。この発言により、肉食動物に対するステレオタイプは、彼らへのネガティブな偏見に変わり、言動としての差別が剝き出しになっていく。ジュディはズートピアの英雄になり、肉食動物たちは社会から居場所を失う。幼い頃から、キツネであるという理由で偏見の脅威に囚われ、草食動物の子供たちに強引に口輪をつけられるというひどい差別を受けたニックにとって、信頼関係を築きつつあったジュディに公言されたショックははかりしれない。

かつての人種差別が「わたしの文化はあなたの文化より優れている」というものだとすれば、ズートピアに見られるのは、「わたしの文化はあなたの文化とは異なる」というポストモダン的な再帰的種差別である。ズートピアで問題になっているのは、「あらゆる種文化の価値が平等であることはよくわかっている。しかし、それでも草食動物のわたしたちは、あなたたち肉食動物の文化を怖れているようにふるまう」という、フェティシズムによるシニシズムの否認とその正当化の顚末である。

ここにおいて、肉食動物と草食動物の関係は、食う／食われるという関係から「本能」と「理性」、あるいは「野蛮」と「文明」の問題として読み替えられ、わたしたちは再び「野性」の問題に出合い直すことになる。

物事を見た目ではなく中身で判断しようというメッセージを、わたしたちはすでに『美女と野獣』で学んだ。『ズートピア』が抱えるテーマは、社会的正義をめぐって展開する「わたしはとてもよくわかっている。しかし、それでも……」というロジックの行方とそれに対する向き合い方だ。じっさい、物語の終盤に出てくる博物館の展示物は、その「進歩」の歴史がいかに暴力的なものだったのかを物語っている。槍を手にした凶暴な顔のウサギの銅像、あるいは木の上のサーベルタイガーを槍で狙う、草食動物らしき二足歩行動物たちの巨大壁画がそうだ。この「進歩」は、人間が武器を手にして自然や動物を制してきたように、草食動物が武器を手にして繰り広げてきた闘いの歴史を示している。

人類学者のデイヴィッド・グレーバーは、『民主主義の非西洋起源について』のなかで、もともと民主主義が意味していたのは、民衆《デモス》の力、さらには暴力《クラトス》であり、エリート主義者らはつねに民主主義というものを民衆の暴動や暴徒支配としてみなしていたという。歴史上もっとも競争的な社会であった古代ギリシアでは、運動競技、哲学、悲劇その他あらゆるものが公の場でなされる競争として仕立て上げられていた。だからこそ、政治的意思決定もまた公の場でなされる勝負によって担われたのだろう。そしてこの意思決定は、武装した民衆によって担われていた。そこでの採決とは「公の場でなされる勝負」であり、「誰かが負ける」のを可視化し、多数派の決定への同意を強制する手段だった。それゆえ、この決定に対しては屈辱や恨み、憎しみが増幅される。

グレーバーが目を向けるのは、コミュニティの破壊を引き起こしかねないこうした「征服」ではなく、「自分の意見が完全に無視されたと感じて立ち去ってしまうものが誰もいないように」、コンセンサスによって意思決定をする「妥協と総合のプロセス」からなる政治だった（グレイバー 2020：45-49）。

『ズートピア』が、映画としてこの行き詰まりを打開するためにとった戦略は、動物をめぐる固定観念＝ステレオタイプをあえて前景化し、動物たちの内に宿る拭いがたい偏見を逆手にとることだった。たとえば、ツンドラタウンの暗黒街のボスである「Mr.ビッグ」はどの動物よりも小さく、記憶力のよいはずのゾウはまったく何も記憶しておらず、ナマケモノが自動車で暴走するといった具合に、観客が「知っている」動物のイメージ——ゾウは決して記憶を忘れない、キツネはずる賢い、ウサギはシャイ、動物の世界を支配しているのはその一割にすぎない捕食動物である——をまず意図的にとりあげ、物語を通して、そのイメージをつぎつぎと痛快に裏切っていくというわけだ。

そしてもう一つ、ここで目を向けるべきは、差別や偏見を許さず、自分は「正しい」生き方をしていると信じて疑わないジュディの「善良さ」こそが、意図せずして、暴力性を帯びてしまったことを明るみにしていることだろう。それにより、一連の出来事を通して、まっさらな正義感からなるジュディの「イノセンス」と「正義」のコードもまた更新されていくのである。

こうして、肉食動物たちが失踪し、凶暴化する謎の事件は、自己顕示欲の強いベルウェザーという一個人による陰謀というかたちで解決する。ズートピアには平穏な日々が戻り、ニックとジュディの信頼関係も回復する。二人はズートピアの警察官として「イノセントな子ども時代」の夢を叶える。

この結末で実現される多種主義の平和は、人種、民族、種を越え、誰もが平等で調和して暮らせる紛争のない社会に向かう物語が前景化していくポストディズニーの世界のヴィジョンへと結実している。だが、「世界をよりよくするために」ズートピアで最高の警察官になるという子ども時代の夢の実現は、文化のなかに自然が、文明のなかに野蛮が包摂されていくことを示唆しているのだろうか。人間不在のその世界には、人間と自然という二元論だけでなく、人間と人間との関係、さらには動物と動物との関係が見直される多自然主義的な視座のなかで、異質な欲望が肯定され、偶発的に対峙し、自己変容が生じる動的なプロセスが訪れる日はくるのだろうか。あるいは、「失敗したとしても何でもトライしてみよう」という『ズートピア』のメロディとともにこれから新たな地平が切り拓かれていくのだろうか。

ディズニーの世界は、わたしたちの時代の文化とその歴史が示している最も差し迫った劇的な諸問題を、公的領域《パブリック・ドメイン》へと再び解き放つ。それは、ディズニーがグローバルなポピュラー文化の同意と抵抗の闘技場《アリーナ》として、ゆっくりと、しかしたえず更新されていく魔法の壮大な実験場であることを物語っているのである。

本文注釈

第一章

1-1 キャロルのアリスの代名詞となったのは、当時の風刺雑誌「パンチ」で活躍していたジョン・テニエルの挿絵である。マイケル・ハンチャー『アリスとテニエル』によれば、キャロルがオリジナル手書き版『地下の国のアリス』に描いたアリスの挿絵は、ラファエル前派を想起させるウェーブのかかった長い黒髪の女の子だった。アリスのモデルになったアリス・リデルは額で前髪を切りそろえた黒髪の女の子である。テニエルが一八九八年に彩色した挿画ではアリスははじめ黄色のワンピースを身につけていた。それがブルー系に変わるのは一九一一年に刊行された『鏡の国のアリス』からである。一九一一年（テニエルが亡くなる三年前）にロンドンのマクミラン社がテニエルの挿絵一六点すべてを全ページ大の図版に描き直して彩色したアリス版を刊行し、このときアリスのドレスは黄色から青みがかったすみれ色に変わっている。

1-2 『アリスの不思議の国』に続き、海での一日を描いた『アリスの海の一日』、『アリスのワイルド・ウェスト・ショー』（一九二四）、『アリスの養鶏場』（一九二五）、『アリスの中国は大騒ぎ』（一九二五）、『アリス・イン・ザ・ジャングル』（一九二五）など五七作品を制作し、これによりウォルトは全米に知られるようになった。

ディズニー・ブラザーズ社が誕生するのはアリス・コメディ・シリーズが決定してまもなくのことだ。

五七本の短編映画で四人の少女がアリスを演じた。最初に主演をつとめたヴァージニア・デイヴィスはすでに子役として広告出演していた。ウォルトが彼女に一通の手紙を送ったことがきっかけである。広告会社を辞め、ラフォグラム社を設立したウォルトには資金の余裕はまったくなかった。だが、配給会社のマーガレット・J・ウィンクラーがパイロット版を見てシリーズの資金調達に賛同した。デイヴィスとの契約は、最初の二ヶ月は月一〇〇ドル、以後二ヶ月ごとに二五ドルずつ増額し、二クール目からは月額二五〇ドルだったという。しかし、アリスの出演料が嵩み、契約更新の交渉が決裂し、シリーズは打ち切りになった（ゲイブラー 2007：96）。とはいえ、ウォルトもこの頃には「アリス・コメディ」シリーズはどこかワンパターン化して生気を失っていると感じていた。またノルマも厳しく毎回自転車操業だったこともあり、チャールズ・ミンツもこのシリーズがすでに末期状態にあると判断し、ウォルトに新たなキャラクターを試作するよう依頼した。こうして誕生したのが「しあわせウサギのオズワルド」シリーズである。

1-3　フィリックスという名前の生みの親はジョン・キングである。ラテン語のfelis（猫）とfelix（幸運）に由来し、幸福を意味する「フィリックス」と黒猫にまつわる伝統的な迷信との対比を気に入ってこの名前になった。

1-4　メアリー・ブレアは『ふしぎの国のアリス』のみならず、『シンデレラ』や『ピーター・パン』といったクラシックなディズニーアニメのコンセプト・ドローイングを手がけ、「イッツ・ア・スモールワールド」のデザインにも取り組んだ、ディズニー社のなかでも数少ない伝説の女性アニメーターである。メアリーは、『ふしぎの国のアリス』のコンセプト・ドローイングを描くにあたり、「不思議の国を心の闇に潜む夢」としてとらえたという。

1-5　アリスの語りについてはウォルト・ディズニー・プロダクション製作の長編アニメーション『ふしぎの国のアリス』（一九五一）のDVDの日本語字幕から引用した。

第二章

2-1　エイゼンシュテインは、原形質性とは「いまだ「安定した」形式を有さず、どんな形式を呈することもでき、進化の梯子の横木を飛び越して、どんなそしてあらゆる——すべての——動物の形式へと自らを固定させることのできるものである」と述べている（エイゼンシュテイン 2013 : 160-161）。

2-2　その後、ミッキーは一九八三年一二月に冬季限定で公開された『ミッキーのクリスマス・キャロル』で映画館に復帰する。

第三章

3-1　ディズニーの『白雪姫』のプレミア上映については一九三七年一二月二七日号の「タイム」誌および『白雪姫』のDVD特典映像を参照されたい。

3-2　ディズニーのおとぎ話はしばしばセクシュアリティの欠如が指摘されている。しかし、たとえば二〇一六年にはカタールの私立学校で生徒の親からの「性的な描写を連想させる」というクレームを受けて図書館から撤去されている（Walker and Sheble 2016）。

3-3　ザイプスは『長靴をはいた猫』について、平民が苦難を乗り越えて成功し、ロマンスを手にしている点、この平民の若者が「一般人」ではなく「進取の気性にとんだ若者」であり、「技術を効果的につかう企業家」であるという点、そして息子（この場合、平民の若者）が父親（王）に恥をかかせ、父の一番大切な愛の対象である娘を奪って逃げ去るという、それ以前にディズニーが他の作品で繰り広げてきた「幼児的ギャグ」がエディプス的欲望に由来する「幼児返り」として描き出されている点に注目している。また、おとぎ話は貧しい家庭に育ち、情の薄い父親にこき使われ、昔の恋人に邪険に扱われるという半生を乗り越え、抜け目なさ、勇気、能力を発揮して、兄ロイのような有能な画家や経営者を身の回りに集めることで成功できたウォルトの人生の「比喩」であると指摘する（ザイプス 1999）。

3-4 シャルル・ペローの「昔話」が生まれた背景と変容については工藤を、グリム童話についてはエリスを参照されたい。エリスによれば、一八二三年に刊行された初の英訳版『白雪姫』では、継母の命令で白雪姫を殺害する場面も、継母が恐ろしい破滅と死を迎える結末の場面も穏健なかたちに書き換えられている。つまり、英語版の『白雪姫』では、この物語の残酷な光景はその始まりから希薄なものとなって描き出されていたのである（エリス 1993 : 125-129）。

3-5 フライシャー・スタジオは、一九二一年にユダヤ系アメリカ人のマックス・フライシャーとデイブ・フライシャー兄弟によって設立された。一九三三年にベティ・ブープの短編アニメーション『ベティの白雪姫』を公開している。当時パラマウント映画に女優として出演していた人気歌手ヘレン・ケインをモデルにしたベティは典型的なフラッパーであり、甘さと生意気さを兼ね揃えたコケティッシュさをもつ。彼女は、性的な意味で「女性」を演じた最初のアニメーションキャラクターだ。『ベティの白雪姫』は一九三四年に採用された新しい映画製作倫理規定（いわゆるヘイズコード）以前に絶頂期にあった彼女の最高傑作である。しかし、この作品には王子は登場しない。もっぱら女王によるベティ退治とその顚末に焦点があてられ、「セント・ジェームズ病院」を歌うキャブ・キャロウェイ、可塑性に満ちたキャラクターの身体、そしてデイヴ・フライシャー特有の奇抜なイメージとユーモアに溢れたコメディに仕上がっている。

3-6 同じような変更は王と王子にも加えられた。一八一〇年の草稿では白雪姫を救い出すのは実の父親だったが、一八一二年の初版では姫を救い出すのは家族とは無縁の王子に差し替えられ、父親／夫の愛をめぐる家庭内の抗争は、その特殊なコンテクストを免れている。グリム兄弟は、蒐集した話を潤色／削除しながら、当時のブルジョワ的な道徳観に照らして書き換えていったのだ。また一八一〇年の草稿では、父と娘の関係が重要な意味をもっている。というのも、妃が白雪姫を森に捨てるのは王が戦争に出かけたときで、小人たちの小屋で白雪姫の亡骸を見つけるのも戦争から戻ってきた王である。王は医師に命じ、白雪姫は息を吹き返すが、四つ裂きにされた拷問のような荒っぽい方法によってであったという（エリス 1993：127–128、小澤 1985：176-259）。

3-7 シンデレラにはかねてより様々なバリエーションが世界中に残っている。一九五〇年にディズニーの『シンデレラ』が公開される以前から、夢に向かって努力を続ければ「誰もが必ず成功できる」というアメリカン・ドリームとも相性が良く、アメリカでは一九世紀からシンデレラ絵本の出版はブームになっていた。二〇一六年四月二三日から六月二二日にかけて、日比谷図書文化館では特別展「かわたまさなおコレクション　シンデレラの世界展――アメリカに渡ったシンデレラ・ストーリー」が開催された。『シンデレラ』のバリエーションは、グリムによる『灰かぶり姫』とペローによる『サンドリヨン』である。魔法使いが登場することなく、母親の墓のそばに生えたハシバミの木にくる白い小鳥がドレスと靴（一日目は銀の靴、二日目は金の靴）をもってくるグリム童話に対し、ガラスの靴とカボチャの馬車というモチーフを加えたのがペローだった。

3-8 当時一八歳のアドリアナ・カセロッティの歌声は一五〇人もの応募者から選ばれた。彼女の声はディズニーの白雪姫に欠くことのできない重要な要素である。またヴィランズたちが歌を歌い始めるのは『リトル・マーメイド』に始まるいわゆるディズニー・ルネサンス期になってからのことである（荻上 2014：124）。

3-9 ルシル・ラ・ヴァーンは、『嵐の三色旗――二都物語』（一九三五）でしわがれた声で髪を振り乱し、貴族への憎悪に燃える女を演じた舞台女優である。ちなみに一九三四年一〇月二二日の会議記録にはつぎのように記されている。「マクベス夫人と『三匹の子ブタ』に出てくるビッグ・バッド・ウルフを合わせたような容貌で、邪悪な美しさで熟れきった感じ。体は豊かな曲線美をもつ。毒を作るため液体を混ぜ合わせているときの顔は、ひどく醜く恐ろしげである。その毒液を飲むと、王妃は年寄りの意地悪そのものの魔女に変身する」（フィンチ 2001：49）。

3-10 『ジキル博士とハイド氏』の変身シーンについて監督のルーベン・マムーリアンはつぎのように述べている。「ジキルが飲み物を飲んで物理的に変貌するシークェンスは厄介だった。いかに観客にこの変身を信じさせるか。わたしは観客にジキルが何を感じているのかを感じさせようとした。発狂して研究室がグルグルと回っている彼の主観を見せるよう、グルグルとカメラを回し、セットの四面の壁を完全に照らし出した」スクリーンではなされたことのないことだった。カメラマンはカメラの上部に結び付けられたという（Mamoulian 1969：134-135）。

3-11 アメリカの言語学者カルメン・フォートとカレン・エイゼンハウアーは『白雪姫』から『アナと雪の女王』にいたるディズニーのプリンセス映画を分析し、『シンデレラ』を除くとディズニー映画を言語によって支配しているのは圧倒的に男性キャラクターであると指摘する（Guo 2016）。二人によれば、ウォルト・ディズニーが制作したクラシック時代には男女のせりふは同等もしくは女のほうが少し多いこともあった。だが、『リトル・マーメイド』以後、いわゆるルネサンス期以後になると、男たちはすべての女たちの二倍以上話しており、その内容は女たちの「外見的なもの」についてである。女たちはその能力よりも外見を褒められ、男たちは外見よりもスキルを褒められる。姫たちは主役であるにもかかわらず、つねに脇役男性よりも言葉が少ないという。

第四章

4-1　『バンビ』が今日にいたるまで「バンビ・シンドローム」、「バンビ・コンプレックス」あるいは「バンビ・ファクター」として反狩猟プロパガンダの役割を担っていることは、二〇一八年にアメリカのミズーリ州でシカ数百頭を密猟した男が収監中に『バンビ』を繰り返し鑑賞するよう命じられていることから窺えよう。

4-2　一九五八年にアカデミー賞長編ドキュメンタリー賞を獲得した『白い荒野』はジェームズ・R・サイモンをはじめとする一二人のカメラマンがエスキモー犬とともに三年という月日をかけて命がけで撮影した氷と雪の北の果ての荒野の「真実の記録」である。この作品が高く評価された理由の一つとして注目を浴びたのが北欧ノルウェーで語り継がれていた「死の行進」と呼ばれるレミングの集団自殺神話を映像で捉えたことだった。

だが、このシーンについては、一九八三年にカナダ放送協会（ＣＢＣ）の番組『第五の権力』（The Fifth Estate）で捏造が報道されている。以下の "Where do all the lemmings go?," *CBC Digital Archives*, https://www.cbc.ca/archives/entry/where-do-all-the-lemmings-go を参照されたい。件のシーンは、ウィンストン・ヒブラーによる感情的なナレーションと音楽が劇的な効果を醸しだしており、日本で公開されたパンフレットには「レミングの死の旅」と題してつぎのように記されている。

多くの謎を含むこの土地では、一番大きな伝説が一番小さい動物の周りに集まっているように見えます。その一つはレミングと呼ばれる鼠に似た小さい動物です。繁殖力が旺盛なレミングは、七年目から十年目ぐらいにその数が頂点に達し飢きんが起こります。こうなると彼らは新しい土地に食物を捜しに移動しようとします。鋭いくちばしを持つトウゾクカモメ、人の獲物を時々失敬するのが得意なワタリガラス、北極の狩人のなかで百発百中の名人といわれる残虐な白テンなどの殺し屋が無防備にただぞろぞろと移動を続けるレミングの列を襲います。レミングは、食物探しという最初の考えを忘れています。彼等は強迫観念の虜になり、訳判らずに前進を続けます。

とうとう、彼等は北極洋に面した最後の断崖に来ます。これが引返す最後のチャンスです。然し恐れる様子もなく崖から空中に身を躍らせます。命に別状はないようで、彼等は泳ぎ始めます。然し不思議なことに、陸へではなく、岸と反対側の水平線へ向かいます。彼等は海を、向こう岸のある湖と思って泳いでいるのかも知れません。然し次第に力は尽き、決心は鈍りじきに北極洋の海面には、小さい身体がもがき苦しんでいるのが見られます。

このようにして集団自殺の伝説が演じられ、種族の破壊が行われたようです。然し限りない叡智を持つ自然は、あるものを助けました。北極圏の平原には、死の旅に出なかった僅かばかりが残り、時がたてば、新しい世代が、失われたものに取って代わるでしょう。（ウォルト・ディズニー製作『白い荒野』大映株式会社配給パンフレット）

第五章

5-1　じっさいのジャンボには連れ合いはいなかったが、のちにバーナムがロンドン動物園時代にジャンボの隣の小屋にいたメス象を彼の連れ合いとして設定したという。またジャンボについてはイギリスの動植物学者にしてプロデューサーのデイヴィッド・アッテンボローが製作したドキュメンタリー映像『ザ・ジャイアント・エレファント』も参照されたい。

5-2　日本では戦後一九五四年三月一二日に『空飛ぶゾウ　ダンボ』と題して公開された。だが、一九四三年、戦記映画を依頼されてシンガポールにいた小津安二郎は、そこで行われていた日本軍が接収したアメリカ映画の上映会で、『風と共に去りぬ』や『市民ケーン』、『ファンタジア』や『ダンボ』を観ていたという。

5-3　この呼称は幼少期にケンタッキー州のケイス（Cayce）近辺に暮らしていたときのニックネームCayceを本人がCaseyと綴ったことに由来する。また擬人化された蒸気機関車ケイシー・ジュニアの声はギルバーグ・ライトが開発したソノヴォックスという装置を使って作られた。ダンボの蒸気機関車の音はアンプを通ったあと、小さな茶筒のような器具に通され、これを人間の喉の側面に押しつけ、そのまま話し声を立てないように口を動かすと効果音があたかも話しているかのような音が作られるという（谷口 2016 : 75）。

5-4　「テント張りの歌（*Roustabouts*）」の歌詞についてはウォルト・ディズニー・プロダクション製作の長編アニメーション『ダンボ』（一九四一）のＤＶＤの日本語字幕から引用した。

5-5 「ピンクの象が見える」というのは、アルコールや麻薬によって起きる幻覚症状の婉曲表現で、その最初の事例はジャック・ロンドンの自伝的作品『ジョン・バーリーコーン』（一九一三）にあると言われている。またジャンボの遺骨分析からは、夜な夜な（のちに遺骨から歯痛だったことが判明）暴れ回るジャンボを落ち着かせるために多量の高度なアルコールを摂取させていたことも明らかになっている。

5-6 『ダンボ』は一九四一年一〇月に一般公開され、一二月八日号の「タイム」誌ではカバーストーリーで取り上げられるはずだった。だが、その前日に起きた真珠湾攻撃を機に、アメリカは第二次世界大戦に突入し、ディズニースタジオは占拠されることになる。

5-7 映画の結末について、世界最大の動物愛護団体ＰＥＴＡ（People for the Ethical Treatment of Animals）は、ダンボとその母がエンターテインメント業界で虐待されることなく、自然の聖域で生活を送る幸せな結末にしてほしいとバートンに公開書簡を送っていたという。

第六章

6-1 キース・トマスは「大人にとっての自然公園や保護地区は、子どもにとってのぬいぐるみの動物となんら機能的に異なるところはない。そういった場所は、全体としての社会がそれで生きていくわけにはゆかない価値を秘蔵した幻想の宝庫だともいえよう」と指摘している（トマス 1989 : 455）。

6-2 青木人志は当時ライヒ司法省参事官だったグラウの報告書を引きながら、ナチス・ドイツの動物保護思想とドイツ民族との意図的、政治的な結びつきを以下のように指摘している。「独逸民族が遠い昔から動物に与えて来た保護と云うものは、其の人種的感情と合致するものである。由来人種的に考察すれば独逸人なるものは、動物を愛好する精神に富む人種なのであって、動物を目して是も亦自分と同様に神の造り給うた生物であると観じ、動物も亦人間と同じように苦痛を感ずることのできるものであることを悟り且之を斟酌してきた。われわれの祖先たるゲルマン人にあっては、神に対する信仰と日常の生活とが動物と密接に結合されて居たのであって、動物の中には彼らにとって神聖なものであったものも随分あり、わけても馬は其の尤たるもので、鎮守の神苑に於ける予言の動物であり、勇士の死に際して奉献される供物であった。実にゲルマン人の日常生活は畜産に依って支配されて居たと云っても過言ではないのであって、即ち彼らは牧畜農業者たるものであり、タチッスの如きも既に、家畜はゲルマン人の唯一にして然も其の最も愛好する所有財産たるものであると、記述して居るほどである」（青木 2002 : 156-157）

6-3 大塚英志が詳述するように、「文化映画」とは、物語形式を重視しフィクショナルな描写によって感銘を与える劇映画ではなく、現実を素材としそれを記録的に描いた「科学」の映画を指す。じっさいには満州事変以後、とりわけ一九三七年の盧溝橋事件を契機とした「ニュース映画」を通じて、多くの人びとの関心を集めるようになった。

「文化映画」という名称は、ドイツ最大の映画会社ウーファの「クルトゥアフィルム」から来ている。戦前、ヨーロッパ映画の数々の名作を輸入配給していた東和商事（社長は川喜多長政、現在の東宝東和の前身）がウーファの「クルトゥアフィルム」を輸入し「文化映画」として紹介していたからだ。たとえば、盗撮や集音マイクを使って動物の生態を克明に描写したもの、植物の開花、発芽の過程などを微速度撮影で鮮明に描き出したもの、また顕微鏡撮影、呼応速度撮影といった映画の機能を活かした啓蒙的な科学教育映画がそうで、日本でも大きな反響を得ていた。政府は一九三九年一〇月一日に施行された「映画法」によって、劇映画を上映するときにはすべての映画館で必ず「文化映画」とニュース映画を上映することを義務づけた。そしてこの時代、漫画映画と呼ばれたアニメーションは「科学」という観点から脚光を浴びることになった。

その一方で、同時代の映画評論家津村秀夫による『映画戰』（一九四四）に見るように、「文化映画」は「大東亜共栄圏」建設の構想を練っていくうえで重要な役割を期待された。津村は、映画を「相手國の國民思想の中に喰ひ入り、その生活感情、風俗をも支配する」「思想戰」の最大の武器として捉えた。津村にとって、映画は「國家總力戰の一環として頗る重要なもの」であった。彼は、かつてアメリカ映画が映画によってその物質文明の威力を大東亜の各民族にしらしめたように、「大東亞の建設といふ使命を戰争と並行して遂行しつつあるわが國」にとって今こそいかにそうした手法が重要かを力説した（津村 1944 : 8-9）。彼は「今日の文化映画はとくに南方原住民向きとして特種映画を制作すべき必要にも迫られているのである」と述べていた（津村 1944 : 45）。そして、津村にとっても、また映画批評を牽引していた今村太平にとっても、そのお手本となるのは敵国アメリカのディズニーだった。

6-4 ただし、ラマールが指摘するように、アジアの他者に対するこうした表象は、満州建国をめざして「五族協和」を唱っていた頃からくり返し描かれてきた。たとえば、瀬尾光世がアニメ化した『のらくろ二等兵』のトラや『のらくろ一等兵』のゴリラやサルもそうだ。身寄りのない野良犬黒吉が「ぼくたち」日本兵ならば、他の動物たちはそれぞれの戦況と地政学的な文脈に即したナショナルな寓意となっていた。

第七章

7-1　一九五〇年代のアメリカSF映画において、「エイリアン」は共産主義の比喩でもあり、「文明」に対する「野蛮」であり、「危険な捕食者」、「不治の病」という含意がある（長谷川 2005）。

7-2　『海底二万哩』は、二〇世紀フォックスが一九五三年に開発した最先端の特撮技術シネマスコープを導入した野心作であり、アカデミー賞特殊撮影賞、色彩美術賞を獲得している。

7-3　「ディズニーの宇宙旅行」シリーズである宇宙における人類（Man in Space）」（一九五五年三月九日）「人類と月（Man and the Moon）」（一九五五年一二月二八日）「火星とその彼方（Mars and Beyond）」（一九五七年一二月四日）もハインツ・ハーバー博士が学術顧問を担当している。

7-4　エプコットのフューチャーワールドで最大のアトラクションであるランドパビリオンのなかにはいくつか問題があった。アリゾナ大学と協力して、イマジニアは農業の新しいコンセプトを紹介するために巨大な温室を設計したが、植物は受粉する必要があり、受粉には通常ミツバチが必要である。そのため、ランド内の植物は今日に至るまで手作業で受粉されている（Singh 2012）。

第八章

8-1　スティーヴン・スレシンジャーは、一九二九年当時ニューヨークで原作権のライセンス業務を行うエイジェンシーだった。彼はプーの作者A・A・ミルンからプーの北米販売権を一〇〇〇ドルで取得した。

8-2　スレシンジャーとダフネ・ミルンはプーのアニメーション化の権利とキャラクター関連の権利、商標使用権をディズニーに与えることに同意し、ディズニーが「クマのプーさん」のキャラクター関連の権利を獲得する（128）。

8-3　ラドヤード・キップリングの『ジャングル・ブック』に登場するバギーラ（ブラック・パンサー）も「パンサー」がロシア語では女性名詞であるため、母か姉のような存在となっている。

8-4　「おいっちにおいっちに」の歌詞についてはウォルト・ディズニー・プロダクション製作の長編アニメーション『くまのプーさん』（一九六六）のDVDの日本語字幕から引用した。

8-5　ウォルトは一九六六年一二月一五日に肺がんによる肺炎でこの世を去る。そのため、翌年公開された遺作『ジャングル・ブック』とともに、第二作目以降のプーの展開を見届けることはできなかった。

8-6　プーに関する一連の裁判については他に以下も参照した。

https://variety.com, www.nexis.com, www.hollywoodreporter.com,
http://www.eigafan.com/abroad/business/2002/0709/index.html,
http://www.eigafan.com/abroad/business/2002/0716/index.html

8-7　大津の小学校における卒業記念のミッキーマウスの件については『サンケイ新聞』（昭和六二年七月一〇日）の記事「プールの絵　著作権違反」、同七月一一日「サンケイ抄」、同七月一三日「モニター発」に記載されている。

8-8　孤児著作物については国会図書館でも「明治期図書の著者の七一％」、日本脚本アーカイヴズでは「放送台本の作家三一〇四名中、一五五〇名（速報値）」、英国図書館では「保護期間中と疑われる図書の四三％」、米国では「過去の学術著作物の五〇％」が権利者不明の「孤児著作物」として死蔵されるしかないと言われている。

終　章

9-1　荻上チキは三つのコード――ディズニー・コード1・0、2・0、3・0――に分けて、ディズニープリンセスの「幸せの法則」を明らかにしている（荻上 2014）。またポストフェミニズムについては、一九八二年一〇月スーザン・ボロディンが『ニューヨーク・タイムズ』に「ポストフェミニズム世代の声」を書き、若い女性たちが現代社会では男女平等は実現され「自分はフェミニストではない。でも……」と、そのあとに「男女は平等の権利をもつべきだと思う」「女性は男性と同じ仕事に対して同じ報酬を受けるべきだと思う」と一九八〇年代に主張しはじめた。その後、本格的に新自由主義が浸透するなかで、ポストフェミニズムは様々な広がりをもって批判的に検討されている。またこうしたプリンセスの変化は、女性クリエイターたちが制作現場で活躍するようになったという変化とともに起きていることも心に留めておきたい。

9-2　ムーニーによれば、あまりにプリンセスの意味が広がった結果、じっさいには何の意味ももたなくなっており、それこそが、現在のディズニープリンセスの特徴だという。彼女たちには母が存在せず、水か鏡を見て歌うという共通点があり、『シュガー・ラッシュ：オンライン』で共演して声をそろえて言うように、「男がいないと何もできないと思われてるのがムカつく！」という強く、優しく、勇敢なたくましさをもっている。

9-3　『美女と野獣』が絵本、絵画、映画、オペラ、テレビ番組と時をこえ、メディアを横断してどう変遷していったのかについては、ベッツィ・ハーンの『美女と野獣――テクストとイメージの変遷』を参照されたい。

9-4　一九四六年にジャン・コクトーが実写映画化した『美女と野獣』でも「人を外見で判断するな」というメッ

セージは継承され、野獣の外見を拒絶していたベルがしだいに改心していく物語となっている。だが、コクトー版に登場するアヴナンという美青年は、野獣を殺そうとして野獣の姿に変えられ、逆に野獣は、内なる怪物性の息の根を止めることでアヴナンによく似た姿となって人間に戻る。野獣とアブナンは、光と影のような関係であり、原作において夢の中に登場する美青年と野獣のように互いに分身といえる関係になっている。アヴナンはのちのディズニー版に登場するガストンを思わせもするが、独占欲が強く、暴力的なキャラクターであるガストンとは異なる。

9-5 アニメーション研究者のドナルド・クラフトンは、アニメーションにおいて、モノがどのように演技することによってその行為者性を獲得するのかをアニメーションの動き――「体現的パフォーマンス」と「修辞的パフォーマンス」――という概念から考察している。クラフトンによれば、「体現的パフォーマンス」では、動物、植物、モノといった「人間」にとって他者となるキャラクターも、近代的な個人主義的な自己として個別化される。修辞的パフォーマンスが、共有された記号性やコード化された動きの引用と反復を軸に展開していく集団的なものであるのに対し、体現的パフォーマンスでは、それぞれの個別性は個々の動きを通して獲得され、ひとつの完結した行為主体として可視化される。そのため、「体現的パフォーマンス」では、ときに人間のイメージが投影されることもあるが、そこでのキャラクターは「個人」として人間的な「自己性」が宿る。クラフトンによれば、この体現的パフォーマンスの典型がディズニーだという（**Crafton 2012**）。

だが、ディズニーの場合、体現的パフォーマンスによって獲得される個人主義に根ざしたキャラクターの「自己」は、生命の幻影というパラダイムによって、動きによって生命が与えられる幻影として理解されている。トーマス・ラマールによれば、生命の幻影というパラダイムは、運動／静止という二分法によって支えられており、そこでは、アニメーションの「働き」は、知覚する主体との関係のなかでつねに客体として捉えられることになる（**Lamarre 2013 : 129**）。

9-6 バレンシアタウン・モールの行動規範では、「センターの管理許可の文書なしに非営利的な表現活動に携わること」は禁止されていたが、営利的な非表現活動は促進されていた。たとえば、三〇代男性のブロンズ像はワイシャツを着て、「レジデント」と印刷されただけの新聞を読みながら、カップを片手にスターバックスの脇に腰を下ろしている、といった具合である。

9-7 『ピノキオ』、『南部の唄』、『ロビンフッド』、『きつねと猟犬』、『チキン・リトル』などディズニー映画におけるキツネの歴史をふまえておきたい。

9-8　アフリカ、ディズニーのアニマルキングダム、サンディエゴのワイルド・アニマル・パーク、ロサンゼルスの自然史博物館などでおよそ一八ヶ月を費やして動物たちを徹底的にリサーチした。

あとがき

本書は、筑波大学での講義をもとに執筆したものです。もともと、ウォルト・ディズニーの時代を中心に文学、政治、科学、芸術がどのように遭遇し、映像化されてきたのか、その制作のプロセス、映像、イメージの（不）可能性についてメディア文化論のいったんとして議論してきました。

ディズニーについては星の数ほど語られています。またディズニーそのものがつぎつぎと新しい芸術様式に挑戦することもあり、時を重ねるごとにわたしの関心も変化していきました。幼い頃から、自分の生活空間につねに多種多様な動物がいたこともありますが、ディズニーについて考えるうちに、それがメディアとしてわたしたちの日常に計り知れない力を及ぼしてきただけでなく、ウォルトがどのようにテクノロジーを通して人間と自然、動物と人間の関係について考えようとしてきたのかに興味が移っていきました。この意味で、本書はある種のささやかな動物メディア論でもあります。

とはいえ、動物と人間をめぐっては政治的、経済的、哲学的、科学的に長い歴史があります。人間は自らと動物を分かつことで、自身の位置を画定してきました。ときに人間の起源として、文明化する以前の存在を示唆する位置を動物にあてがうことによってです。にもかかわらず、ひとはなぜ物語のなかに動物を召喚してきたのでしょうか。

この問いは、思いのほか深く、ここで一言で語るわけにはいきません。

ですが、洞窟絵画にはじまり、現在の様々な動物をめぐる図像学を考えると、人間は数々の革新的な手法を発明しながら、動物との関係を幾度となく紡ぎ直してきたように思います。

イギリスの美術批評家ジョン・バージャーが述べたように、近代の擬人法の歴史は、物理的に消滅していく動物たちを人間が文化的に記録していくプロセスでもあります。そしてそれは、さまざまな変革を経て変化していきました。

ウォルトは幼い頃から動物に囲まれ、動物をこよなく愛していたと言われています。しかし、ニール・ゲイブラーによれば、ウォルトはまた、大きな挫折を何度も味わいながら、巨大なメディア帝国を築きアメリカで最も有名になった晩年においても、人前に出ることを極端に嫌い、娘たちが結婚し、妻との趣味もなく、友人も遠ざかるなかで、彼が唯一心を通わしていたのはペットだけであり、この意味で、彼ほど孤独な人物もいなかったのではないか、と述べています。

とはいえ、そのペットの犬のダッチェスも旅立ち、つぎに飼ったプードルのレディも他界し、そしてウォルト自身もまたこの世を去りました。いま改めて、彼が築き上げた、一匹のネズミとともに始まった世界を振り返ると、動物はたんに人間の通俗的な感情を付与された存在であるだけでなく、つねにウォルトが自分と世界との関係を測るときになくてはならない存在であり、媒《メデ》体《ィア》であったのではないかと感じます。

道端でどんぐりを見つけると、トトロの忘れ物ではないかとわくわくしてあとを追いたくなる感覚を、わたしはアニメーションと出合うことで学びました。日本のアニメのヒロインのかたわらには、いつも必ず小さな動物がいて、彼らはただそこにいるだけで理不尽な世界に立ち向かうアニメの主人公をエンパワーメントしてくれる大切な存在でした。動物たちはいつも、人間中心の価値観にどっぷりハマってしまったわたしたちを別の感覚から構成される世界へ連れ出してくれます。動物とおしゃべりしたいという夢もそうです。そして、物語はつねに、まさにその物語という関係性のなかで人間と動物、人間と世界との新たな関係をめぐる地殻変動を引き起こすのではないでしょうか。

本書は選書という形式もあり、引用や参照は最低限に留めました。ですが、本書でふれた議論の多くは、多くの先行研究による恩恵を受けていることを記しておきます。また授業を聞いてくださった学生のみなさんの意見や反応にはずいぶん刺激されました。この場を借りて感謝いたします。そして、学内でお会いするといつもアリスの世界について興味深いお話を聞かせてくださったルイス・キャロル研究者の安井泉先生、わたしがアニメーションについて書き始めたばかりの頃から、研究を進めていく上で重要な示唆を与えてくれたアニメーション研究者の津堅信之先生、須川亜紀子先生。また研究会を通してメディア文化に関する理論的視座を高めてくれた毛利嘉孝先生、伊藤守先生、水嶋一憲先生、大山真司先生、そして大学院時代から議論を重ね、ナマケモノのわたしを鼓舞してくれる斎藤愛さんにも、深く感謝いたします。

もとになった原稿をふりかえると、ずいぶん前のものもあり、のらりくらりとかなりの時間がたってしまいました。ですが、そのあいだに『アナと雪の女王』の訳詞を担当された高橋知伽江さんを大学にお招きし、貴重なお話を伺うことができました。またドキュメンタリー・アニメーション『はちみつ色のユン』をめぐってユン監督をはじめ多くの皆さんとイベントを重ね、アニメーションについて多角的に思考する貴重な機会をいただくこともできました。そうこうするうちに、気がつけばかなりの年月が経っていました。

相変わらずのマイペースに自分でも目が眩みそうですが、なかなか原稿が進まないわたしがなんとか書き上げることができたのは、ひとえに筑摩書房の編集者である松本良次さんのご尽力のおかげです。あらためて心からの御礼を申し上げます。

そして最後に、わが家の猫にも。冬の柔らかな陽射しのなかで、じっと目をつむり、ときに鳥獣戯画に出てきそうなポーズで「開き」を披露し、意味ありげな視線をこちらに投げかける。その存在は、人間社会の掟などどこ吹く風で、家のなかに小さな野性のリズムをもたらしてくれるかけがえのない仲間です。

本書を執筆しているなかで、東京に来て初めて一緒に暮らした猫はこの世を去ってしまいました。それからしばらくして、わたしの生活は再び、日々わがもの顔で過ごすこの生きものに完全に乗っ取られています。

動物たちにはたくさんの秘密があります。動物たちはけっして安易な解釈を許しません。だから、他者として、けれども、理解しようとする努力は放棄せず、動物という他者に可能なかぎり開かれた存在でありたいと思います。なぜなら、動物たちは、時をこえ、かたちを変えて、数多くの物語を語り、たくさんのメッセージを伝えてくれているからです。わたしたちは、その物語を通した関係性を往還しつづけるなかで新たな地平を切り拓いていくしかありません。それはひるがえって、人間であることそのものを私たち自身が幾度となく問い直すことではないかと思うのです。

二〇二一年一月

清水知子

引用および参考文献

青木人志『動物の比較法文化――動物保護法の日欧比較』有斐閣、二〇〇二年
アガンベン，ジョルジョ『開かれ――人間と動物』岡田温司、多賀健太郎訳、平凡社、二〇〇四年
アガンベン，ジョルジョ『幼児期と歴史――経験の破壊と歴史の起源』上村忠男訳、岩波書店、二〇〇七年
安達まみ『くまのプーさん英国文学の想像力』光文社新書、二〇〇二年
アップダイク，ジョン「序文」『ミッキーマウス画集』クレイグ ヨー、ジャネット モラ・ヨー編、竹内和世訳、講談社、一九九二年
アドルノ，テオドール・W、ホルクハイマー，マックス『啓蒙の弁証法――哲学的断想』徳永恂訳、岩波書店、一九九〇年
アドルノ，T・W『アドルノ 楽興の時』三光長治、川村二郎訳、白水社、一九九四年
新井克弥『ディズニーランドの社会学――脱ディズニー化するTDR』青弓社、二〇一六年
有馬哲夫『ディズニーとは何か』NTT出版、二〇〇一年
有馬哲夫『ディズニーの魔法』新潮新書、二〇〇三年
有馬哲夫『原発・正力・CIA――機密文書で読む昭和裏面史』新潮新書、二〇〇八年
有馬哲夫『ディズニー・ミステリー・ツアー』講談社、二〇一〇年
有馬哲夫『ディズニーランドの秘密』新潮新書、二〇一一年
石岡良治『「超」批評 視覚文化×マンガ』青土社、二〇一五年
井樋三枝子「アメリカの原子力法制と政策」『外国の立法：立法情報・翻訳・解説』244、二〇一〇年六月
https://dl.ndl.go.jp/view/download/digidepo_3050507_po_024403.pdf?contentNo=1
今井隆介「描く身体から描かれる身体へ――初期アニメーション映画研究」『映画学的想像力――シネマ・スタディーズの冒険』加藤幹郎編、人文書院、二〇〇六年、58-95
今福龍太『ここではない場所――イマージュの回廊へ』岩波書店、二〇〇一年
ウィリアムズ，レイモンド『完訳 キーワード辞典』椎名美智他訳、平凡社、二〇〇二年

ウィリアムズ，レイモンド『文化と社会――1780-1950』若松繁信、長谷川光昭訳、ミネルヴァ書房、二〇〇八年
ヴィリリオ，ポール『戦争と映画――知覚の兵站術』石井直志、千葉文夫訳、平凡社、一九九九年
ウォーナー，マリーナ『野獣から美女へ――おとぎ話と語り手の文化史』安達まみ訳、河出書房新社、二〇〇四年
宇野木めぐみ『読書する女たち――十八世紀フランス文学から』藤原書店、二〇一七年
海野弘『万国博覧会の二十世紀』平凡社、二〇一三年
エイゼンシュテイン，セルゲイ「ディズニー（抄訳）」今井隆介訳『表象』07　表象文化論学会、二〇一三年、151-169
エリオット，マーク『闇の王子ディズニー』古賀林幸訳、草思社、一九九四年
エリス，ジョン・M『一つよけいなおとぎ話――グリム神話の解体』池田香代子、薩摩竜郎訳、メルヒェン叢書、一九九三年
大塚英志『ミッキーの書式――戦後まんがの戦時下起源』角川学芸出版、二〇一三年
大塚英志『大政翼賛会のメディアミックス――「翼賛一家」と参加するファシズム』平凡社、二〇一八年
大塚英志「「文化映画」としての『桃太郎　海の神兵』――今村太平の批評を手懸りとして」『新現実 vol.4』太田出版、二〇〇七年
大和田俊之『アメリカ音楽史――ミンストレル・ショウ、ブルースからヒップホップまで』講談社選書メチエ、二〇一一年
荻上チキ『ディズニープリンセスと幸せの法則』星海社新書、二〇一四年
小澤俊夫『素顔の白雪姫――グリム童話の成り立ちをさぐる』光村図書出版、一九八五年
小野耕世『ドナルド・ダックの世界像――ディズニーにみるアメリカの夢』中公新書、一九八三年
小野俊太郎『「クマのプーさん」の世界』小鳥遊書房、二〇二〇年
オレンスタイン，ペギー『プリンセス願望には危険がいっぱい』日向やよい訳、東洋経済新報社、二〇一二年
カートミル，マット『人はなぜ殺すか――狩猟仮説と動物観の文明史』内田亮子訳、新曜社、一九九五年
柏木博『家事の政治学』岩波現代文庫、二〇一五年

亀井俊介『サーカスが来た！――アメリカ大衆文化覚書』平凡社ライブラリー、二〇一三年
萱間隆「「大東亜共栄圏」のための「アイウエオの歌」――『桃太郎 海の神兵』の想定される観客をめぐって」永田大輔、松永伸太朗編『アニメの社会学――アニメファンとアニメ制作者たちの文化産業論』ナカニシヤ出版、二〇二〇年
キーン，サム『敵の顔――憎悪と戦争の心理学』佐藤卓己、佐藤八寿子訳、柏書房、一九九四年
菊地成孔、大谷能生『アフロ・ディズニー――エイゼンシュテインから「オタク＝黒人」まで』文藝春秋、二〇〇九年
キャンベル，ジェイムズ『クマのプーさん 創作スケッチ――世界一有名なクマ 誕生のひみつ』小田島恒志、小田島則子訳、東京美術、二〇一八年
ギルバード，サンドラ、グーバー，スーザン『屋根裏の狂女――ブロンテと共に』山田晴子、薗田美和子訳、朝日出版社、一九八六年（ただし原文に照らして適宜翻訳を変更した）
グールド，スティーヴン・ジェイ『パンダの親指――進化論再考（上）』桜町翠軒訳、ハヤカワ文庫、一九九六年
工藤庸子『いま読むペロー「昔話」』羽鳥書店、二〇一三年
クラーク，ケネス『風景画論』佐々木英也訳、ちくま学芸文庫、二〇〇七年
グレーバー，デヴィッド『民主主義の非西洋起源について――「あいだ」の空間の民主主義』片岡大右訳、以文社、二〇二〇年
クレーリー，ジョナサン『観察者の系譜――視覚空間の変容とモダニティ』遠藤知巳訳、以文社、二〇〇五年
桑原茂夫『チェシャ猫はどこへ行ったか』河出書房新社、一九九六年
ゲイブラー，ニール『創造の狂気――ウォルト・ディズニー』中谷和男訳、ダイヤモンド社、二〇〇七年
小松沢甫「オモチャ箱シリーズ第3話絵本1936年」作品解説『山形国際ドキュメンタリー映画祭'91パールハーバー50周年 日米映画戦 Media Wars:Then & Now』山形国際ドキュメンタリー映画祭カタログ、一九九一年
ザイプス，ジャック『おとぎ話が神話になるとき』吉田純子、阿部美春訳、紀伊國屋書店、一九九九年
サックス，ボリア『ナチスと動物――ペット・スケープゴート・ホロコースト』関口篤訳、青土社、二〇〇二年
シート，トム『ミッキーマウスのストライキ――アメリカアニメ労働運動100年史』久美薫訳、合同出版、二〇

一四年
シートン，アーネスト・トンプソン『美術のためのシートン動物解剖図』上野安子訳、マール社、一九九七年
澁澤龍彦「アリス　あるいはナルシシストの心のレンズ」『アリスの絵本――アリスの不思議な世界』高橋康也編、牧神社一九七三年、42-43
清水晶、ウィリアム・T・マーフィ、上野俊哉、マイケル・レノフ、マーク・ノーネス、丹生谷貴志、鶴見俊輔、粉川哲夫『日米映画戦　パールハーバー五十周年』青弓社、二〇一五年
清水知子「プーの低俗唯物論とディス・グノーシス」『ユリイカ』二〇〇四年一月号、179-192
清水知子「ネズミは踊り、ドイツは笑う――絶望の深淵でなぜ動物が召還されるのか」『東西南北2008』和光大学総合文化研究所年報、二〇〇八年、130-149
清水知子「ミッキーマウスを解剖する――大衆文化論再考」『年報カルチュラル・スタディーズ』創刊号、カルチュラル・スタディーズ学会、二〇一三年、63-74
清水知子「動物と帝国――ディズニーと野生のファンタジーの行方」江藤秀一編『帝国と文化――シェイクスピアからアントニオ・ネグリまで』春風社、二〇一六年、232-256
清水知子「姫と魔女のエコロジー――ディズニーとおとぎ話の論理」加藤幹郎監修、塚田幸光編著『映画とジェンダー／エスニシティ』ミネルヴァ書房、二〇一九年、3-28
シラー，H・I『世論操作』斎藤文男訳、青木書店、一九七九年
スウェイト，アン『クマのプーさん　スクラップブック』安達まみ訳、筑摩書房、二〇〇〇年
スタインバーグ，マーク『なぜ日本は〈メディアミックスする国〉なのか』大塚英志監修、中川譲訳、KDOKAWA、二〇一五年
スナイダー，ゲーリー『野性の実践』原成吉、重松宗育訳、山と溪谷社、二〇〇〇年
スピーゲルマン，アート『マウスⅡ――アウシュヴィッツを生きのびた父親の物語』小野耕世訳、晶文社、一九九四年
舌津智之「象とトランペット――『ダンボ』の深層」『モンキービジネス』一三号、二〇一一年、268-294
舌津智之「ネズミと人間」『あめりか　いきものがたり――動物表象を読み解く』辻本庸子、福岡和子編、臨川書店、二〇一三年

舌津智之「『ダンボ』と労働――ディズニーのニューディール表象」所収、日比野啓、下河辺美知子編著『アメリカン・レイバー――合衆国における労働の文化表象』彩流社、二〇一七年、253-273
ソンタグ、スーザン『写真論』近藤耕人訳、晶文社、一九七九年
ソンタグ、スーザン『反解釈』高橋康也、由良君美、河村錠一郎、出淵博、海老根宏、喜志哲雄訳、ちくま学芸文庫、一九九六年
ダイクストラ、ブラム『倒錯の偶像――世紀末幻想としての女性悪』富士川義之訳、パピルス、一九九四年
ターナー、ジェイムズ『動物への配慮――ヴィクトリア時代精神における動物・痛み・人間性』斎藤九一訳、法政大学出版局、一九九四年
高橋ヨシキ『暗黒ディズニー入門』コア新書、二〇一七年
ダグラス、メアリ『汚穢と禁忌』塚本利明訳、ちくま学芸文庫、二〇〇九年
谷口昭弘『ディズニー・ミュージック――ディズニー映画 音楽の秘密』スタイルノート、二〇一六年
ダワー、ジョン・W『容赦なき戦争――太平洋戦争における人種差別』斎藤元一訳、猿谷要編、平凡社、二〇〇一年
辻田真佐憲『たのしいプロパガンダ』イースト新書Q、二〇一五年
津村秀夫『映画戦』朝日新選書、一九四四年
ディズニー、ウォルト『百獣の王ライオン』大映株式会社配給パンフレット
ディズニー、ウォルト『砂漠は生きている』大映株式会社配給パンフレット
ディズニー、ウォルト『白い荒野』大映株式会社配給パンフレット
ティム・バートン監督『DUMBO』パンフレット、東宝株式会社、二〇一九年
テイラー、スナウラ『荷を引く獣たち――動物の解放と障害者の解放』今津有梨訳、洛北出版、二〇二〇年
デスコラ、フィリップ『自然と文化を越えて』小林徹訳、水声社、二〇二〇年
手塚治虫『手塚治虫大全1』光文社、二〇〇八年
デリダ、ジャック『動物を追う、ゆえに私は〈動物で〉ある』鵜飼哲訳、筑摩書房、二〇一四年
テロッテ、J・P『ディズニーを支えた技術』堀千恵子訳、日経BP社、二〇〇九年
ド・ヴィルヌーヴ、ガブリエル゠シュザンヌ『美女と野獣［オリジナル版］』藤原真実訳、白水社、二〇一六年

土居伸彰「柔らかな世界――ライアン・ラーキン、そしてアニメーションの原形質的な可能性について」『アニメーションの映画学』加藤幹郎編、臨川書店、二〇〇九年、57-110
土居伸彰『個人的なハーモニー――ノルシュテインと現代アニメーション論』フィルムアート社、二〇一六年
ドゥルーズ，ジル『意味の論理学』岡田弘、宇波彰訳、法政大学出版局、一九八七年
ドゥルーズ，ジル『シネマ1＊運動イメージ』財津理、齋藤範訳、法政大学出版局、二〇〇八年
ドゥルーズ，ジル『シネマ2＊時間イメージ』宇野邦一、石原陽一郎、江澤健一郎、大原理志、岡村民夫訳、法政大学出版局、二〇〇六年
ドゥルーズ，ジル、ガタリ，フェリックス『千のプラトー――資本主義と分裂症』宇野邦一、田中敏彦、小沢秋広訳、河出書房新社、一九九四年
トーマス，フランク、ジョンストン，オーリー『Disney Animation 生命を吹き込む魔法――The Illusion of Life』高畑勲、大塚康夫、邦子・大久保・トーマス監修、徳間書店、二〇〇二年
トマス，キース『人間と自然界』山内昶訳、法政大学出版局、一九八九年
トマス，ボブ『ウォルト・ディズニー――創造と冒険の生涯　完全復刻版』玉置悦子、能登路雅子訳、講談社、二〇一三年
鳥越信『桃太郎の運命』NHKブックス、一九八三年
ドルフマン，アリエル、マトゥラール，アルマン『ドナルドダックを読む』山崎カヲル訳、晶文社、一九八四年
夏目康子「猫の国のアリス――猫たちから読み解く『アリス』の世界」『MISCHMASCH』第17号、日本ルイス・キャロル協会、二〇一五年、1-9
滑川道夫『桃太郎像の変容』東京書籍、一九八一年
能登路雅子『ディズニーランドという聖地』岩波新書、一九九〇年
バージャー，ジョン『見るということ』飯沢耕太郎監修、笠原美智子訳、白水社、一九九三年
ハーン小路恭子「“What an Unusual View!”――『ダンボ』におけるカウンターセンチメンタル・ナラティブとしての「ピンクの象のパレード」」『英文学と英語学』(53)、二〇一七年、65-83
ハーン，ベッツィ『美女と野獣――テクストとイメージの変遷』田中京子訳、新曜社、一九九五年
ハイデン，ドロレス『家事大革命――アメリカの住宅、近隣、都市におけるフェミニスト・デザインの歴史』野

口美智子、藤原典子訳、勁草書房、一九八五年
長谷川功一『アメリカSF映画の系譜——宇宙開拓の神話とエイリアン来襲の神話』リム出版新社、二〇〇五年
バダンテール，エリザベート『母性という神話』鈴木晶訳、筑摩書房、一九九一年
速水健朗『都市と消費とディズニーの夢——ショッピングモーライゼーションの時代』角川書店、二〇一二年
ハラウェイ，ダナ『伴侶種宣言——犬と人の「重要な他者性」』永野文香訳、以文社、二〇一三年
ハラウェイ，ダナ『犬と人が出会うとき——異種協働のポリティクス』高橋さきの訳、青土社、二〇一三年
ハラウェイ，ダナ『猿と女とサイボーグ——自然の再発明（新装版）』高橋さきの訳、青土社、二〇一七年
原克『ポピュラーサイエンスの時代——20世紀の暮らしと科学』柏書房、二〇〇六年
ハンチャー，マイケル『アリスとテニエル』石毛雅章訳、東京図書、一九九七年
ハンセン，ミリアム・ブラトゥ『映画と経験——クラカウアー、ベンヤミン、アドルノ』竹峰義和、滝浪佑紀訳、法政大学出版局、二〇一七年
平石典子「「魚」から「女性」へ——20世紀初頭の日本における人魚表象をめぐって」『異文化理解とパフォーマンス』松田幸子、笹山敬輔、姚紅編著、春風社、二〇一六年
ビルクロウ，アンマリー、ロウズ，エマ『クマのプーさん原作と原画の世界A・Aミルンのお話とE・H・シェパードの絵』阿部公子監修、富原まさ江訳、玄光社、二〇一九年
フィードラー，レスリー『フリークス——秘められた自己の神話とイメージ』伊藤俊治、旦敬介、大場正明訳、青土社、一九八六年
フィンチ，クリストファー『ディズニーの芸術——The Art of Walt Disney』前田三恵子訳、講談社、二〇〇一年
フーコー，ミシェル『社会は防衛しなければならない——コレージュ・ド・フランス講義１９７５－１９７６年度（ミシェル・フーコー講義集成６）』石田英敬、小野正嗣訳、筑摩書房、二〇〇七年
福井健策「著作権「死後50年」は本当に短すぎるか？」二〇一三年六月一八日、https://internet.watch.impress.co.jp/docs/special/fukui/603718.html
福井健策「くまのプーさん：新たなる旅立ち」「情報管理」60巻2号、二〇一七年、128-131 https://www.jstage.jst.go.jp/article/johokanri/60/2/60_128/_pdf/-char/ja

福井健策『改訂版　著作権とは何か――文化と創造のゆくえ』集英社新書、二〇二〇年
藤原真実「怪物と阿呆――「美女と野獣」の生成に関する一考察」『人文学報』(391)、二〇〇七年三月、47-87
藤原真実「18世紀フランス社会と作者――『美女と野獣』とヴィルヌーヴ夫人」『人文学報』フランス文学 516 (15)、二〇二〇年三月、85-117
フライシャー，リチャード『マックス・フライシャー　アニメーションの天才的変革者』田栗美奈子訳、作品社、二〇〇九年
ブライマン，アラン『ディズニー化する社会』能登路雅子監訳、森岡洋二訳、明石書店、二〇〇八年
ベッテルハイム，ブルーノ『昔話の魔力』波多野完治、乾侑美子訳、評論社、一九七八年
ベルティンク，ハンス『イメージ人類学』仲間裕子訳、平凡社、二〇一四年
ベンヤミン，ヴァルター『ヴァルター・ベンヤミン著作集1　暴力批判論』高原宏平、野村修編、晶文社、一九六九／一九九四年
ベンヤミン，ヴァルター『ベンヤミン・コレクション1近代の意味』浅井健二郎編訳、久保哲司訳、ちくま学芸文庫、一九九五年
ボードリヤール，ジャン『シミュラークルとシミュレーション』竹原あき子訳、法政大学出版局、二〇〇八年
細馬宏通『ミッキーはなぜ口笛を吹くのか――アニメーションの表現史』新潮選書、二〇一三年
マクラレン，ノーマン「アニメーションの定義――ノーマン・マクラレンからの手紙」『表象』07　土居伸彰訳、月曜社、二〇一三年、68-73
増田展大『科学者の網膜――身体をめぐる映像技術論　1880-1910』青弓社、二〇一七年
増田展大「アニメーションの皺――身体造形の形態学的分析を通じて」『外語論叢』暨南大学外国語学院編、3 (2)、二〇一九年八月、161-167
松本侑子『グリム、アンデルセンの罪深い姫の物語』KADOKAWA、二〇一三年
本橋哲也『ディズニープリンセスのゆくえ――白雪姫からマレフィセントまで』ナカニシヤ出版、二〇一六年
マルティン，レナード『マウス・アンド・マジック――アメリカアニメーション前史（上）』権藤俊司監訳、出口丈人、清水知子、須川亜紀子、土居伸彰訳、楽工舎、二〇一〇年
三神和子、川端康雄編『絵本が語りかけるもの――ピーターラビットは時空を超えて』松柏社、二〇〇四年

宮本裕子『フライシャー兄弟の映像的志向――混淆するアニメーションとその空間』水声社、二〇二〇年
宮本陽一郎『モダンの黄昏――帝国主義の改体とポストモダニズムの生成』、研究社、二〇〇二年
ミルン，A・A・『クマのプーさん』石井桃子訳、岩波少年文庫、二〇〇三年
ミルン，A・A・『ミルン自伝 今からでは遅すぎる』石井桃子訳、岩波書店、二〇〇三年
ミルン，C・R・『クリストファー・ロビンの本屋』小田島若子訳、晶文社、一九八三年
ミルン，C・R・『クマのプーさんと魔法の森』石井桃子訳、岩波書店、二〇〇〇年
モートン，ティモシー『自然なきエコロジー――来たるべき環境哲学に向けて』篠原雅武訳、以文社、二〇一八年
モール，ミドリ『ハリウッド・ビジネス』文春新書、二〇〇一年
安井泉「不思議の国のアリスはことばと文化の饗宴」『不思議の国のアリス展』カタログ、二〇一九年、20-30
吉見俊哉『博覧会の政治学――まなざしの近代』中公新書、一九九二年
ラカン，ジャック、ミレール，ジャック＝アラン編『ジャック・ラカン　精神分析の四基本概念』小出浩之、新宮一成、鈴木國文、小川豊昭訳、岩波書店、二〇〇〇年
ラクヴァ，カルステン『ミッキー・マウス――ディズニーとドイツ』柴田陽弘、眞岩啓子訳、現代思潮新社、二〇〇二年
ラマール，トーマス「戦後のネオテニー」『イメージとしての戦後』坪井秀人、藤木秀朗編著、青弓社、二〇一〇年、73-103
リトヴォ，ハリエット『階級としての動物――ヴィクトリア時代の英国人と動物たち』三好みゆき訳、国文社、二〇〇一年
レッシグ，ローレンス『FREE CULTURE』山形浩生、守岡桜訳、翔泳社、二〇〇四年
ローズ，ジャクリーン『ピーター・パンの場合――児童文学などありえない？』鈴木晶訳、新曜社、二〇〇九年
ロバーツ，アリス『飼いならす――世界を変えた10種の動植物』斉藤隆央訳、明石書店、二〇二〇年
ロファ，セバスチャン『アニメとプロパガンダ――第二次大戦期の映画と政治』古永真一、中島万紀子、原正人訳、法政大学出版局、二〇一一年
ワード，ポール「ロトショップの文脈――コンピュータによるロトスコーピングとアニメーションの美学」『表

象』07　表象文化論学会、二〇一三年、79-101

Alexander, Bryan. “Spoilers! Why Tim Burton gave ‘Dumbo’ a PETA-pleasing ending”, *USA TODAY*, March 30, 2019.

https://www.usatoday.com/story/life/movies/2019/03/30/dumbo-spoilers-tim-burton-gave-elephants-peta-pleasing-ending/3290600002/

Barrier, Michael. “The Mysterious Dumbo Roll-A-Book,” [Posted February 4, 2010; revised, expanded, and updated, May 3 and 5, 2010, April 6, 7, and 13, 2011, and October 20, 2011] http://www.michaelbarrier.com/Essays/DumboRollABook/DumboRollABook.html

Bell,Elizabeth, Haas,Lynda and Laura Sells, eds., *From Mouse to Mermaid: The Politics of Film, Gender, and Culture*, Indiana University Press, 1995.

Bouldin, Joanna. “Cadaver of the Real: Animation, Rotoscoping and the Politics of the Body,” *Animation Journal 12*, 2004: 7-13.

Bousé, Derek. *Wildlife Films*, University of Pennsylvania Press, Philadelphia: 2000, 62-63.

Brode, Douglas. *Multiculturalism and the Mouse: Race and Sex in Disney Entertainment*, University of Texas, 2006.

Carr, Harry. “The Only Unpaid Movie Star,” *American Magazine*, March.1931, Reprinted in *A Mickey Mouse Reader*, ed. by Gary Apgar, University Press of Mississippi, 2014, 25-34.

Cotter, Bill and Bill Young, *The 1964-1965 New York World’s Fair* (Images of America), Arcadia Publishing, 2004.

Crafton, Donald. *Shadow of a Mouse: Performance, Belief and World-Making in Animation*, Berkely: University of California Press, 2012

Crafton, Donald.*Before Mickey: The Animated Film 1898-1928*, University of Chicago Press, 1993.

Disny, Walt. “Why I chose Snow White,” *Photoplay Studies*, November 10, 1937, 7-9.

Disney, Walt. “What I’ve learned from the Animals,” *American Magazine* 155, February, 1953.

Eisenstein, Sergei. Jay Leyda ed., Alan Upchurch trans., *Eisenstein on Disney*, London: Methuen, 1986

Fjellman, Stephen M. *Vinyl Leaves*: *Walt Disney World And America*, Routledge, 2020.

Gabler, Neal. *Walt Disney : The Triumph of American Imagination*, Vintage, 2006.

Gennawey, Sam. *Walt Disney and the Promise of Progress City*, Theme Park Press, Kindle, 2014.

Grau, Oliver. *Virtual Art : From Illusion to Immersion*, The MIT Press, 2004.

Guo, Jeff. "Researchers Have Found a Major Problem with 'The Little Mermaid' and Other Disney Movies," *The Washington Post*, January 26, 2016.

https://www.washingtonpost.com/news/wonk/wp/2016/01/25/researchers-have-discovered-a-major-problem-with-the-little-mermaid-and-other-disney-movies/

Haraway, Donna, "Teddy Bear Patriarchy:Taxidermy in the Garden of Eden, New York City, 1908-1936" *Social Text* (1984/1985) No11, Winter, 20-64.

Harding, Les. *Elephant Story : Jumbo and P.T. Barnum Under the Big Top*, McFarland Publishing, 2000.

Hebdige, Dick. "Dis-Gnosis: Disney and The Re-Tooling of Knowledge, Art, Culture, Life, etc." *Cultural Studies*, vol.17. Issue 2, March 2003, 150-167.

Herbert Dickens Ryman, Bruce Gordon, David Mumford, Ryman/Carroll Foundation, eds., *A Brush With Disney: An Artist's Journey, Told Through the Words and Works of Herbert Dickens Ryman*, Camphor Tree Pub, 2000.

Imagineers, The. *Walt Disney Imagineering*, Disney Book Group, 2010.

Ingold, Tim. *Being Alive: Essays on Movement, Knowledge and Description*, Routledge, 2011.

James, Meg. "Disney Wins Ruling on Winnie the Pooh Rights" *Los Angeles Times*, 26 September 2007.

Jenkins, Henry. *Convergence Culture: Where Old and New Media Collide*, New York University Press, 2006.

Johnson, David. "Not Rouge, Mr. Thomas!," *Animation Artist Magazine*, 1988.

http://www.animationartist.com/columns/DJohnson/Not_Rouge/not_rouge.html

Kracauer, Siegfried. "Dumbo," *The Nation*, November 8, 1941, 463.

Lamarre,Thomas. "Speciesm, Part I: Translating Races into Animals in Wartime Animation," *Mechademia*,vol.3, 2008, 75-96.

Lamarre, Thomas. "Coming to Life: Animation and Natural Philosophy," *Pervasive Animation*, ed. Suanne Buchan, New York and London : Routledge, 2013, 117-142.
Langer, Mark. "Disney's Atomic Fleet," *Animation World Magazine*, Issue 3.1, April 1998.
https://www.awn.com/mag/issue3.1/3.1pages/3.1langerdisney.html
Langer, Mark. "Why the Atom is our Friend: Disney, General Dynamics and the USS Nautilus" *Art History*, March 1995, 63-95.
Langer, Mark. "Regionalism in Disney Animation: Pink Elephants and Dumbo," *Film History*, vol.4, No.4, 1990, 305-321.
Leslie, Esther. *Hollywood Flatlands: Animation, Critical Theory and the Avant-Garde*, Verso, 2004.
Lippit, Akira Mizuta. *Electric Animal: Toward a Rhetoric of Wildlife*, University of Minnesota Press, 2000.
Lutts, Ralf H. *The Nature Fakers: Wildlife, Science & Sentiment*, Charlottesville: University of Virginia Press, 1990.
Mamoulian, Rouben. "Rouben Mamoulian," Charles Higham & Joel Greenberg eds, *The Celluloid Muse: Hollywood Directors Speak*, Chicago: Henry Regnery Company 1969, 128-143.
Moellenhoff, Fritz, "Remarks on the Popularity of Mickey Mouse," *American Imago* 46, Summer/Fall, 1989, 105-119.
Mullins, Linda. *Teddy Bear Men: Theodore Roosevelt & Clifford Berryman*, Hobby House Pr Inc, 1999.
MESSYNESSY, "That Time Walt Disney Bought His Own Autonomous Utopian City of the Future," *Messy Nessy Cabinet of Chic Curiosities*, June 26, 2014,
https://www.messynessychic.com/2014/06/26/that-time-walt-disney-bought-his-own-autonomous-utopian-city-of-the-future/
Osborne, Peter D. *Photography and the Contemporary Cultural Condition: Commemorating the Present*, Routledge Advances in Art and Visual Studies, 2018.
Pace, Eric. "Helen A. Mayer, Dumbo's Creator, Dies at 91," *The New York Times*, April 10, 1999.
https://www.nytimes.com/1999/04/10/arts/helen-a-mayer-dumbo-s-creator-dies-at-91.html

Patches, Matt. “Inside Walt Disney's Ambitious, Failed Plan to Build the City of Tomorrow,” *Esquire*, May 20, 2015. https://www.esquire.com/entertainment/news/a35104/walt-disney-epcot-history-city-of-tomorrow/

Fox, Charles Philip and Tom Parkinson. *The Circus in America*, Hennessey & Ingalls, 2002.

Pugachevsky, Julia. “15 Reasons Why The Russian Adaptation of “Winnie The Pooh” Is Undeniably Better Than The American Version: Vinni Pukh is greatly superior and you are wrong to think otherwise,” https://www.buzzfeed.com/juliapugachevsky/reasons-why-the-russian-winnie-the-pooh-is-better-than-th October 10, 2013

Ramsaye, Terry. *The Lssue of Motion Picture Herald*, February 23, 1931.

Reising, Russell. *Loose Ends: Closure and Crisis in the American Social Text*, Durham: Duke University Press, 1997.

Salisbury, Mark. *Walt Disney's Alice in Wonderland: An Illustrated Journey Through Time*, Disney Editions, 2016.

Schickel, Richard. *The Disney Version: The life, Times, Art and Commerce of Walt Disney.* 3rd edition. Chicago: Ivan R. Dee, 1997.

Singh, John. “A World of Tomorrow: Inside Walt's Last Dream” *D23 the Official Disney Fan Club*, June 7, 2012, https://d23.com/a-world-of-tomorrow-inside-walts-last-dream/

Sloterdijk, Peter. *In the World Interior of Capital : Towards a Philosophical Theory of Globalization*, Cambridge: Polity, Cambridge, 2013.

Solnit, Rebecca. *Savage Dreams,A Journey into the Landscape Wars of the Amrican West*, Berkeley: Univerisity of Calfornia Press, 1999.

Time (December 27, 1937) 19-21.

Tobias, Ronald B. *Film and the American Moral Vision of Nature: Theodore Roosevelt to Walt Disney*, Michigan State University Press, 2011.

Tomoko, Ṣhimizu. “Translating Atomic Culture: Walt Disney and the Children of Science in Japan,” *POETICA*, vol.78, 2012, 97-112.

Walker, Lesley and Riham Sheble. "Qatar School Pulls Snow White Book for Being 'Inappropriate'," *Doha News*, January 21, 2016.
https://dohanews.co/qatar-school-pulls-snow-white-book-for-being-inappropriate/

Warner, Marina. *From The Beast To The Blonde: On Fairy Tales and Their Tellers*, Vintage Digital, 2015.

Wasko, Janet. *Understanding Disney: The Manufacture of Fantasy*, Polity, Cambridge, 2001.

Watts, Steven. *The Magic Kingdom: Walt Disney and the American Way of Life*, Columbia and London: University of Missouri ,1997.

Watts, Steven. "Walt Disney: Art and Politics in the American Century" *The Journal of American History*, vol, 82, 1995.

Wells, Paul. *The Animated Bestiary: Animals, Cartoons, and Culture*, Rutgers Univ ersity Press,2009.

Whitley, David. *The Idea of Nature in Disney Animation: From Snow White to WALL-E*, Routledge, 2012.

Wilmington, Michael. "Dumbo," *The American Animated Cartoon: A Critical Anthology*, Danny Peary, Gerald Peary, Bob McLain eds, Theme Park Press, 2017.

Wright, Alex and The Imagineers. *The Imagineering Field Guide to Epcot at Walt Disney World*, Disney Book Group, 2006.

清水知子 しみず・ともこ

愛知県生まれ。専門は文化理論、メディア文化論。現在、筑波大学人文社会系准教授。著書に『文化と暴力――揺曳するユニオンジャック』（月曜社）、『芸術と労働』（共著、水声社）、『21世紀の哲学をひらく――現代思想の最前線への招待』（共著、ミネルヴァ書房）、『コミュニケーション資本主義と〈コモン〉の探求――ポスト・ヒューマン時代のメディア論』（共著、東京大学出版会）訳書にデイヴィッド・ライアン『9・11以後の監視』（明石書店）、ジュディス・バトラー『アセンブリ――行為遂行性・複数性・政治』（共訳、青土社）、A・ネグリ／M・ハート『叛逆――マルチチュードの民主主義宣言』（共訳、NHKブックス）など。

筑摩選書 0206

ディズニーと動物《どうぶつ》 王国《おうこく》の魔法《まほう》をとく

二〇二一年二月一五日 初版第一刷発行

著　者 清水知子《しみずともこ》

発行者 喜入冬子

発　行 株式会社筑摩書房
東京都台東区蔵前二-五-三 郵便番号 一一一-八七五五
電話番号 〇三-五六八七-二六〇一（代表）

装幀者 神田昇和

印刷 製本 中央精版印刷株式会社

 ISBN978-4-480-01722-2 C0374

筑摩選書
0152
陸軍中野学校
「秘密工作員」養成機関の実像
山本武利
日本初のインテリジェンス専門機関を記した公文書が新たに発見された。謀略研究の第一人者が当時の秘密戦工作の全貌に迫り史的意義を検証する、研究書決定版。

筑摩選書
0153
貧困の戦後史
貧困の「かたち」はどう変わったのか
岩田正美
敗戦直後の戦災孤児や浮浪者、経済成長下のスラムや寄せ場、消費社会の中のホームレスやシングルマザーなど、貧困の「かたち」の変容を浮かび上がらせた労作！

筑摩選書
0154
1968〔1〕文化
四方田犬彦 編著
1968～72年の5年間、映画、演劇、音楽、写真、舞踏、流行、図像、雑誌の領域で生じていた現象を前景化し、歴史的記憶として差し出す。写真資料満載。

筑摩選書
0155
1968〔2〕文学
四方田犬彦／福間健二 編
三島由紀夫、鈴木いづみ、土方巽、澁澤龍彥……。文化の〈異端者〉たちが遺した詩、小説、評論などを収録。反時代的な思想と美学を深く味わうアンソロジー。

筑摩選書
0156
1968〔3〕漫画
四方田犬彦／中条省平 編
実験的であること、前衛的であること、アンダーグラウンドであること。それが漫画の基準だった――。第3巻では、時代の〈異端者〉たちが遺した漫画群を収録。

筑摩選書 0162

民主政とポピュリズム

ヨーロッパ・アメリカ・日本の比較政治学

佐々木毅 編著

ポピュリズムが台頭し、変調し始めた先進各国の民主政。その背景に何があるのか、どうすればいいのか？各国の政治状況を照射し、来るべき民主政の姿を探る！

筑摩選書 0163

骨が語る兵士の最期

太平洋戦争・戦没者遺骨収集の真実

楢崎修一郎

玉砕、飢餓、処刑――太平洋各地で旧日本軍兵士を中心とする約五〇〇体の遺骨を鑑定してきた人類学者は何を見たのか。遺骨発掘調査の最前線からレポートする。

筑摩選書 0164

魔女・怪物・天変地異

近代的精神はどこから生まれたか

黒川正剛

ヨーロッパ中世末期、怪異現象が爆発的に増殖した。魔女狩りが激烈を極め、異形のモノへの畏怖と関心が錯綜する中、近代的精神はいかにして現れたのか。図版多数。

筑摩選書 0165

教養派知識人の運命

阿部次郎とその時代

竹内洋

大正教養派を代表する阿部次郎。『三太郎の日記』で栄光を手にした後、波乱が彼を襲う。同時代の知識人との関係や教育制度からその生涯に迫った社会史的評伝。

筑摩選書 0166

いにしえの恋歌

和歌と漢詩の世界

彭丹

中国生まれ、日本在住の比較文学研究者が「恋歌」を入口に、和歌と漢詩の豊穣な世界を逍遥し、その違いを考え、古代の日本と中国に生きた人々の心情に迫る。